기독교문서선교회(Christian Literature Center: 약칭 CLC)는 1941년 영국 콜체스터에서 켄 아담스에 의해 시작되었으며 국제 본부는 미국 필라델피아에 있습니다.
국제 CLC는 59개 나라에서 180개의 본부를 두고, 약 650여 명의 선교사들이 이동 도서차량 40대를 이용하여 문서 보급에 힘쓰고 있으며 이메일 주문을 통해 130여 국으로 책을 공급하고 있습니다. 한국 CLC는 청교도적 복음주의 신학과 신앙 서적을 출판하는 문서선교기관으로서, 한 영혼이라도 구원되길 소망하면서 주님이 오시는 그날까지 최선을 다할 것입니다.

추천사 1

김 성 태 박사
총신대학교 명예교수

　저자는 질적 연구 방법 중 하나인 근거 이론을 사용하여 북한이탈주민 목회자와 신학생 31명을 심층 분석하였습니다. 이분들의 회심과 목회자로의 헌신 과정을 전부 아홉 단계로 구분하여 세밀하게 분석하고, 북한이탈주민에게 있어서 목회자로의 헌신이 무엇을 의미하는지 심도 있게 나타냈습니다. 북한 선교가 왜 타문화권 선교인지를 먼저 규명하고, 본인 자신이 12년 동안의 선교 현장 사역을 통해서 경험한 바를 객관적으로 치우침이 없이 주어진 자료들과 사회적 구성주의적 분석이론을 통해서 학문적으로 규명하였습니다.
　북한이탈주민 목회자와 신학생들의 회심과 헌신의 과정을 이렇게 실제로 심도 있게 연구한 단행본 연구 저서가 나온 기억이 없습니다. 어려움이 그분들의 회심과 헌신의 가장 중요한 요소였고, 이 과정에서 모든 환경을 주관하시는 하나님을 다방면으로 체험하였을 때 결과적으로 목회자로 헌신하게 되었습니다.
　여기서 하나님의 사람들을 만나게 하시고, 저들의 사랑과 이타적 그리스도인의 모습이 북한이탈주민들에게 깊은 감명을 주었습니다. 이런 과정은 말씀과 기도와 서원과 각종 영적 체험 등을 통해서 단계적으로 그러나 통합적이고, 유기적으로 회심의 성장과 헌신의 발전이 있었습니다. 이것을 개방 코딩과 초점 코딩의 방법으로 주요한 주제들을 하나하나 발굴해서 전체적인 구조로 나타냈습니다.

북한 선교의 가장 중요한 선교 방법은 참된 그리스도인의 변화된 실천적 삶의 모습입니다. 북한 선교는 이중적이고, 위선적인 그리스도인의 삶을 통해서는 이루어질 수 없습니다. 한국 교회가 북한이탈주민을 진정으로 사랑하고, 섬기는 마음 자세로 선교하지 않으면 실패할 수밖에 없다는 지극히 당연한 성경적 명제를 다시 한번 확인합니다.

또한, 국내에서 이루어지는 북한이탈주민의 회심과 목회자로의 헌신 과정이 남한과 북한의 이질적인 가치체계 속에서 이루어지는 타문화권 선교 상황이기에 선교학에서 확인하듯이 힘의 충돌과 진리 충돌의 과정으로서 영적 체험이 상당히 강조되는 연구 결과가 나왔음을 보게 됩니다.

앞으로 북한의 복음화는 북한이탈주민 목회자와 신학생들이 주역이 될 것이지만 한국 교회의 관심과 사랑과 구체적인 격려가 없다면 서로 합력하여 하나님의 뜻을 이루어 드리지 못할 것입니다.

이런 점에서 저자의 연구 결과가 한국 교회에 시사하는 바가 큽니다. 한국 교회의 북한 선교에 실제적인 도움이 될 수 있는 이런 좋은 내용의 연구 저서를 한국 교회에 소개하는 저자의 노고에 진심으로 감사를 드리며, 또한 하나님께 영광을 돌립니다. 북한 선교에 관심이 있는 한국 교회의 모든 목회자와 성도님께 적극적으로 이 책을 추천합니다. 감사합니다.

추천사 2

이 반 석 목사
모퉁이돌선교회 사역총괄

　최근 북한 선교에 관심을 두는 사람들과 교회가 많아지는 것은 매우 고무적인 일입니다. 저자에 의하면 2010년부터 2020년까지 71편에 달하는 북한 선교 논문이 발표되었다는 것은 놀라운 일입니다. 더구나 저자의 북한이탈주민 사역자의 헌신을 다룬 논문에 활용한 근거 이론(Grounded Theory) 방법론은 북한 선교 연구 분야에서는 처음 시도된 것으로 압니다.

　선교학을 전공하고 선교 현장과 직결된 사역을 감당하는 일꾼으로서, 우리 교계와 학계에 북한과 관련된 정밀한 정보가 매우 부족하다는 사실에 늘 아쉬웠습니다. 그러던 차에 이 책의 출간을 접하게 되어 더더욱 반갑고 감사한 마음입니다.

　이 책은 북한이탈주민 목회자들이 어떤 환경에서, 어떻게 회심하고 어떤 어려움의 과정을 거쳤는지를 엄정하게 규명하였는데, 이는 훗날 통일 과정에서 북한 안으로 들어가 현지 사역자를 양성하는 데 큰 도움이 될 것이라고 기대합니다. 이에 더하여 저자가 수집한 데이터를 찬찬히 읽으면서, 평소에 잘 안다고 생각했던 탈북민들의 사정과 형편에 대하여 이해하므로, 그들과 더욱 내밀하게 교감할 수 있었습니다.

　독자들이 '근거 이론'을 이해하기가 쉽지는 않을 것인데, 이 이론은 있는 그대로의 정보를 정리하고 체계화하고 추가적 자료를 조사 분석하는 일을 반복하면서 상호 비교 분석을 통해 이론을 생성하는 방법론입니다. 이를 위해 저자는 탈북민 개개인 삶의 정황을 특정 학문적 관점에 치중하여 조사하려는 주관성을 배제하고, 당사자들의 삶의 궤적을 가급적 다각적이고 다중적으로 조사하여 그것들을 비교 분석하였습니다. 게다가 수집된 정보를 이론적으로 코딩하고 모델링함으로써 심층적인 논의 결과를 얻었음은 물론, 그 구체적 적용 점을 제시하는 데까지 이르렀다는 점이 두드러집니다.

특별히 심층 면담을 정리한 내용이 912쪽 이상이나 될 만큼 인터뷰 내용이 충실하고 또 그것이 녹취까지 되어 있다니 이 얼마나 소중한 자료입니까!

탈북민 목회자들이 남한에 정착하는 것도 무척 힘든 일이지만, 예수 믿는 신앙인이 되고 나아가 목회자로서 사회적으로 적응하는 과정에서 보낸 시간은 전혀 쉽지 않았다는 것을 확연히 알게 해 주었습니다. 이러한 탈북민 목회자들의 남한 정착과 목회의 현장에서 직면하는 고통은 북한 선교 사역자들 모두가 꼭 기억하며 함께 고민할 뿐 아니라, 사역적으로도 반드시 준비되어 실천되어야 할 것임은 분명합니다.

이 책이 출간됨으로 인해 이제 북한을 복음화하는 데 필요한 도구 하나가 남한 교계와 학계에 더해졌습니다. 하나님이 주실 통일은 오직 복음과 하나님의 나라를 위한 것일 터인데 탈북민들에 대하여 보다 정확하고 폭넓게 이해할 수 있게 되었고, 또 그들을 위한 사역을 사전에 준비하는 데 너무나 필요한 정보가 우리에게 주어졌습니다.

그러니 앞으로 "몰라서 못 했다"라는 말은 적어도 우리 입으로는 할 수 없게 되었습니다. 이러한 영적 긴장감을 느끼며 페이지 곳곳에서 던져주는 도전과 함께, 이 책을 출간케 하신 하나님께 감사할 수밖에 없습니다.

추천사 3

이 빌 립 목사
통일소망선교회 대표, 탈북민 목회자

어느덧 이 땅의 영토 분단(領土分斷)이 76년이 되어 가고 있습니다. 한반도의 분단은 무너진 북한 교회(진정한 신앙고백을 하는 지하교회)와 남한 교회의 영적 분단입니다. 그동안 한국 교회와 디아스포라 해외 한인 교회들은 북한 땅에 다시 교회들이 재건되고, 그 땅에 하나님 나라가 임하기를 줄기차게 기도하고, 하나님의 사랑과 열정으로 북한 선교를 하였습니다.

그 결과로 1994년 김일성의 사망 후 중국으로 탈북한 수십만 명의 탈북자 중에 많은 탈북민이 선교사님들과 중국 교회들을 통하여 복음을 듣고 회심하였고, 그들 가운데 적지 않은 사람들이 북한 선교의 사명자들로 세워졌습니다. 그들이 현재 북한 지하교회 성도들이며, 한국 교회 안에서 새로운 북한 선교 동력으로 떠오른 탈북민 출신 사역자들입니다.

이에 저 북한 땅을 여전히 사랑하시는 하나님의 놀라운 섭리에 감사하고, 또 하나님의 뜻에 순종하여 목숨 걸고 북한 선교 사역을 감당하신 우리 한국 교회와 디아스포라 한인 선교사님들에게 감사합니다. 특별히 북한 선교 사역을 위해 연구한 논문이 책으로 나오기까지 애쓰신 저자에게 감사를 드립니다. 그리고 귀한 저서에 추천사를 쓸 수 있어 행복하고 감사합니다.

본 연구는 김일성 우상 숭배와 주체사상 이념을 가진 북한 사람들의 회심 과정과 영적 성장 과정을 성경을 근거로 자세히 잘 기술하므로 그 가치가 높으며, 북한 선교를 준비하고 있는 사역자들에게 도움이 될 것입니다.

  또한, 선교에서 중요한 문화라는 것을 배제하지 않고, 북한 주민이었던 탈북민 사역자들이 가지고 있었던 북한 문화가 어떤 것이었는지도 논문 곳곳에서 기술됨으로, 북한 선교 전문가들의 연구에 도움이 될 것입니다. 하나님의 사랑으로 북한 땅을 품고 기도하는 남한의 교회와 주님의 동역자들에게 이 책을 북한 선교의 좋은 지침서로 적극적으로 추천합니다.

북녘 선교 연구 방법론

근거 이론을 중심으로 한
북한이탈주민의 기독교 목회자로의 헌신 연구

A Research Methodology of Mission for North Korea
Written by SeongJong, Joo
All rights reserved.
Korean Edition Copyright ⓒ 2022 by Christian Literature Center, Seoul, Korea.

북녘 선교 연구 방법론
근거 이론을 중심으로 한 북한이탈주민의 기독교 목회자로의 헌신 연구

2022년 6월 30일 초판 발행

지 은 이 　|　주성종
편　　 집 　|　도전욱
디 자 인 　|　박성준, 서민정
펴 낸 곳 　|　(사)기독교문서선교회
등　　 록 　|　제16-25호(1980.1.18)
주　　 소 　|　서울특별시 서초구 방배로 68
전　　 화 　|　02-586-8761~3(본사) 031-942-8761(영업부)
팩　　 스 　|　02-523-0131(본사) 031-942-8763(영업부)
이 메 일 　|　clckor@gmail.com
홈페이지 　|　www.clcbook.com
일련번호 　|　2022-70

ISBN 978-89-341-2446-7(93230)

이 책의 저작권은 저자와 (사)기독교문서선교회가 소유합니다.
신저작권법에 의하여 한국 내에서 보호받는 저작물이므로 무단 전재와 무단 복제를 금합니다.

근거 이론 시리즈 ④

북녘 선교 연구 방법론

주 성 종 지음

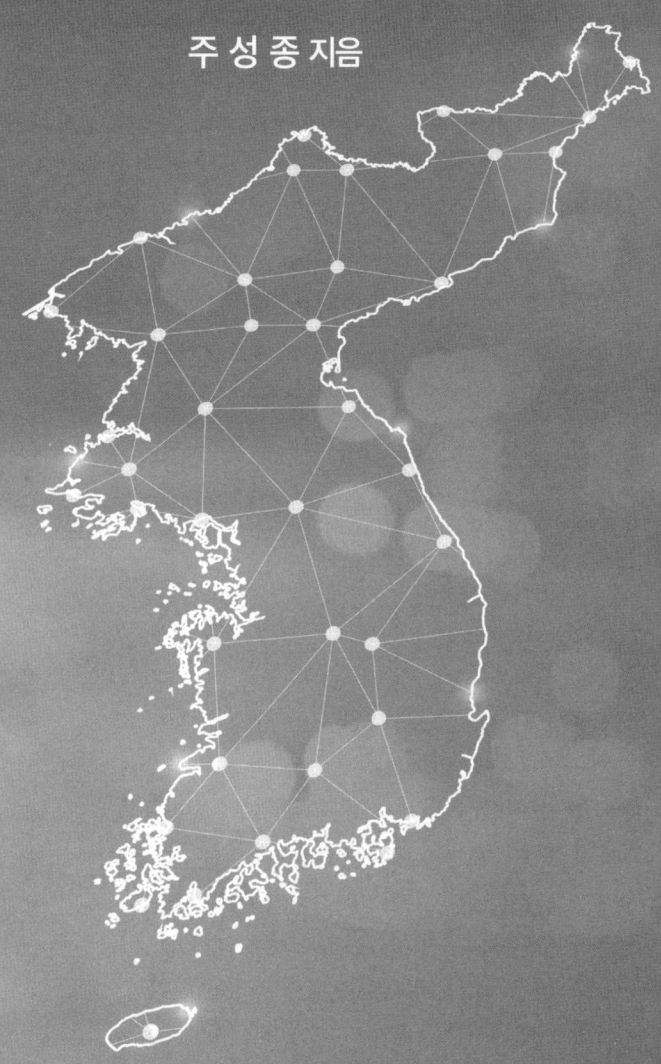

근거 이론을 중심으로 한 북한이탈주민의
기독교 목회자로의 헌신 연구

CLC

목차

추천사 1 김성태 박사 | 총신대학교 명예 교수   1
추천사 2 이반석 목사 | 모퉁이돌선교회 사역총괄   3
추천사 3 이빌립 목사 | 통일소망선교회 대표, 탈북민 목회자   5

약어표   12
그림 및 도표 목록   13
저자 서문   15
감사의 글   17

제1부 서론   19

제1장 왜 이 연구를 해야 하나?   20
제2장 무엇을 연구할 것인가?   22
제3장 연구 및 심층 면담 질문   23
제4장 연구의 중요성   25
제5장 연구상의 제한   27
제6장 연구 방법론   29
제7장 용어 설명   30

제2부 선행 연구   35

제1장 북한이탈주민 (北韓離脫住民)   38
제2장 선교 방법론으로의 북한이탈주민 선교   43
제3장 목회자의 소명(召命)과 헌신에 대한 성경적 이해   50
제4장 루이스 람보의 회심 이론에 나타난 헌신의 개념   53
제5장 북한이탈주민 목회자의 헌신과 목회   58
제6장 질적 연구 방법론, 근거 이론   66
제7장 북녘 연구 방법론으로의 질적 연구   71
제8장 결론   75

제3부 연구 방법론   76
제1장 연구 참여자   78
제2장 자료 수집   80
제3장 연구 참여자 모집과 면담 절차   81
제4장 자료 분석   83

제4부 연구 결과   91
제1장 회심과 회심 이후의 삶   92
제2장 헌신 결심에 영향을 준 요인   106
제3장 헌신 과정에 영향을 받은 요인   119
제4장 헌신 과정의 어려움   125
제5장 헌신 과정의 어려움 극복 요인   149
제6장 헌신 과정의 어려움 극복을 돕는 사람들   159
제7장 헌신 이후의 변화   164
제8장 헌신의 핵심   181
제9장 헌신 후 비전   189
제10장 주요 범주들의 비교 분석   200
제11장 어려움을 중심으로 하는 분석   211
제12장 이론적 코딩   218

제5부 결론   225
제1장 연구의 과정 요약   226
제2장 본 연구를 통해 생성된 헌신 이론   228
제3장 논의   230
제4장 연구의 적용   241
제5장 연구의 제언
                                                         249
참고 문헌   251

약어표

DBpia	DataBase Periodical Information Academic
FIU	Faith International University
GMS	Global Missionary Institution
GNN	Global North-Korea Network
IRB	Institutional Review Board
KRF	Korea Research Foundation
NKDB	Database Center for North Korea Human Rights
OECD	Organization for Economic Cooperation and Development
RISS	Research Information Sharing Service
SNS	Social Network Service
USB	Universal Serial Bus

그림 및 도표 목록

그림 ■

그림 1. '북한이탈주민' 용어 변천 (통일부 제공) • 39
그림 2. 북한이탈주민의 탈북 동기 • 40
그림 3. 북한이탈주민의 종교에 관한 조사 • 42
그림 4. 로이드 콰스트(Lloyd Kwast)의 문화 모델 • 46
그림 5. 종교로 분류된 주체사상 • 60
그림 6. NVivo 12를 활용한 개방 코딩 • 84
그림 7. NVivo 12를 활용한 초점 코딩 • 85
그림 8. NVivo 12를 활용한 축 코딩 • 87
그림 9. NVivo 12를 활용한 범주 간의 비교 • 88
그림 10. 면담 요약 예 • 89
그림 11. 회심의 요인과 회심 이후의 삶 비교 • 201
그림 12. 회심 요인과 헌신 결심의 요인 비교 • 202
그림 13. 헌신의 과정의 기본 틀 (A Basic Scheme of Commitment Progress) • 208
그림 14. 헌신 결단까지의 어려움 분석 (지역별) • 211
그림 15. 헌신 결단까지의 주요 어려움 (종류별) • 212
그림 16. 헌신 결심 이후 과정의 어려움 (종류별) • 213
그림 17. 헌신 결심 이후 과정의 어려움 (상황별) • 213
그림 18. 헌신의 어려움, 극복, 변화 과정과 헌신의 핵심 • 216
그림 19. 자료에 근거한 헌신의 요인과 과정의 패러다임 모델 • 219
그림 20. 헌신의 요인, 과정, 영향의 패러다임 모델 • 223
그림 21. 헌신 현상의 기본 틀 패러다임 • 224
그림 22. 헌신의 결단까지의 어려움의 영향 • 228
그림 23. 북한이탈주민의 목회자로의 헌신 모델
  (A Commitment Model of North Korean Defactors to Ministry) • 229
그림 24. 목회 소명 분류에 따른 헌신 결심 요인 • 231

도표

표 1. 북한이탈주민 입국현황(통일부 제공) • 40
표 2. 남한, 북한 세계관 비교 • 48
표 3. 탈북민의 교회 선택 • 64
표 4. 연구 참여자 (명) • 79
표 5. 회심의 요인 분석 (응답자) • 93
표 6. 회심 이후의 삶 분석 (응답자) • 99
표 7. 헌신 결심에 영향을 준 요인 (응답자) • 106
표 8. 헌신 과정에 영향을 받은 요인 (응답자) • 119
표 9. 헌신 과정의 어려움 (응답자) • 125
표 10. 헌신 과정의 어려움 극복 (응답자) • 149
표 11. 헌신 과정의 어려움 극복을 돕는 사람들 (응답자) • 159
표 12. 헌신 이후의 변화 (응답자) • 165
표 13. 헌신의 핵심 (응답자) • 181
표 14. 헌신 이후의 비전 (응답자) • 189
표 15. 헌신 과정의 어려움과 극복 요인 비교 • 206
표 16. 헌신 과정의 어려움 극복과 헌신 이후의 변화 비교 • 207
표 17. 헌신의 핵심과 헌신 이후의 비전 비교 • 209
표 18. 헌신 과정의 어려움 • 214
표 19. 헌신 이후 변화, 헌신의 핵심, 헌신 이후 비전 • 217

저자 서문

주성종 목사
GMS 선교사

저는 중학교 때 하나님의 은혜를 체험하며, 중국 선교사로 헌신하였습니다. 1996년 중국 땅을 처음 밟았을 때, 하나님은 북녘의 실상을 보고 듣게 하셨고, 두만강 변에서 북녘의 황폐함을 바라보며 회개 기도를 하게 하셨습니다.

"하나님, 제가 무지했습니다. 제가 무관심했습니다!"

그리고 20여 년을 북녘 선교를 준비하며 훈련받았고, 현장에서 12년 동안 북녘 내지에 복음이 전파되는 일에 헌신하였습니다. 제가 고백한 무지는 북녘의 상황에 대한 무지였으며, 무관심은 그들의 어려움과 영적 상황에 대한 무관심이었습니다. 그래서 주성종(主聖種; 주님의 거룩한 씨)이라는 이름으로 북녘의 그루터기 성도들과 거룩한 씨가 계속 심어져야 함을 바라며 사역했습니다.

그런데 헌신의 과정 중 발견하고 깨달은 것은 저의 무지와 무관심이었습니다. 먼저 하나님이 원하시는 선교에 관해 진정으로 무지했고, 또한 북녘을 향한 하나님의 마음에 너무나 무관심했습니다. 하나님이 원하시는 거룩한 씨는 내 자신이며, 하나님은 나를 통해 열매 맺기를 원하시지만, 우선 내가 열매 되기를 원하신다는 것이었습니다. 아울러 북녘의 영적 회복과 함께 남녘 교회가 온전한 하나님의 나라가 되기를 하나님도 바라십니다.

북녘 선교는 하나님의 방법으로만 이루어질 것이고, 이루어져야 함을 믿습니다. 그러므로 하나님의 시각으로 북녘과 북녘 선교를 바라보아야 할 것입니다. 북녘에 대한 연구에 있어서 하나님의 시각과 북녘 동포의 입장과 관점이 중요합니다.

 그러한 면에서 제가 질적 연구 방법 중 하나인 근거 이론을 만나게 된 것은 하나님의 은혜임을 고백합니다. 기존의 북녘과 북녘 선교에 관한 연구는 주로 연역적 방법을 통해 이루어져 오다가, 북녘에서 이탈하여 남녘으로 오게 된 동포의 수가 늘어나면서 북녘 연구 영역에는 질적 연구 방법이 도입되었습니다. 북녘 동포로부터 그들의 이야기를 듣고, 내부자 관점에서 연구를 시도하게 된 것입니다. 그러나 북녘 선교 분야에서는 질적 연구, 특별히 근거 이론 방법론을 통한 연구는 부족했습니다.

 북녘에 대한 선교학적 연구에 있어서 근거 이론 연구 방법이 적절하고 탁월한 것은, 북녘 선교와 통일 과정의 선교가 남녘 교회만으로 이루어지지 않기 때문입니다. 북녘 선교와 통일의 과정은 남과 북이 함께 만들어 가고, 북녘이 개방되면 북녘 동포가 먼저 들어가서 사역해야 합니다.

 그러므로 북녘 동포 중에 복음주의 기독교 목회자로 헌신한 분들의 이야기를 통해서 그들이 어떻게 헌신하게 되었는지를 살펴보는 연구의 경험은, 근거 이론이 북녘 선교 연구에 중요한 연구 방법론이라는 것을 확신하게 하였습니다. 특별히 현장에서 사역하며 연구해야 하는 선교사들에게는 현장 중심의 깊은 연구와 새로운 이론을 생성하여 정립할 필요가 있습니다. 그러한 연구를 바라는 선교사들에게 근거 이론 연구 방법을 적극적으로 추천합니다.

 하나님은 남녘을 사랑하시는 만큼 북녘을 사랑하시며, 북녘을 사랑하시는 만큼 남녘을 사랑하십니다. 그러므로 하나님이 사랑하시는 북녘 동포에게 주신 하나님의 이야기에 관심을 가져야 합니다. 본 연구와 같이 선교 현장에서 발견되는 새로운 이론들을 통해, 하나님이 남북의 백성들에게 주시는 선교 완성을 위한 계획하심과 성취하심을 함께 확인해 가기를 소망합니다.

감사의 글

주 성 종 목사
GMS 선교사

먼저, 하나님의 선교 계획 속에 불러 주셔서 선교사로 사역하게 하시고, 부족한 자를 훈련하시고자 문화인류학(D.I.S; Doctor of Intercultural Studies) 과정을 마치고 학위 논문을 쓰게하신 하나님께 모든 영광을 돌립니다. 선교 현장의 변화로 선교지를 떠나서 한국으로 올 무렵에, 선교사들이 학문적으로 사역을 더 깊게 이해하고 하나님 나라에 대한 관점을 더 넓히도록 연구의 기회를 주신 GSID(Graduated of International Development; 국제개발대학원) 원장 심창섭 교수님과 미국 FIU(Faith International University & Faith Seminary)에서 본 연구를 지도해 주신 모든 교수님께 감사를 드립니다.

그리고 중학생 때 선교사로 헌신하도록 북방 선교의 비전과 가슴 뜨거운 영적 영향을 주신 하남교회 김무환 원로 목사님께 감사를 드립니다. 또한, 현장 중심으로 사역을 하던 제가 학문적 접근에 눈을 뜨도록 지도해 주시고 본을 보여 주신 강창섭 교수님의 도움이 없었다면 연구를 끝낼 수가 없었을 것입니다.

선교 현장에서 만났던 많은 북녘 동포와 북녘 선교를 위해 함께 땀과 눈물을 흘렸던 동역자들은 부족한 저에게 사역을 학문적으로 정리하도록 빚진 마음을 주셨기에 공동 저자라 생각합니다. 그리고 이번 연구에 동참하여 주신 31명의 북한이탈주민 목회 헌신자 한 분 한 분 모두에게 감사를 드립니다. 모든 분의 인생 가운데 찾아오시고, 하나님 나라의 일꾼으로 헌신하게 하시는 모든 과정의 이야기는 저에게 많은 깨달음과 큰 감동을 주었습니다.

연구를 시작할 수 있도록 재정적으로 지원해 주신 장재우 장로님께 감사드리며, 본 논문 출판을 위해 물질과 기도로 후원해 주신 많은 분께 감사드립니다. 그리고 책이 나오기까지 관심과 배려를 아끼지 않으신 기독교문서선교회(CLC) 대표 박영호 목사님과 모든 직원에게 감사드립니다.
　특별히 선교 사역과 재배치 그리고 연구의 과정 가운데 후원해 주시고 격려해 주신 하남교회와 방성일 담임목사님께 감사를 드립니다.
　끝으로 제가 사역과 연구를 병행하는 동안 묵묵히 섬기며 어려운 일들을 감당해 준 아내와 많은 환경의 변화 가운데에도 흔들림 없이 믿음 안에서 성장하여 준 두 아들에게 정말 감사드립니다. 하나님은 모든 열방을 사랑하시며, 예수 그리스도는 모든 사람이 믿어 구원을 얻는 구원자이십니다. 그 하나님의 사랑과 그리스도의 구원하심이 남녘과 북녘, 북녘과 남녘 땅에 충만하기를 기원합니다.

제1부

서론

제1장 왜 이 연구를 해야 하나?
제2장 무엇을 연구할 것인가?
제3장 연구 및 심층 면담 질문
제4장 연구의 중요성
제5장 연구상의 제한
제6장 연구 방법론
제7장 용어 설명

제1장

왜 이 연구를 해야 하나?

우리가 같은 민족으로 살아왔던 남과 북이 분단(分斷) 이후부터 지금까지 70여 년의 긴 시간을 정치, 경제뿐 아니라 문화와 사상도 분리되어 지내왔다. 그리고 같은 민족끼리 서로 죽이는 전쟁으로 인한 상처로 상대방을 적대시하여 궤멸(潰滅)할 대상으로 여기기도 하였다. 그리하여 북녘에서 표현하는 북조선(北朝鮮)이라는 용어와 남녘에서 사용하는 남한(南韓)이라는 용어는, 그 본래의 의미와는 다르게 서로를 구별하는 남북 각 진영의 정체성을 표현했고, 자신의 정치적 메시지를 담아 상대방을 적대시하여 온 표현이라 할 수 있다.

이에 연구자는 통일의 과정을 통해 같은 민족으로의 회복을 염원하며, 또한 하나님의 복음 안에서는 모두가 동등하다는 의미로 통일 언어인 '북녘과 남녘'이라는 표현을 사용하였다. 그 밖에도 남과 북이 서로를 대할 때 겪는 어려운 점은, 남녘 사람들은 북녘 동포가 공산주의와 사회주의 체제 속에 김일성을 숭배하며 자유 없이 살아온 삶을 이해하기 힘들고, 반면 북녘의 사람들 또한 자유 민주주의 체제와 자본주의 사회 속에서 살아온 남녘 동포에 대하여 이해하기 힘들다는 것이다.

19세기 말, 동양학자인 미국인 윌리암 엘리옷 그리피스(William Elliot Griffis)는 「은둔의 나라 코리아」(The Hermit Nation Corea)를 발간하면서 당시 조선(朝鮮)을 '외국에 문호를 개방하지 않은 폐쇄적인 나라'라고 소개하였다. 그런데 1세기의 시간이 지나는 지금, 북녘에 대하여 "은둔의 나라(Hermit Kingdom), 북한"이라는 표현이 사용되는 아픔의 역사가 반복되고 있는 것이다.[1] 그런데 이렇게 폐쇄되고 고립되어 있던 북녘이 1994년 김일성 수령의 사망을 시작으로 불어닥친 정치적, 경제적 어려움과 자연재해로 인해 '고난의 행군'을 겪게 되었다. 그리고 이러한 고난으로 수백만의 북녘 동포가 죽는 아픔이 있었고, 수십만 명에 달하는 북녘 동포가 중국으로 탈출하였다.

그리하여 오랜 시간 굳게 닫혔던 북녘의 빗장이 조금씩 열리게 되었으며, 그때부터 북녘 선교는 북녘과 중국의 국경 일대에 집중되었다. 그 후 더 많은 탈북이 이어지면서, 북녘 동포는 남녘을 비롯한 여러 나라로 이주해오기 시작했다. 이들을 북한이탈주민(北韓離脫住民)으로 부르는데, 현재 통일부는 북한이탈주민 전체 통계를 약 33,718명이라고 발표했다.[2]

연구자는 12년 동안 북녘 내지에 복음을 전해 왔으나, 지금까지 북녘 선교의 영역이 더욱 세분화되어 다양한 전략적 접근이 계발되어 왔다. 연구자는 그동안 습득한 지식과 사역 경험으로는 북녘 선교를 이해하고 사역함에 많은 부족함을 깨달았다. 이에 '넓게 보고 좁게 일한다'는 자세로 북녘 선교 전반에 대한 학문적 연구의 필요성을 인지하게 되었다. 또한 사역 중인 선교사로서 연구하기에 쉽지 않은 환경이지만, 현장 속에서 학문적으로 정리하여야 한다는 책임감이 동기가 되어 본 연구를 시작하게 되었다.

연구자는 서론을 통해서 연구 문제 제기, 연구의 목적, 연구 및 심층 면담 질문, 연구의 중요성, 연구상의 제한, 연구 방법론 그리고 용어 설명 등을 제시하였다.

---

1 이미혜, "은둔의 나라 북한이 스마트폰을 만든다고?", 오마이뉴스, 2013년 11월 28일.
2 통일부, "통일부 북한이탈주민 통계", 2020년 9월 업데이트.

제2장

무엇을 연구할 것인가?

본 연구에서는 북한이탈주민들이 복음주의 기독교 목회자로 헌신하게 된 요인, 과정 그리고 그 헌신 이후의 영향을 북한이탈주민의 시각에서 분석하려고 하였다. 그 이유는 북녘 선교와 통일과정의 선교는 북한이탈주민들이 독자적으로 이룰 수 없고, 또한 남녘 교회 혼자만이 주도할 수도 없는 과업이기 때문이다. 이 과업은 남녘 교회와 북녘 교회 그리고 북한이탈주민 기독교인이 함께 이루어 가야만 한다.

연구자는 질적 연구 방법론 중 하나인 '근거 이론'(Grounded Theory) 방법론을 활용하여 연구하였는데, 북한이탈주민 중 기독교 목회자로 헌신한 31명을 대상으로 심층 면담(In-depth Interview)을 진행하였다. 이는 북한이탈주민 목회자를 통한 내재적(內在的)으로 접근하는 방식이다. 북녘에 관한 연구는 탈냉전을 거치면서 전체주의(全體主義) 접근을 통한 냉전적 방법으로 진행되었지만, 현재는 실증과 분석을 통해 내재적이며 미시적(微視的)인 사회 변동에 주목하는 연구로 변화되고 있다.[1]

본 연구는 북녘을 이탈하여 탈북한 북녘 동포가 복음을 받아들이고 회심한 이후, 기독교 목회자로 헌신에 영향을 준 요인은 무엇일까?
헌신의 과정 중에 받은 영향은 무엇일까?
그리고 헌신 과정을 거치면서 어떠한 변화가 일어났는가?

이와 같은 질문들과 연구 참여자들의 대답을 관찰하고 취합하여, 코딩과 비교 분석을 통해 이론을 생성하는 과정으로 진행되었다.

---

1 강진웅, "북한연구와 질적 방법론의 활용", 「아세아연구」 58, no. 1 (2015년 3월): 91.

제3장

연구 및 심층 면담 질문

존 크레스웰(John W. Creswell)은 사회적 구성주의(Social Constructivism)는 연구자가 참여자의 말이나 생활 장면에서 행동하는 것을 주의 깊게 관찰하는 것이기에, 이를 위해서는 개방형 질문이 많을수록 좋다고 주장한다.[1]

연구자는 심층 면담을 할 때 참여자들이 자신의 견해에 관해 어떠한 틀에 매이지 않고 스스로가 갖는 의미를 이야기하도록 하였으며, 참여자의 의견을 주의 깊게 듣고 분석하여 이것이 최대한 반영된 연구 결과를 도출해 내려고 하였다.

다음은 참여자들에게 질문한 개방형 질문 항목으로, 연구 질문(Research Question), 연구를 위한 네 개의 하부 질문(Sub Questions) 그리고 다섯 개의 조작 질문(Operation Questions)로 구성되어 있다.

주된 연구 질문(Research Question)은 다음과 같다.

"북한이탈주민 중 복음주의 기독교 목회자로의 헌신은 어떻게 이루어지는가?"

또한, 연구의 하부 질문들 (Sub Questions)은 아래과 같다.

(1) 헌신하기 전의 삶은 어떠했는가?
   ① 회심하게 된 과정은 어떠했는가?
   ② 회심한 후의 생활은 어떠했는가?
(2) 헌신하기로 결심한 요인이 무엇인가?
(3) 헌신 과정 중에 발생한 요인은 무엇이었는가?

---

1 강창섭,『선교학 연구 방법론: 근거이론 활용 지침』(서울: CLC, 2018), 43.

① 헌신 과정에 도움이 된 요인은 무엇인가?
② 헌신 과정을 어렵게 한 요인은 무엇인가?
③ 헌신의 어려움을 극복하게 된 요인은 무엇인가?
(4) 헌신 이후의 삶에 어떤 변화가 있었는가?

제4장

연구의 중요성

연구자는 본 연구를 위해서 지난 2010년부터 현재까지의 북녘 선교를 주제로 연구하여 발표된 논문 71편을 분석하였다.[2] 그리고 이를 통해 그동안 북녘 선교가 어떠한 방향으로 연구되어 왔는지 알 수 있었는데 아래와 같다.

첫째, 가장 많이 연구된 주제는 북한이탈주민에 관한 15편과 북녘 이해에 대한 8편으로 전체 32퍼센트를 차지한다. 주요 내용은 북한이탈주민을 위한 선교 방안, 북한이탈주민을 통한 북녘 선교 전략, 북녘의 현실, 정치, 인권 그리고 북녘의 기독교 등이다.
둘째, 북녘 선교에 대한 남녘 교회의 인식을 주제로 연구한 논문과 남녘 교회의 역할에 대한 논문이 각각 9편씩이었다. 이는 북녘 선교에 대한 타문화권적 접근의 필요성, 남북 관계 개선을 통한 통일 준비, 북녘 선교 인식의 역사적 변화, 남녘 교회의 북녘 선교 현황과 문제점 그리고 북녘 선교의 발전 방안에 대한 연구들이었다.
셋째, 성경과 신학 안에서 북녘 선교의 원리를 제시하는 논문이 10편이었고, 통일에 대한 주제를 연구한 것이 7편이었다.

끝으로, 복지, 의료, NGO와 같은 지원을 중심으로 접근하는 북녘 선교에 대한 논문이 7편 있었다.

---

[2] 한국연구정보서비스(RISS)에서 논문제목에 '북한 선교'라는 키워드로 검색하니 학술논문 28편, 석사학위논문 36편, 박사학위논문 7편이 발견되서 분석했다.

이와 같은 분석을 통해 본 연구 주제인 북한이탈주민 목회자들에 관하여는 연구되지 않았음을 알 수 있었다. 그러므로 본 연구를 통해 생성된 '헌신 이론'이 북녘 선교와 통일 과정에 도움이 될 것이며, 또한 근거 이론 연구 방법론이 북녘 선교 연구에 유용할 것이라고 기대한다.

첫째, 북한이탈주민 헌신자들이 본 연구에 참여하여 심층 면담을 하였고, 그 면담 내용을 중심으로 분석하여 '헌신 이론'을 생성하였기에, 북한이탈주민 스스로가 자신의 헌신 과정을 돌아볼 기회가 되기를 기대한다.

둘째, 남녘 교회가 북한이탈주민 목회 헌신자에 관해 더 넓게 이해하게 될 것이며, 북한이탈주민 목회자와 함께 목회와 선교의 현장에서 동역하면서 남녘 교회의 역할이 무엇인가를 고찰(考察)할 수 있기를 기대한다.

셋째, 북녘 선교 관련 사역자들에게는 북녘 선교에 대한 새로운 관점과 선교 사역의 지경을 넓혀주는 데 도움을 줄 것이라 기대한다.

넷째, 근거 이론이라는 귀납법적 연구로 진행된 방법론으로, 본 연구는 북녘과 북녘 선교에 대한 연구 방법의 발전과 북녘과 북녘 선교 연구의 다양한 접근을 위해 도움이 될 것이라 기대한다.

근거 이론(Grounded Theory)이란 일반화된 이론을 발견하는 것이 아니라 귀납적 방법으로 새로운 이론을 생성하는 것이기에, 본 연구가 전체 북한이탈주민 목회자에 대한 연구라고 하기는 어렵다. 그러나 31명의 연구 참여자 수는 현재 전체 북한이탈주민 목회자의 약 15퍼센트가 되므로, 생성되는 이론이 북녘 선교에서 차지하는 의미가 있다고 본다.

본 연구가 진행되는 과정 중에 자신과 가족들의 안전이 불안하다는 이유로, 참여를 꺼리며 자신의 이야기를 진솔하게 나눌 수 없는 참여자들도 있었다. 그러므로 연구자는 연구에 참여한 31명의 신분을 보장하기 위하여 이름과 지명을 익명으로 표기하였다.

제5장

연구상의 제한

연구자는 자신의 연구 철학에 따라 연구 문제와 연구 질문을 어떻게 설정하고, 그 질문에 대한 답을 구하기 위한 정보를 어떻게 찾아야 하는지에 대한 방법을 형성한다. 그러므로 지식을 생성하는 연구의 중심에 연구자가 있으며, 연구자가 지식과 현상이 발생하는 세계에 대하여 어떠한 철학적 이해를 하고 있는지 정리하고 그 당위성을 밝혀야 한다. 그래야만 책을 읽는 독자들이 연구자의 입장에서 연구 내용을 이해하게 할 수 있기 때문이다.[1]

북한이탈주민에 관하여 기존의 연구들은 연역적 이론에 기반을 둔 결정론적 요인을 가지고 있는 후기 실증주의(Post-positivism)에 의해 이루어졌다.[2] 그러나 본 연구는 참여자가 살고 활동하는 세계를 이해하여 북한이탈주민의 복음주의 기독교 목회자로의 헌신에 대한 주관적 의미를 분석하기 위한 것이기에, 사회적 구성주의(Social Constructivism)를 연구의 철학적 틀로 삼으려고 하였다.[3]

사회적 구성주의란 이미 있는 이론에서 시작하지 않고 연구 참여자가 경험한 것을 중심으로 주관적 의미를 발전시키는 귀납적 방법으로 진행된다.[4] 이는 헌신이라는 과정이 북한이탈주민 개인에게 단순히 각인된 것이 아니라 타인과의 상호 작용과 역사적, 문화적 규범에 의해 형성되기 때문

---

1 강창섭, 『선교학 연구 방법론: 근거이론 활용 지침』 40.
2 John Creswell, 『질적 연구 방법론: 다섯 가지 접근』, 조홍식 외 역 (서울: 학지사, 2013), 42.
3 앞의 책, 43.
4 강창섭, 『선교학 연구 방법론』, 33.

이다. 따라서 본 연구는 연구 참여자인 북한이탈주민 목회자들의 성별, 연령, 학업, 북녘에서의 신분과 직업, 탈북 이유 그리고 남녘에서의 소속 교단 등과는 무관하게 단지 목회자로의 헌신에 관해서만 연구하였다.

제6장

연구 방법론

　연구자는 질적 연구 방법 중 근거 이론을 연구 방법론으로 택하여 심층 면담, 관찰, 메모 그리고 문헌과 영상 수집 등을 통해 자료를 획득하였다. 그리고 개방 코딩, 초점 코딩, 축 코딩의 방법을 사용하여 이론을 생성하였다. 특별히 질적 연구 방법을 위해 개발된 컴퓨터 소프트웨어인 QSR Nvivo 12를 활용하여 자료 분석과 이론 생성 과정에 도움을 받았다.

　질적 연구는 특별히 특정한 그룹에 대한 이론이 부재(不在)하여 이해가 부족할 경우 그리고 기존 이론이 연구하고자 하는 문제의 복합성을 충분히 포착하지 못한다고 판단될 때 사용되는 연구 방법론이다.

　현재 북한이탈주민의 기독교 목회자로의 헌신이라는 주제와 관련한 연구가 부족한 상태이기에, 연구자는 질적 연구가 본 연구 주제에 타당한 연구라고 판단하였다.

제7장

용어 설명

1. 북한이탈주민(北韓離脫住民)

북한이탈주민이라는 용어는 통일부에서 탈북자(脫北者)와 함께 현재 사용하는 공식 용어이기에 본 연구에서 사용하였다. 단, 인용문과 면담 내용을 녹취하여 전사할 때는 그 내용의 고유한 표현을 그대로 표기하였다.

2. 북한이탈주민의 기독교 회심 1세대와 1.5세대

연구자는 북녘이나 중국 그리고 제3국에서 예수 그리스도를 믿고 회심한 자를 회심 1세대로 명명(命名)하였다. 그리고 남녘에 도착한 후에 예수 그리스도를 믿고 회심한 자를 회심 1.5세대로 명명하였다.

3. 복음주의(福音主義; Evangelism)

복음주의는 기독교 종교개혁의 특징들과 특별한 유대를 갖는데 성경의 계시와 최종적 권위, 성경의 무오성(無誤性), 이신칭의(以信稱義), 성령의 연합으로 세워진 교회, 삼위일체, 예수 그리스도의 신성과 인성, 대리적 속죄의 죽음, 육체적 부활, 승천, 재림, 최후 심판, 내세의 영생 등을 믿고 따른다.[1]

---

1   싱클레어 B. 퍼거슨, 데이비드 F. 라이트, 『아가페 신학사전』(서울: 아가페, 2001), s.v. "복음주의".

4. 남녘, 북녘

남과 북의 국어학자들은 2009년부터 본격적으로 『겨레말 큰 사전』을 공동으로 집필하는 중이며, 현재까지 25차례 남북 공동회의가 진행되었다. 이러한 집필 과정에 남과 북의 공동 편찬 위원들은 남녘과 북녘이라는 명칭을 사용하고 있다.[2] 남녘과 북녘의 녘은 '쪽, 방향'이라는 의미로, 남녘은 대한민국(Republic of Korea)을 의미하고 북녘은 조선민주주의인민공화국(Democratic People's Republic of Korea)을 의미한다.

5. 북녘 선교

북녘 동포에게 기독교 복음을 전파하는 모든 사역을 일컫는 용어로, 북녘 내지 복음 선교, 지원 사역, 재중(在中) 북녘 동포 선교 그리고 탈북민 사역(탈북 지원, 남녘 정착 지원) 등 다양한 분야의 선교를 모두 포함한다.

6. 소명(召命; Calling)

소명(부르심)은 특정한 과업을 위한 역할로 사람을 부르신 하나님의 행위이다. 일반적인 부르심은 하나님을 주와 구원자로서 믿고 영접하여 삶을 위한 하나님의 섭리를 따르도록 부르신 것을 말한다. 특별한 부르심은 삶 속에서의 특정한 과업과 역할로 하나님이 이끄심을 의미한다.[3]

본 연구에서는 복음주의 기독교 목회자로 부르심에 대한 의미로 '소명'이라는 용어를 사용하였다.

---

2 「겨레말큰사전」은 민족의 언어유산을 집대성하고 언어통일을 준비하기 위해 남북이 공동으로 편찬하는 최초의 우리말 사전이다.
3 렐란드 라이켄, 제임스 C. 윌호잇, & 트럼퍼 롱맨 3세, 『성경 이미지 사전』(서울: 기독교문서선교회, 2008), s.v. "소명".

7. 회심(回心; Conversion)

구약성경에서 회심이란 '악에서부터 여호와께 돌이키는 것'으로 묘사되고(렘 18:8), 신약에서도 악을 떠나 하나님께로 돌아가는 것을 의미한다(행 14:15; 살전 1:9).[4] 회심은 예수를 믿기로 한 자가 자신의 죄를 회개하여, 그 죄로부터 돌이켜서, 세례받고 복음의 가르침을 준수하는 행위를 동반한다. 헌신은 회심한 자들이 하는 영적 결단으로, 회심은 헌신 연구에 깊은 관련성이 있다고 본다.

8. 헌신(獻身; Commitment)

히브리어로는 코데쉬(קֹדֶשׁ)로 '봉헌하다, 하나님께 구별하여 드리다'라는 의미이다. 구약에서는 제사장, 백성들, 성전, 희생 제물, 돈에 적용되었고(출 19:10; 29:33, 36; 40:9, 10; 삿 17: 3), 신약에서는 그리스도, 그리스도인 그리고 음식 등에 적용되었다(요 17:19; 딤전 4:5).[5]

본 연구는 기독교 목회자로의 헌신에 그 의미를 두었다. 헌신은 회심과 동시에 발생하기도 하지만, 실제로 목회자가 되기 위한 행동은 그 이후이기에 회심과 헌신의 시간적 연속 과정이라 보았다.

9. 고난의 행군

1994년 김일성 사망 후 나라의 경제 사정이 어려워지자 이를 극복하기 위해 북한 주민의 강인한 정신력을 동원하려는 목적으로 김정일이 내놓은 북녘의 당(黨) 구호이다. 고난의 행군이라는 용어는 1933년 말부터 1939

---

4   Everett F. Harrison, 『Baker's 신학사전』(서울: 엠마오, 1986), s.v. "회심".
5   앞의 책, s.v. "헌신".

년 초에 김일성이 이끄는 항일 빨치산(Partisan)이 만주에서 혹한과 굶주림을 겪으며 일본군의 토벌 작전을 피해 100일간 행군한 데서 유래하였다.[6] 고난의 행군은 연구 참여자들의 북한 이탈에 직접적인 영향을 주었기에, 헌신 과정에 많은 영향을 주고 있다고 볼 수 있다.

본 연구에서의 고난의 의미는 헌신에 영향을 준 어려움이라는 범주 안에 있는 한 요인으로 본다. 고난은 부정적이고 부족함으로 발생하는 것으로 이해되지만, 어려움은 고난의 의미와 함께 긍정적인 상황 속에서도 일어날 수 있는 상대적인 부분을 포함하기 때문이다.

10. 하나원

1998년에 개원한 북한이탈주민 정착 지원 사무소로, 이곳에서는 관계 기관의 합동 신문이 끝난 북한이탈주민을 대상으로 정서 안정 및 문화적 이질감 해소, 사회·경제적 자립 동기 부여를 목표로 3개월간 사회 적응 교육을 한다.

11. 창의적 접근 지역(創意的接近地域; Creative Access Countries)

창의적 접근 지역이란, 지혜와 인내로써 접근하여 복음을 전해야 하는 기독교를 적대시하는 국가나 지역을 가리키는 선교 용어이다.

---

6 통일부 통일교육원 교육개발과, 『북한 지식 사전』 (서울: 통일부, 2013), s.v. "고난의 행군".

12. 북중 변경(北中邊境)

 북녘과 중국의 국경 일대를 말하는 것으로, 현재 양 국가 사이의 경계선은 압록강(鴨綠江)과 두만강(豆滿江)의 상대 국가 접안(接岸)선으로 한다.

제2부

선행 연구

제1장 북한이탈주민(北韓離脫住民)
제2장 선교 방법론으로의 북한이탈주민 선교
제3장 목회자의 소명(召命)과 헌신에 대한 성경적 이해
제4장 루이스 람보의 회심 이론에 나타난 헌신의 개념
제5장 북한이탈주민 목회자의 헌신과 목회
제6장 질적 연구 방법론, 근거 이론
제7장 북녘 연구 방법론으로의 질적 연구
제8장 결론

* * *

　질적 연구 방법론의 선행 연구에 관해서 글레이저와 스트라우스는 분석이 완료될 때까지 문헌 연구를 미루라고 주장하는데,[1] 그 이유는 연구자가 자신의 선입견이 담긴 아이디어를 연구 수행에 부과하는 것을 피하기 위해서이다.
　그러므로 연구자에게 있어서 문헌 연구를 미루는 것은 아이디어를 명료하게 할 수 있다고 하였다.[2] 그 이유는 근거 이론 방법론의 연구 설계는 기존 이론이 아닌, 연구되지 않은 영역에 새로운 이론을 구축하기 위해 연구하는 귀납적 방법으로 실행되기 때문이다.[3]
　반면, 캐시 차마즈(Kathy Charmaz)는 요구되는 연구 계획서에 따라 주제와 관련된 학문 분야의 선행 연구와 이론에 대한 정교한 지식이 필요하다고 주장하였다. 그러나 차마즈도 역시 선행 연구가 연구자의 창의성을 옥죄거나 연구자의 이론을 부여잡지 않는 선에서 이용하기를 권하고 있다.[4]
　연구자는 본 연구의 이론적 배경을 다음과 같이 일곱 가지 주제로 제시한다.

　첫째, 연구 참여자들을 이해하기 위해 북한이탈주민의 정의와 그들에게 있어서 신앙이 무엇인지를 정리하였다.
　둘째, 북한이탈주민 선교를 선교 방법론 입장에서 타문화권적 접근을 통한 선교와 디아스포라 관점에서 본 북한이탈주민 선교에 관해서 분석

1　강창섭, 『선교학 연구 방법론』, 82.
2　Kathy Charmaz, 『근거 이론의 구성』, 박현선, 이상균, & 이채원 역 (서울: 학지사, 2013), 322-23.
3　강창섭, 『선교학 연구 방법론』, 83.
4　Kathy Charmaz, 『근거 이론의 구성』, 324-25.

하고 정리하였다.

셋째, 목회자의 소명과 헌신을 성경적 관점으로 정리하였다.

넷째, 루이스 R. 람보(Lewis R. Rambo)의 회심 관련 연구를 토대로 회심 과정에 나타난 헌신에 대한 부분을 살펴보았다.

다섯째, 그동안의 북한이탈주민 목회자의 헌신과 목회에 관한 연구 내용을 살펴보았다.

여섯째, 본 연구의 방법론인 질적 연구 방법론과 그중 근거 이론에 관해 설명하였다.

일곱째, 북녘 연구를 위한 방법론으로의 질적 연구는 어떻게 발전되어 왔는가에 대하여 소개하였다.

제1장

북한이탈주민(北韓離脫住民)

1. 북한이탈주민이란?

1990년대 중반 이후 북녘에 불어 닥친 경제난으로 인해 북녘을 탈출하는 주민이 늘어나면서 탈북자(脫北者)라는 용어가 보편적으로 사용되었다. 1997년 1월 "북한이탈주민의 보호 및 정착지원에 관한 법률" 제정과 함께 귀순(歸順)의 개념이 북이탈로 바뀌었고, 북녘을 떠난 후 아직 외국 국적을 취득하지 않은 사람들을 '북 이탈 주민'으로 규정하였다.

그러나 2005년 통일부는 탈북자라는 용어가 부정적인 인식을 심어줄 수 있다는 이유로 새로운 명칭인 '새터민'으로 바꾸어 사용하였다. 그러나 몇몇 탈북 단체들이 새터민이라는 용어에 관해 부정적인 입장을 보이자, 2008년 11월에 통일부는 가급적 새터민이라는 용어를 쓰지 않겠다고 발표했으며, 그 이후 '북한이탈주민'이 탈북자의 공식적인 명칭으로 사용되고 있다.

"북한이탈주민의 보호 및 정책지원에 관한 법률"에는 "북한이탈주민이란 군사분계선 이북 지역에 주소, 직계 가족, 배우자, 직장 등을 두고 있는 사람으로서 북녘을 벗어난 후 외국 국적을 취득하지 아니한 사람을 말한다"라고 정의한다.[1] 아래 그림 1은 북한이탈주민 용어의 변천사를 나타낸다.

---

1 통일부, "북한이탈주민의 보호 및 정착지원에 관한 법률", 2019년 1월 15일 개정, http://www.law.go.kr/lsInfoP.do?lsiSeq=206648&efYd=20190716#0000.

연도 및 기간	용어
1993년 이전	귀순자, 월남귀순용사
1994-1996년	탈북자, 귀순북한동포
1997-2004년	탈북자, 북한이탈주민
2005-2008년	새터민, 북한이탈주민
2008년 이후	북한이탈주민(탈북자)

그림 1. '북한이탈주민' 용어 변천 (통일부 제공)

2. 북한이탈주민의 국내 입국 현황

1990년대 후반부터 남녘과 여러 나라로 이주해 오는 북녘 동포가 늘고 있는데, 아래 표 1은 북한이탈주민의 남녘 입국 현황에 관한 내용이다. 그리고 아래 그림 2는 북한이탈주민의 탈북 동기에 대한 내용으로, 탈북 이유로는 "경제적 어려움"(46퍼센트), "북녘의 체제가 싫어서"(25퍼센트), "가족 때문에"(17퍼센트) 그리고 "신변의 위협"(6퍼센트) 등이 있다.[2]

(단위. 명)

구분	~'98	~'01	'02	'03	'04	'05	'06
남	831	565	510	474	626	424	515
여	116	478	632	811	1,272	960	1,513
합계	947	1,043	1,142	1,285	1,898	1,384	2,028

'07	'08	'09	'10	'11	'12	'13	'14
573	608	662	591	795	404	369	305
1,981	2,195	2,252	1,811	1,911	1,098	1,145	1,092
2,554	2,803	2,914	2,402	2,706	1,502	1,514	1,397

---

2 지용근, "북한이탈주민 실태", CBS JOY (YouTube), 2019년 9월, https://youtu.be/88jMRUJR7i4.

'15	'16	'17	'18	'19.12	'20.9	합계
251	302	188	168	202	64	9,427
1,024	1,116	939	969	845	131	24,291
1,275	1,418	1,127	1,137	1,047	195	33,718

표 1. 북한이탈주민 입국현황(통일부 제공)[3]

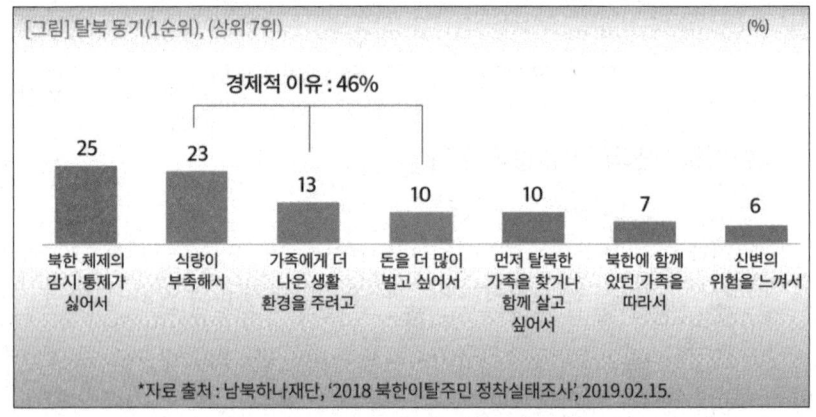

그림 2. 북한이탈주민의 탈북 동기

    무엇보다 지금까지도 북녘은 여전히 종교적 자유가 보장되지 않는 최대 기독교박해 국가로 분류되고 있으며,[4] 지난 2019년 10월에는 미국이 북녘을 17년째 최악의 인신매매국으로 지정하였다.[5] 북녘의 이러한 상황 속에서 북한이탈주민들은 새로운 기회에 관해 먼저 조치를 취하여, 북녘이라는 주류사회를 벗어나 더 나은 곳으로 떠난 이들이기 때문에 '혁신가'라

---

3 통일부, "통일부 북한이탈주민 통계", 2019년 12월, https://www.unikorea.go.kr/unikorea/business/NKDefectorsPolicy/status/lately/.
4 Bryant L. Myers, 『세계선교의 상황과 도전』, 한철호 역 (서울: 선교한국, 2008), 28.
5 김재중, "미국, 17년째 인신매매국 지정된 북한에 대한 지원금지 재지정", 경향신문, 2019년 10월 20일, http://news.khan.co.kr/kh_news/khan_art_view.html?artid=201910201400001&code=970100.

고 부를 수 있다.⁶

아울러 위에 제시한 이유 이외에도 본인이 원하지 않아서 탈북을 하게 되는 경우도 늘고 있다. 이렇듯 여러 이유로 남녘으로 온 북한이탈주민들에게는 탈북 과정에 많은 어려움이 있었으나, 분명한 것은 북한이탈주민은 현재 대한민국 국적을 취득한 대한민국 국민이라는 사실이다. 이것을 잊지 말아야 한다.

3. 북한이탈주민의 기독교 신앙

북한인권정보센터(NKDB)가 발간한 『2017 북한 종교자유백서』에 따르면 북한이탈주민의 종교 비율은 기독교가 41.7퍼센트로 가장 많았다. 그 과정을 분석해 보면, 북녘에서나 탈북 이후 중국에서 종교생활을 시작한 자들이 37.1퍼센트, 남녘 조사 기관에서 33.9퍼센트 그리고 정착기관인 하나원에서부터 종교 활동을 시작한 자들이 29.0퍼센트인 것으로 나타났다.⁷

이러한 결과로 남녘으로 입국 후 종교 활동을 한 사람이 북녘이나 중국에서 보다 훨씬 많음을 알 수 있다. 아래 그림 3은 북한이탈주민의 종교에 관하여 조사한 내용으로, 북한이탈주민을 향한 종교적 접근은 기독교가 가장 적극적인 것으로 조사되었다. 특별히 남녘의 조사 기관이나 하나원 등에서도 교회의 섬김과 지원을 받는 것이 주 원인으로 북한이탈주민들의 기독교에 대한 반응이 가장 많다고 나타났다.

---

6 김진봉 외, 『난민, 이주민, 탈북민에 대한 선교 책무』(서울: 두란노, 2018), 47.
7 북한이탈주민 입국과정에서의 종교 비율에 대한 조사로, 11,765명이 조사에 응답.

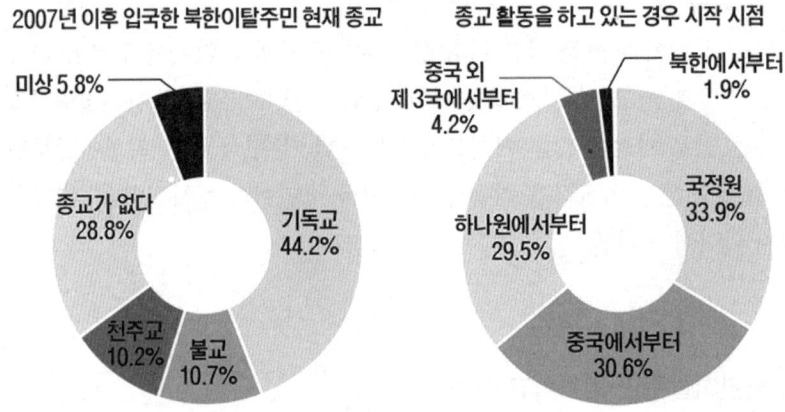

그림 3. 북한이탈주민의 종교에 관한 조사[8]

---

8 안현민, 윤여상, & 정재호, 2017 『북한 종교자유 백서』(서울: 북한인권정보센터, 2017), 167-73.

제2장

선교 방법론으로의 북한이탈주민 선교

1. 북한이탈주민의 회심에 대한 연구

북한이탈주민의 회심에 대하여 송영섭은, 남녘에 거주하고 있는 20명의 북한이탈주민을 대상으로 북한이탈주민의 회심에 미친 사회 문화적 요인에 관한 연구를 질적 연구 방법으로 했다. 그는 북한이탈주민이 하나님의 사랑과 부르심을 경험하거나 그리고 교회 공동체의 사랑 등을 통해서 회심하게 되었다고 주장한다.[1]

회심에 대한 남녘 교회와 북한이탈주민들 양쪽 모두가 갖는 오해와 편견이 있는데, 북한이탈주민들은 북녘의 체제와 사상적 통제 속에서 가치관 형성이 고착되어 있었기 때문에 회심이 어려웠다. 그리고 북한이탈주민들에 대하여 대다수 남녘 교회가 갖는 일차적 관심은 그들이 복음을 듣고 회심하는 것이었다.

이에 비교하여 북한이탈주민들의 회심 과정과 요소 그리고 회심의 영향에 대한 관심은 미비했다.[2] 그리고 북한이탈주민들이 탈북 과정 속에서 기독교로부터 가장 많은 종교적 영향을 받아 기독교의 회심을 경험하고 그 후 변화가 일어났으나, 그들이 남녘으로 온 이후 기독교 정착율은 그리 높지 않은 것으로 나타났다.

---

1 송영섭, "SOCIO-CULYURAL FACTORS INFLUENCING THE CONVERSION TO CHRITIANITY AMONG NORTH KOREAN REFUGEES IN SOUTH KOREA" (박사논문, Trinity Evangelical Divinity School, 2011), 169-174.

2 앞의 책, 226-227.

북녘을 여러 차례 방문하며 사역을 해 오고 있는 예수원의 벤 토레이(Ben Torry)는, 그의 글 "남한 내 북한 이주민: 한국 교회가 어떻게 하면 그들을 잘 섬길 수 있는가?"에서 이러한 문제점의 이유를 제시한다. 그는 남녘 교회가 북한이탈주민들의 회심을 진정한 삶의 변화 사건이 아닌 그저 북녘에서 남녘으로 넘어오는 과정의 하나로 간주하고 있다고 지적한다.[3] 그러므로 북녘 선교에 있어서 북한이탈주민의 회심에 대한 개념을 남녘 교회 중심으로 정의하고, 성급하게 반응해서는 안 될 것이다.

2. 타문화권 선교의 관점에서의 북녘 선교 연구

지금까지의 남녘 교회의 북녘 선교는 주로 통일을 전제로 한 민족적 차원의 사역으로, 같은 민족이기에 복음을 전해야 한다는 생각을 가지고 있었다. 남녘과 북녘의 문화가 현저하게 다르다는 것을 인식하지 못하고, 오로지 복음 전도의 개념으로만 접근하였기에, 그들을 타문화권 선교 관점으로 바라보는 전략과 시도는 부족하였다.

기독교 진보진영에서는 개인의 구원보다 사회 구원을 앞세워 구제와 지원(支援) 위주의 사역으로 치우쳤고, 보수진영에서는 이데올로기에 의한 적대적 관계에 중점을 두고 인권문제와 북녘의 붕괴를 통한 전도와 교회 재건을 강조하는 사역을 해왔다. 지금까지 남녘 교회의 북녘 선교 전략은 북녘 주민들의 현실을 이해하지 못하고 그들의 진정한 필요를 채우기에는 부족함이 많았다고 분석할 수 있다.[4]

선교학자인 도날드 A. 맥가브란(Donald A. McGavran)이 정의한 타문화권 선교에 대한 내용을 인용하여 북녘 선교를 아래와 같이 재정의해 보았다.[5]

---

3 김진봉 외, 『난민, 이주민, 탈북민에 대한 선교 책무』, 31.
4 신선민, "타문화 관점으로 접근하는 북한 선교", 71.
5 Arthur F. Grasser & Donald A. McGavran, *Contemporary Theologies of Mission* (Grand Rapids Baker Book House, 1983), 26.

북녘 선교는 예수 그리스도를 따르지 아니하는 **북녘 사람들**에게 전도하기 위하여 복음을 들고 문화의 경계를 넘는 것이며, 또한 **북녘 사람들**을 권하여 예수를 주와 구주로 영접하게 하여 **북녘 사람들**이 교회의 책임적인 회원이 되게 하여, 성령이 인도하시는 대로 전도와 사회정의를 위한 일을 하며, 하나님의 뜻이 하늘에서 이룬 것 같이 **북녘땅**에서도 이루게 하는 것이다.(고딕체는 연구자의 대입과 강조)

　남녘에게 북녘은 선교학에서 분석적 표현으로 사용하는 E2등급에 속하므로,[6] 남녘 교회가 북녘 선교를 타문화권 선교로 보아야 한다는 주장이 있다.[7]
　그리고 북녘 선교에서 한민족(韓民族)이라는 추상적 개념을 버리고 선교적 접근을 해야 한다고 주문하기도 하는데, 이는 북녘을 E3등급의 선교 대상으로 보는 것이 바람직하다는 의미로 해석된다.[8] 이와 같이 우리는 남녘과 북녘, 북녘과 남녘 사이에 문화적 거리가 있음을 인정하고 북녘을 문화적 관점으로 살펴보아야 한다.
　아래 그림 4는 로이드 콰스트(Lloyd Kwast)의 문화 모델인데, 북녘 선교를 문화적 관점에서 연구한 김영호는 북녘이 남녘에게 있어서 타문화권이라는 것을 로이드 콰스트의 모델을 인용하여 그 문화적 차이를 다음과 같이 네 가지로 분석하였다.[9]

6　랄프 윈터, 스티븐 호돈, & 한철호,『미션퍼스펙티브즈』, 정옥배 외 역 (서울: 예수전도단, 2006), 229. E등급이란, 복음전도자와 잠재적인 회심자 간의 문화적 거리를 의미하며, E2는 유사 문화권 내에 있는, E3는 타문화권에 있는 비그리스도인들에 전도를 의미한다.
7　이반석,『타문화권적 선교로 진행되어야 할 북한 선교』(서울: 모퉁이돌 선교연구원, 2004), 190-91.
8　김병욱, 김영희, "북한사회의 '수령교'와 타종교권 선교에 따른 북한 선교",「사회과학연구」18, no. 2 (2010년 7월): 92.
9　김영호, "타문화권 선교로 접근해야 할 북한 선교",「선교신학」, no. 38 (2015년 1월): 106.

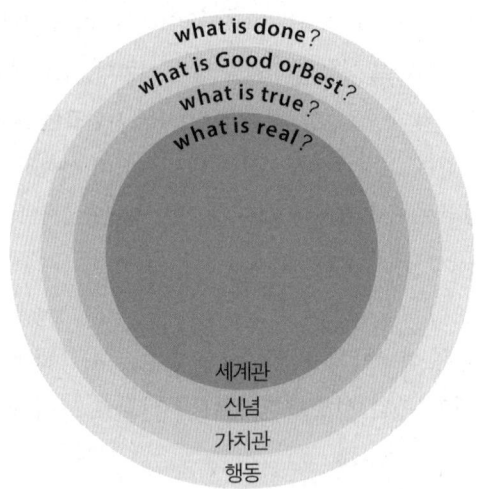

그림 4. 로이드 콰스트(Lloyd Kwast)의 문화 모델

첫째, 행동(Behaviors)의 차이이다.

분단 이후 정치적 체제, 이념의 분리 그리고 언어 정책 등으로 인한 남녘과 북녘의 습관, 관습 그리고 제도 등에서 큰 이질감을 겪고 있다. 또한 북녘의 동포는 김일성 우상화로 종교적 생활을 하면서 살고 있기 때문에, 이러한 행동양식은 겉으로 드러나며 북녘 사람들은 누구나 쉽게 인식하고 따르고 있다.

둘째, 가치관(Values)의 차이이다.

북녘은 사회주의 혁명 논리, 사회 안정 논리, 위기 극복 논리에 따라 평등주의, 집단주의, 획일주의, 수령중심주의 가치관을 발달시켜 왔다. 그러나 그들의 가치관의 실상은 이상적 가치관(Ideal Value)과 현실적 가치관(Real Value)을 통해 만들어진 타협적 산물일 뿐이다.

셋째, 신념(Beliefs)체계의 차이이다.

북녘의 이상적 인간형은 주체적 공산주의 혁명가로서, 김일성 혁명사상과 교시를 자신의 신념체계의 중심에 두도록 한다. 그리고 김일성에게 대를 이어 절대적으로 충성하여 목숨을 기꺼이 던질 수 있는 인간형을 만들려고 한다.

넷째, 가장 중심에 있는 세계관(Worldview)의 차이이다.

북녘의 체제가 국가종교 형태를 추구하면서 그들의 세계관에는 김일성이 하나님의 자리를 차지하고 있다. 북녘 당국은 종교적인 용어들을 차용하고 적용시켜서 김일성을 우상화(신격화)하기 위해 어릴 때부터 철저하게 세뇌교육을 시키고 있다.

세계관은 한 집단이 자기 삶을 정돈하는 데 사용하기 위해 실재의 본질에 관해 내리는 기초적인 인지적, 정서적, 평가적(판단적) 과정과 틀이다. 이것은 그들이 살면서 사용하는 모든 것에 관한 이미지나 지도를 다 포함한다.[10] 타문화 관점에서 북녘을 바라보려 할 때는 우선 그들의 세계관을 이해해야 한다. 선교지의 문화(세계관)를 고려해야만 소통이 가능하고, 그 소통을 기반으로 복음이 들어가 그들에게 변화가 일어날 수 있다.

북녘의 정치와 사상, 군사, 경제, 교육, 종교, 인권 그리고 가치관 등은 남녘과 비교하여 많은 차이가 있는데, 김성태는 「선교와 문화」에서 북녘과 남녘의 세계관을 아래 표 2와 같이 분석하였다.[11] 그는 북녘과 남녘의 세계관의 차이는 외국인과의 차이처럼 서로 완전히 다르다고 주장한다.

구분		북한	남한
인식론적 측면	역사관	왜곡된 민족주의 사관	자유 민주주의 역사관
	경제관	집합체적 공영주의	자율적 능력주의
	사회관	획일화된 집단의식	개체적 개방의식
정서적 측면	역사관	민족 지상주의	자유 및 개인의 존엄성
	경제관	개인의 책임의식 결여, 비자발성	경쟁성, 책임성
	사회관	집합적 상황에서 안정감, 개체성 거부	자아성, 공의성

---

10 폴 히버트, 『21세기 선교와 세계관의 변화』, 임종원 역 (서울: 복 있는 사람, 2014), 51.
11 신선민, "타문화 관점으로 접근하는 북한 선교", 17.

	역사관	국가지상주의적 평가	자유민주주의사상
판단적 측면	경제관	거저 나눔은 당연함	근면성, 성실성
	사회관	집단 기준으로 평가	개체, 공익성의 평가

표 2. 남한, 북한 세계관 비교

이와 같이 북한이탈주민을 타문화권 시각으로 접근하는 것에 관해서 북한이탈주민으로 남녘에서 목회하고 있는 김명남은 이렇게 주장한다.

> 복음이 문화권에서 다른 문화권으로 이전될 때는 반드시 '복음의 토착화' 과정이 진행되어야 한다. 복음의 토착화란 상대의 전통 문화를 반영해서 그 문화권에 맞는 적절하고 의미 있는 언어와 전달 형태를 갖춘 것을 말한다. 남한 교회들은 탈북민 선교를 같은 문화권이라는 오해에서 출발하였기에 대부분 이 과정이 생략되었다. … 남한 목회자들은 남한사회와 문화를 배경으로 해서 복음을 적용하고 해석한다. 남한 문화권에 토착화된 이 복음이 다른 문화를 가진 탈북민들에게는 소화하기 힘든 것이다.[12]

3. 디아스포라 관점에서 본 북한이탈주민 선교

북한이탈주민에 대한 또 하나의 시각은 디아스포라(Diaspora) 관점이다. 디아스포라는 흩어진 유대인이란 의미로, 바벨론 포로 이후 팔레스타인 지역을 떠나 흩어진 유대인들이 디아스포라의 원형이다. 흩어진 유대인들이 그들의 종교적 관습을 유지하며 살던 공동체를 일컬어 디아스포라라고 불렀다.[13]

---

12 김명남, "교회개척과 탈북민목회자의 역할" (탈북민목회자포럼, 서울, 2018년 6월 18일).
13 송영섭, "디아스포라(Diaspora) 관점에서 본 탈북민 이해와 선교의 의미",「개혁논총」 37 (2016년): 139.

북한이탈주민을 디아스포라로 인식하는 관점은 현상적이 아닌, 사회학적으로 중요한 의미를 내포하고 있다. 북한이탈주민 공동체는 한족, 조선족, 동남아시아인 그리고 고려인을 포괄하는 다문화 가정 형태로 발전하고 있다. 이러한 면에서 북한이탈주민 디아스포라 공동체는 점점 확대되면서 자신들만의 사회적 자산과 네트워크를 가지게 되고 하부 문화를 지탱하게 하는 사회적 구조를 형성하고 있다.

이러한 점에서 디아스포라 관점은 북한이탈주민에 대한 새로운 시각을 주고 있다고 할 수 있다.[14] 아울러 스튜어트 홀(Stuart Hall)은 이러한 디아스포라 정체성(Diasporic Identity)을 세계화 시대에 우리가 가져야 할 바람직한 태도라고 역설한다.[15] 세계화 시대 안에는 한반도 통일 시대도 함께 있기에, 디아스포라 관점에서의 북한이탈주민에 대한 관심과 연구가 더욱 필요하다 하겠다.

그동안의 탈북 형태를 살펴보면, 최초에는 망명형 탈북이 많았는데 점점 생존형 탈북이 증가했고 그리고 다시 생계형 탈북으로 그 형태가 바뀌었으며, 현재는 주로 이주형 탈북이라 볼 수 있다. 망명형 탈북은 정치적 디아스포라의 의미가 담겨 있지만, 생존형과 생계형 탈북은 경제적 디아스포라로 구분하는데,[16] 이러한 변화는 고난의 행군 시대의 어려움으로 인한 탈북이 증가했기 때문이라 할 수 있다.

벤 토레이는 남녘 교회가 북한이탈주민들을 대하는 최선은 그들이 남녘 사람이 될 필요가 없다는 생각을 받아들이는 것이라고 말한다. 남과 북 양측이 서로에게 배울 수 있다는 것을 믿고 서로의 차이를 인정하고 존중하는 개방적인 태도를 취해야 할 것이다.[17]

---

14 앞의 책, 133.
15 Stuart Hall, *From Routes to Roots,* in *A Place in the World,* eds. Doreen Massey & Pat Jess, (New York: Oxford University Press, 1995), 206-7.
16 송영섭, "디아스포라 관점에서 본 탈북민 이해와 선교의 의미", 133-36.
17 김진봉 외, 『난민, 이주민, 탈북민에 대한 선교 책무』, 39.

제3장

목회자의 소명(召命)과 헌신에 대한 성경적 이해

1. 목회자의 소명과 사명

사람은 창조의 목적대로 부르심을 받는데, 소명은 그 사람이 마땅히 살아야만 하는 삶을 살라는 초대로, 그 소명을 따라 살아갈 때 존재의 목적을 발견하게 된다.[1] 성경에서 증거하고 있는 하나님의 소명(부르심)은 삼중적이다.

첫째, 소명은 복음을 듣고 구원, 곧 하나님의 아들 예수 그리스도와의 연합과 교제로의 부르심이다.
둘째, 소명은 삶 가운데서 하나님의 백성이 되라는 거룩(성화; 聖化)으로의 부르심이다.
셋째, 소명은 하나님의 일을 하라는 사역(섬김)으로의 부르심이다.[2]

오스 기니스(Os Guiness)는 두 번째 부르심을 1차적 소명, 세 번째를 2차적 소명이라 하였다.[3] 그러나 칼빈은 하나님의 부르심에 관해서는 자기 자신이 하나님의 뜻을 듣는 주관적인 동기만이 아니라 주변의 외적이고 객관적인 증거라고 정의하였는데, 이를 각각 내적 소명과 외적 소명이라 불렀다.[4]

---

1 케빈 브렌플렉, 케이 마리 브렌플렉, 『부르심에 합당한 삶을 위한 소명 찾기』, 강선규 역 (서울: IVP, 2006), 14.
2 폴 스티븐스, 『21세기를 위한 평신도 신학』, 홍병룡 역 (서울: IVP, 2011), 106-7.
3 오스 기니스, 『소명』, 홍병룡 역 (서울: IVP, 2000), 49.
4 존 칼빈, 『영한기독교강요』, 편집부 역 (서울: 기독교성문출판사, 1996), 4: 111.

그러면 목회자로서 가져야 할 소명은 무엇인가?

목회 소명(Pastoral Calling)은 '하나님에 의해 목회사역에 부름을 받았다'는 뜻이다.[5] 목회자로의 소명은 하나님의 종말론적 공동체인 교회의 성도들에게 주어진 다양한 은사와 헌신(Commitment)의 관점에서 제시된다. 이런 점에서 목회 소명은 하나님의 특별한 소명(Calling/Mission)에 기인하기보다는 복음을 경험한 자로서 이 복음을 전하는 일을 천직(Vocation)으로 받아들여 이 일에 자신을 헌신하는 것이라 할 수 있다(류호영, 2016, 188).

류호영은 구약 언약의 성취를 이루어가는 지금의 목회 소명은 예수 그리스도를 머리로 삼아 그리스도의 몸을 이루는 교회를 세우기 위한 다양한 지체(肢體)의 은사 중에 하나라고 주장한다.

그 근거로 에베소서 4장 11절을 제시한다(류호영, 2016, 190). 하나님은 교회를 세우시기 위해서 사도, 선지자, 복음 전하는 자 그리고 목사와 교사를 세우셨기 때문에 목회자로의 소명은 일반적인 소명의 하나로 보며, 바울도 본문을 통해 제도 속의 목사가 아닌 은사로 목양하는 역할을 강조하고 있는 것이다(류호영, 2016, 208).

그러나 목회자로의 부름이 특별한 소명은 아니더라도, 목양(牧養; ministry)이라는 관점에서는 일반적인 소명과는 구별이 되어야 할 것이다(류호영, 2016, 191). 그리고 목회자로의 특별한 부르심에 주목하기 이전에, 그리스도를 구주로 영접한 자들이 온전한 헌신으로 살아가야 함이 우선되어야 하며, 부르심의 다양성 중의 하나로 목회자로의 사명을 감당해야 할 것이다.

---

5 류호영, "목회자의 소명/사명에 대한 성경-신학적 이해", 『신학과 실천』 49 (2016년 5월): 185

2. 성경적 관점으로 본 헌신

헌신은 어떤 일이나 다른 사람을 위해 자기의 이해 관계를 돌보지 않고 몸과 마음을 다해 힘쓰는 것을 말하는데, 구약에서의 헌신의 개념은 하나님의 백성들이 하나님을 위해 자기를 희생하며 하나님을 섬기는 것을 의미한다(출 32:29; 삿 5:9; 시 110:3). 광야에서 이스라엘 백성이 금송아지를 숭배하는 죄를 지었을 때, 레위 지파는 하나님의 명령대로 죄 지은 이스라엘 백성을 죽임으로 하나님께 헌신하여 하나님의 용서를 받았다.[6]

신약에서는 예수님께서 요한복음 21장 15절 이하에 목회자(목양자)로서의 헌신에 관해서 말씀하셨다. 예수님은 베드로에게 물어 보셨다.

"네가 나를 사랑하느냐?"

이런 질문과 함께 "사랑한다면 내 양을 치라, 먹이라"고 부탁하신다. 예수님은 베드로가 목양의 길로 온전히 회복함을 사랑이라는 키워드를 통해서 말씀하신 것이다. 또한, 사도 요한은 요한일서 2장 15, 16절에 세상을 사랑하는 것은 하나님을 사랑하지 않는 것이라고 말하면서, 세상의 사랑은 육신의 정욕과 안목의 정욕과 이생의 자랑이라고 지적한다(류호영, 2016, 210-11).

이는 하나님께 헌신하는 것이 아니면 세상을 사랑하는 것임을 강조하는 말씀이다. 즉, 하나님을 향한 사랑은 세상을 향한 사랑에서 돌아서는 온전한 헌신을 의미하며, 이는 섬김의 대상과 주재권을 가진 자가 바뀌었음을 인정하는 것이다.

헌신함에 있어서 특별한 소명 경험이나 신비로운 부르심의 체험이 꼭 필요치 않으나 목회자는 목회 은사를 가진 자로서, 그리스도 예수 안에 나타난 하나님의 구속적 사랑만을 삶의 가장 소중한 가치로 받아들여, 그 사랑을 전하는 일에 헌신된 자라고 할 수 있다(류호영, 2016, 213). 그러므로 헌신의 개념은 하나님으로부터 오는 소명이기에, 성경적 관점의 헌신 개념 정립을 통해서 건강하게 자리잡는 것이 중요하다.

---

6   송영태, 『비전성경사전』 (서울: 두란노, 2020), s.v. "헌신".

제4장

루이스 람보의 회심 이론에 나타난 헌신의 개념

현재 헌신에 대한 일반적인 연구는 물론, 기독교 헌신에 대한 연구가 부족한 상황이다. 그래서 연구자는 오랜 시간 회심, 혹은 종교적 개종에 초점을 두고 꾸준히 연구를 해 온 학자인 루이스 R. 람보(Lewis R. Rambo)의 회심 이론 속에 나타난 헌신을 살펴보았다.

1. 람보의 회심 이론 – 통전적 모델 (Holistic Model)

회심은 어느 한 순간의 변화에 그 의미를 두기 어려운데, 이에 대하여 루이스 람보는 회심을 "인간의 실존 근원을 흔드는 근본적인 변화로서의 과정"이라고 정의하였다.[1] 회심에는 개인이 소속된 종교 집단 안에서 종파를 바꾸는 것, 신에 대한 개인적 의미 전환이 이루어지는 삶의 변화, 종교생활의 보다 영적인 삶으로의 변화 그리고 이타적이고 사회 정의를 추구하는 삶의 방식으로의 전환 등 다양한 의미가 있다.[2]

그러나 진짜(genuine) 회심은 개인이 신의 힘에 의해서 완전하게 변하는 것이며(Rambo 1993, xii), 이러한 완전한 변화의 회심을 통전적 모델(Holistic Model)이라고 부른다(Rambo 1993, 7). 이를 통해서 헌신에 대한 연구는 헌신 이전의 회심 전과정에 대한 연구가 밑받침이 되어야 함을 확인하게 된다.

---

[1] 배충현, "회심과 변혁: 기존 연구들의 분석 및 통전적 연구의 제안", 「선교와 신학」, no. 40 (2016년 10월): 61.

[2] Lewis R. Rambo, *Understanding Religious Conversion* (New Haven: Yale University Press, 1993), 2.

람보가 회심에 대한 연구 과정에서 선교학을 발견하게 된 것이 귀중한 업적인데 그에 주장에 의하면, 회심은 변화에 영향을 주는 짜여 진 종교적, 문화적 및 사회적 이슈들의 복합체와 같은 다문화적 상황(Cross-Cultural Settings)이다.

그리고 선교현장에서 다양한 문화를 매일 직면하며 활동하는 선교사들에 의해 시작된 학문 분야이다(Rambo 1993, xi). 이러한 통전적 모델은 단순한 심리학적 모델이 아닌 사회학과 인류학을 포함하며, 특히 문화적 차이를 강조하는 선교학적 모델이라 할 수 있다. 그러므로 통전적 모델은 람보의 단계적 모델의 기반이 되기도 한다.[3]

2. 람보의 회심론 - 단계적 모델(Stage Model)

루이스 람보는 통전적 모델과 함께 단계적 모델을 제시하는데, 그 이유는 회심을 사건이 아닌 과정으로 이해했기 때문이다.[4] 단계적 모델은 7단계로 구성되었다.

(1) 상황(Context)
(2) 위기(Crisis)
(3) 탐구(Quest)
(4) 만남(Encounter)
(5) 상호 작용(Interaction)
(6) 헌신(Commitment)
(7) 결과(Consequences)

---

3 반신환, "루이스 람보(Lewis R. Rambo)의 회심 이해", 「종교연구」 30 (2003년 3월): 5.
4 앞의 책, 8.

이는 첫 단계에서 마지막 단계로 쭉 가는 직선적이고 순차적인 단계(Sequential Stage)가 아니라, 서로 영향을 주고 순서가 서로 바뀔 수도 있기에 호환적인 상호성을 가진 계통적 단계(Systemic Stage)라고 한다(Rambo, 1993, 16-18).

즉, 한 사람에게 한 번만 일어나는 것이 아니라, 다양한 회심들이 계속적으로 일어날 수 있고 이것들이 상호 연관적으로 진행된다는 것으로 이는 '과정 중심적 접근'이라고 할 수 있으며,[5] 그 내용은 아래와 같다.

첫째, 상황(Context) 단계로, 사회적, 문화적 그리고 종교적인 환경과 가족, 친구, 이웃 그리고 공동체와 같은 개인의 접촉 가능한 환경을 포함한다(Rambo 1993, 21-22).

둘째, 위기(Crisis) 단계로, 회심의 초기 과정에는 다양한 위기가 발생하는데 종교적, 정치적, 심리적, 또는 문화적인 위기가 있을 수 있으며(Rambo 1993, 44), 무엇보다 위기를 유발시키는 촉매제(Catalysts for Crisis)가 중요하다고 볼 수 있다(Rambo 1993, 49-55).[6]

셋째, 탐구(Quest) 단계로, 자신의 의미와 목적을 생성하기 위해 노력하는 과정을 말한다(Rambo 1993, 56).

넷째, 만남(Encounter) 단계로, 전도자와 잠재헌신자(Potential Convert)와의 만남은 구체적인 상황속에서 이루어지는데, 람보는 특별히 전도자에게 집중하여 전도자의 변인, 전도자의 동기 그리고 전도자의 전략을 설명한다.[7]

---

5 권수영, "목회상담자를 위한 회심 이해. 변화를 위한 목회 신학", 「목회와 상담」 6권 (2005년 3월): 181-82.
6 람보는 촉매제로 신비적 체험(Mystical Experience), 죽을 뻔한 경험(Near-Death Experience), 질병과 회복(Illness and Healing), 삶에 대한 불만이나 회의감, 초월을 향한 욕망(Desire for Transcendence), 변화된 인식의 상태(Altered State of Consciousness), 변화무쌍한 자아(Protean Selfhood), 병리학(Pathology), 배교(Apostasy), 또한 외부세력의 위기(Externally Stimulated Crisis)를 제시하였다.
7 반신환, "루이스 람보의 회심 이해", 11.

다섯째, 상호 작용(Interaction) 단계로, 회심자는 그가 속한 종교 집단과의 만남이 계속되는 정착 과정에서 상호 작용이 더 깊어지게 된다(Rambo 1993, 102).

여섯째, 헌신(Commitment)의 단계로, 람보는 정착이 된 회심자가 그 공동체에 분명한 구성원이 되었음을 공개적으로 분명하게 밝히는 과정을 헌신의 단계로 보았다(Rambo 1993, 125).

일곱째, 결과(Consequence)의 단계는 회심의 영향으로 나타나는 개인적, 사회문화적, 역사적 그리고 종교적 범위와 정도를 평가하는 것이다(Rambo 1993, 165).

람보는 통전적 모형과 단계적 모형을 통해 회심에 대한 종합적인 모형의 이해를 제시한다. 특별히 사회학과 문화인류학적 접근을 사용하면서도 종교적 요인이 사라지지 않도록 조심하고 있다. 그의 현상학적 방법론에서는 회심자의 지각, 지식, 담론 등이 수용되면서 회심자의 종교적 지각 및 감정이 그대로 보존되고 있기에, 선교학적 연구 결과를 종합하고 있다고 볼 수 있다.[8]

3. 람보의 회심론에서의 헌신의 의미

람보는 회심의 요인이나 과정 중에 헌신을 변화 과정의 주춧돌(Fulcrum)로 보았다. 정착이 된 회심자가 그 공동체의 분명한 일원이 되었음을 공개적으로 분명하게 밝히는 과정이 헌신의 단계이며, 그것에는 다양한 구성요인이 있다고 보았다. 헌신의 단계에는 공통적인 다섯가지 핵심 요인이 있다.

---

8 앞의 책, 13-14.

(1) 의사결정(Decision Making)은 기존에 있는 자신의 낡은 사고방식에서 새로운 종교 공동체의 삶으로 선을 넘는 것이고,
(2) 의식(Ritual)은 공적으로 자신의 회심을 드러내는 헌식 의식을 말하며,
(3) 복종(Surrender)은 회심자가 내적으로 보편적인 의미에서 이해해야 하는 과정이고,
(4) 간증(Testimony)은 개인의 회심에 대한 이야기식 고백이며,
(5) 동기개혁(Motivational Reformulation)은 복합적으로 상호 작용되어 계속 누적되는 개인의 발전과정과 소속 공동체에 부합되는 변화를 말한다 (Rambo 1993, 125-40).

람보는 회심의 단계 중 헌신의 의미와 관계성을 설명하면서, 회심의 본질을 자기 자신과 소속된 공동체를 통해 확인하는 것으로 보았다. 그리고 헌신은 순차적 단계가 아닌, 계속되는 변화 속에 나타나고, 일곱 가지 단계가 서로에게 영향을 미치며 계속 유기적 관계를 맺고 있다고 주장한다.

제5장

북한이탈주민 목회자의 헌신과 목회

1. 북녘에서 헌신의 의미

북녘이 사회주의 사상을 자신들의 철학으로 새롭게 정립하여 만들어 낸 것을 주체사상(主體思想; Jucheism)이라 부른다. 이 주체사상은 북녘의 통치 이념으로 김일성이 창시하고 김정일이 이론적으로 체계화하고 심화한 김일성의 공산혁명 사상이다.[1]

인간이 모든 것의 주인이라는 기본 원리를 밑바탕으로 "인생의 주인은 자신이며, 자기 운명은 자기 스스로 개척한다"는 가치를 핵심에 두고 있다. 이러한 사상적 중심을 통해 외세(外勢)를 배척하였고, 북녘의 모든 인민들의 평등을 주장해왔다.[2]

그러나 주체사상은 무지한 인민들만으로는 완성될 수 없기에 수령이 중심이 되어야 한다는 수령론(首領論)으로 변질되었다. 그래서 결국에는 1972년에 평양 중심의 만수대(萬壽臺)광장에 25미터가 넘는 세계 최고 높이의 인물 동상인 김일성 동상이 건립되었고,[3] 지금도 계속해서 주요 도시마다 김일성과 김정일의 동상이 세워지고 있다. 그리고 수많은 사상물과 수령의 통치를 교육하는 혁명사상연구소가 모든 지역과 기관마다 세워졌다.

---

1 통일부 통일교육원 교육개발과, 『북한 지식 사전』(서울: 통일부, 2013), s.v. "주체사상".
2 『한민족문화대백과』, s.v. "김일성주체사상". https://terms.naver.com/entry.nhn?do cId=553238&cid=46629&categoryId=46629.
3 김일성 주석 60회 생일을 맞아 김일성 동상이 평양 만수대 광장에 건립되었으며, 2012년에는 김정일의 동상이 추가로 세워졌다.

더 나아가 김정일은 주체사상 강화를 위하여 1974년에 "유일사상체계 확립을 위한 10대 원칙"을 제정하여 세밀하게 수령을 중심으로 하는 지배체제를 실행하게 되었고,[4] 가정마다 3대 위인인 김일성, 김정일, 김정숙의 초상화를 걸도록 하고 숭배하게 하였다.[5] 1994년 김일성 수령이 죽은 후에도 전국에 영생탑(永生塔)을 세워 김일성은 죽지 않고 살아있는 통치자임을 가르치고 있다.

이는 북녘이 조국보위(祖國保衛)와 조국에 대한 헌신을 강조하며, 조국과 수령을 동일시하기 때문이다. 따라서 조국에 관해 헌신하는 것은 수령에 관해 충실하는 것과 같고 이는 곧 애국주의의 최고 표현이라 할 수 있다.[6] 이는 더 나아가 수령론이라는 사상을 뛰어넘어 수령교(首領敎)로 불리는 종교적 사상으로 발전하였는데, 김병로는 이렇게 설명한다.

> 수령에 대한 충실성을 유일사상체계 확립의 10대 원칙으로 교리화하고 있으며, 수령의 후계자에게도 같은 충실성을 요구함으로써 종교성은 더욱 심화되고 있다. 수령론은 기독교의 기독론에 해당하는 핵심 교리이며 주체사상의 종교성을 특징짓는 중요한 개념임에 틀림없다. 기독교가 기독론의 중요성 때문에 기독교라는 명칭을 얻게 되었다면, 북한 주체사상에서 수령론이 차지하는 중요성을 고려하면, 주체사상을 종교적 측면에서 수령교(首領敎)라고 부를 수 있을 것이다.[7]

북녘의 지도체제는 정치와 종교가 융합된 제정일치(祭政一致) 유형이다.[8] 북녘 정부는 폭력과 위협으로 공포를 조장하고, 주민들을 감시하고 통제하며, 그들의 자율성을 억압해왔다. 2007년에 종교 전문 단체인 에드헤런

---

4   김병로, 『북한사회의 종교성: 주체사상과 기독교의 종교양식 비교』 (서울: 통일연구원 연구총서, 2000), 24.
5   김정숙은 김일성의 아내로, 북녘에서 김정일을 낳은 최고 여성 영웅이다.
6   통일부 통일교육원 교육개발함, 『북한 지식 사전』 (서울: 통일부, 2013), s.v. "김정일애국주의".
7   김병로, 『북한사회의 종교성』, 69-70.
8   김병욱, 김영희, "북한사회의 '수령교'와 타종교권 선교에 따른 북한 선교", 93.

츠(Adherents)에서는 주체(Juche)를 종교 순위 중 10위로 발표했는데, 그 내용은 아래 그림 5와 같다.[9]

세계 10대 종교	
종교	신도 (명)
기독교	21억
이슬람교	13억
무신론	11억
힌두교	9억
중국 전통종교	3억 9400만
불교	3억 7600만
원시 토착종교	3억
아프리카 종교	1억
시크교	2300만
주체사상	1900만

(자료: www.adherents.com)

그림 5. 종교로 분류된 주체사상

모든 체제는 복무하는 대상의 주체가 누구인지에 따라 그 성격이 구분되기에, 북녘의 이러한 체제로부터 발생되는 트라우마를 '북한체제 트라우마'(North Korean System Trauma)라고 부른다.[10] 실례로는, 어느 여성 북한이탈주민은 남녘에 와서 새벽예배를 열심히 나가야 할 당위성을 북녘에서 습관이 된 생활에서 찾으려고 했다. 그는 평양에서 매일 새벽 네시에 밖으로 나가 김일성 동상을 기도하는 마음으로 닦았는데, 이는 단순한 청소

---

9 이기홍, "北 주체사상은 추종자 1900만 명의 종교", http://www.donga.com/news/article/all/20070509/8439558/1
10 유혜란, "탈북민을 통하여 본 '북한체제트라우마'(NKST) 불안연구", 「한국기독교상담학회지」 25, no. 1 (2014년 3월): 118.

의 의미가 아닌 신앙적이며 종교적 헌신의 행위인 것으로 보았다.[11] 이러한 북녘에서의 우상화 체제 속에서의 삶은 북한이탈주민들의 기독교로의 회심과 목회자로의 헌신에 긍정적이거나 부정적인 모든 면에 영향을 주고 있다.

2. 북한이탈주민 목회자

현재 남녘에서 교회를 개척한 북한이탈주민 목회자들에게, "이 시대 속에서 탈북민 목회자에게 하나님 앞에서 필요한 자세는 무엇인가"라는 질문을 했을 때, 응답자 대부분은 소명의식이라 대답했다.[12] 소명의식을 가진 자는 예수님의 본을 따라 세상과 구별된 삶을 사는데(안란희, 2014, 41), 자신이 하나님의 일을 감당하기 위해서 헌신을 택한 것이 아니라 하나님이 하나님의 일로 부르심에 대한 반응과 순종의 의미로 헌신을 이해하고 있었다.

'사단법인 한국 기독교 북한이탈주민 정착 지원 협의회'는 남녘에서 목사 안수를 받은 북한이탈주민 목회자의 수를 125명 정도로 보았고, 그들 중에 현재 담임 목회로 사역하는 목회자는 40명이라고 밝혔다.

또한, 북녘선교부가 있는 대형 교회 몇 곳을 제외하고는 일반 교회에서 북한이탈주민 목회자를 사역자로 쓰기를 꺼려하는 등의 어려움 때문에 개척을 하는 경우가 많은 실정이다.[13] 이에 대하여 조요셉은 "한국 신학교는 북한이탈주민 목회자를 계속 배출하고 있고, 현재 북한이탈주민 신학생의 수도 200명 가까이 된다. 하지만 이들을 청빙(請聘)하여 함께 사역하는 남

---

11 ACTS 선교대학원 북한연구원, 『북한의 종교: 조기연의 북한종교의 핵심 '김일성(수령)교'』(서울: 청미디어, 2016), 157.
12 안란희, "북한이탈주민들의 기독교신앙과 목회사역에 관한 연구: 1992-2014년을 중심으로"(석사 논문, 감리교신학대학교 신학대학원, 2014), 39.
13 류달주, "탈북민 목회자를 통한 북한 복음화가 잘 준비되게 하소서", 「북한과 열방을 위한 중보기도네트워크」, 2018년 11월 12일, http://blog.naver.com/lovenor/221396381546

한 교회는 거의 없다"고 지적했다.[14]

　탈북민 목회자인 김명남은 남녘 교회의 일부 북녘 선교부가 게토화(Ghetto) 되는데, 그 이유는 남녘 교회가 가지고 있는 북한이탈주민 사역자에 대한 위험(Risk) 때문이라고 보았다.[15] 그러나 이제는 북한이탈주민 목회자들을 위험 유발자(Risk Taker)에서 협력 작용자(Synergizer)로 바라볼 수 있어야 한다.[16]

　통일과 선교, 또는 선교와 통일 그 무엇이 우선이고 중요한 것인가?

　통일만이 북녘 선교의 길이라 할 수 없으나, 선교가 중요하기에 통일이 중요하지 않다고도 생각할 수 없다. 하나님의 선교는 세상을 향한 화해의 메시지이며, 그 위대한 화해를 위해 이 땅에 오신 분이 곧 예수 그리스도이다. 선교는 하나님의 복음을 전하는 것이며, 그 복음의 핵심에는 하나님의 사랑과 화목(和睦)이 자리하고 있다.

　그러므로 북녘 선교는 복음으로 인한 통일을 기대하게 하는데, 곧 정치적이거나 사상적 통일이 아닌 하나님 안에서의 하나 됨이다. 통일은 결과 이전에 과정이기에, 어느 시점에 완성되는 것이 아니라, 계속해서 이루어가야 하는 시대적 사명과도 같다.[17]

　그 통일의 과정에 북한이탈주민이 있고, 복음을 받아들인 성도가 있으며, 하나님의 부르심에 따라 헌신한 목회자들이 있을 것이다. 진정한 통일 과정이 용서와 화해의 사랑으로 지속되어야 하기에, 북한이탈주민 목회자들에 관해서 연구하고 이해하는 것은 우선적으로 중요하다.

14　한연희, "탈북민 선교, 목회자 청빙 기회부터 열어줘야", 데일리굿뉴스, 2017년 6월 2일, http://www.goodnews1.com/news/news_view.asp?seq=74452. 조요셉은 물댄 동산교회를 담임하며 북한이탈주민 선교를 감당하여 오고 있다.

15　표준국어대사전, s.v. "게토 (ghetto)", https://ko.dict.naver.com/#/entry/koko/1299ec-b7e51647c59ceff6cc9900fd88. 예전, 유대인들이 모여 살도록 법으로 규정해 놓은 거주지역.

16　김명남, "한국 교회 내 탈북민목회자의 역할", 22.

17　2015년 한반도평화포럼이 서해문집에서 출판한 책으로, 통일은 만들어 가는 것이기에 과정 없는 통일은 재앙이라는 내용을 담고 있다.

3. 북한이탈주민 목회자의 목회 사역

북한이탈주민 목회자는 북한이탈주민 공동체가 복음으로 하나 되는 것을 중시하므로, 북한이탈주민 목회자가 차지하는 역할의 비중이 높다. 그들은 상호 인격적인 관계로 원활한 의사소통에 기초한 포용하는 공동체를 세워 나가기를 원한다(안란희, 2014, 42). 이를 위해 북한이탈주민 목회자에게 중요한 자질로 세 가지를 말한다.

첫째, 영성과 삶으로, 하나님과 사람을 동시에 사랑할 수 있는 균형감이 중요하다.
둘째, 남녘 교회 사역자와의 관계에서 이해하고 받아 주어야 할 부분이 아직 많이 있음을 인식해야 한다.
셋째, 남녘 교회의 지나친 물질주의적 신앙관으로부터 받는 좋지 않은 영향을 주의해야 한다(안란희, 2014, 44-51).

탈북민들이 출석하는 교회 형태는 주로 탈북민으로 구성된 교회이며, 남녘과 북녘의 교인이 함께하는 교회 그리고 남녘 교회를 출석하며 탈북민 부서에서 신앙 생활하는 자들도 있다. 보편적으로 탈북민 목회자가 세운 교회에 남녘 교인보다 탈북민 교인이 더 많은 것으로 조사되어, 여전히 같은 고향 사람들끼리 모이는 것이 편안함을 보여 준다.
그러나 주목해 보는 것은 75명이 한 문화의 동질성이라는 이유로 남녘 교인과 함께 세워진 교회에 출석하고 있다는 점이다. 아래 표 3은 탈북민의 교회 선택에 대한 이유를 나타냈다(안란희, 2014, 37-38).

구분	사례	사례수
탈북민으로 구성된 교회를 선택한 이유	*전체 5명*	
	한 문화의 동질성	1
	습득된 북한의 문화(남한사회 부적응)	0
	북한 사람이 좋아서	2
	북한 말로 하는 설교	2
남한 교회를 선택한 이유	*전체 13명*	
	탈북자라는 노출이 싫어	7
	남한의 문화와 언어를 배울 수 있어서	3
	남한 사람이 좋아서	1
	남한 말로 하는 설교	2
남한 교인들과 탈북 교인이 결합된 교회를 선택한 이유	*전체 152명*	
	한 문화의 동질성	75
	남북한의 서로의 문화를 접할 수 있어서	30
	남한 성도 / 북한 사람이 좋아서	14
	북한 성도 / 남한 사람이 좋아서	9
	남한 성도 / 북한말로 하는 설교	11
	북한 성도 / 남한말로 하는 설교	13

표 3. 탈북민의 교회 선택

    탈북민들 중에는 남녘 정착 과정 중에, 생활과 경제적 필요에 도움을 받기 위해 신앙을 이용하는 '도구적 종교성'으로 전락할 경우도 있다.[18] 이는 남녘 교회가 북한이탈주민들의 회심에 대한 진단을 너무 성급하게 내리는 것이 원인일 수 있기에, 북한이탈주민의 종교적 회심과 그에 따르는 헌신에

---

18   이순실, 최연실, & 진미정, 『북한이탈주민의 종교경험』(서울: 서울대학교출판문화원, 2015), viii.

관한 관심과 관찰 그리고 심도 깊은 연구가 필요하다. 한편으로는, 남녘 교회 문제, 정체된 교회성장 그리고 교회의 선교 사역을 회복하는 일에도 성경적 회심과 온전한 헌신에 대한 연구가 중요성을 깨닫게 한다.[19]

2016년 현재, 전국에 북한이탈주민부서로 모이는 남녘의 교회는 100여 개 정도로 조사된다.[20] 기존에는 북한이탈주민을 북한 선교의 일부 대상으로 보고, 그들의 필요를 채우는 것에 집중하는 교회 안에 있는 부서 사역이 중점이었다면, 이제는 이들과 함께 공동체를 이루는 교회들이 생겨나고 있다.

그러므로 남녘 교회는 신속한 통일이나 점진적 통일이 아닌 준비된 통일이 필요하다는 것을 잊지 말아야 한다.[21] 이를 위해 북한이탈주민들을 잘 준비시킴으로써 준비된 통일을 이루어 가야 할 것이다.[22]

---

19 김성욱, "선교신학적 관점에서 본 회심과 변혁", 112.
20 하광민, "통일을 준비하는 교회와 목회"(제3회 목회자통일준비포럼, 부산, 2016년 5월 9~10일).
21 최원진, "통일 한국을 향한 한국 교회의 선교적 사명", 「복음과 선교」 26, no. 2 (2014년 5월): 166.
22 하광민, "북한이탈주민을 매개로 하는 북한 선교 구도의 변화", 「복음과 선교」 48 (2019년): 378.

제6장

질적 연구 방법론, 근거 이론

1. 연구 방법론의 중요성

연구에 있어서 필요한 요인이 많이 있으나, 그 중에 매우 중요한 부분이 연구 방법론의 채택이다. 란지트 쿠마르(Ranjit Kumar)는 연구 결과로 발견한 내용의 타당성은 전적으로 연구자가 채택한 연구 방법론에 달려 있다고 주장한다.[1] 이에 연구자는 북한이탈주민 중 복음주의 기독교 목회자로의 헌신을 연구하기 위해서 참여자의 삶의 이야기를 통해 이론을 생성하려는 질적 연구 방법을 선택하였다.

2. 질적 연구 방법론 (Qualitative Research Methodologies)

질적 연구 방법론은 인간 행위와 그 행위에 영향을 미치는 요인들을 보다 깊게 이해할 수 있는 수단을 제공한다. 그리고 인간 행동이 광범위하기 때문에, 질적 연구는 연구의 범위를 축소하기 위해 적은 표본을 사용한다. 이는 현상(Phenomena)에 보다 깊게 초점을 맞추려는 이유 때문이다.[2]

질적 연구는 개인이나 집단에서 사회적 또는 인간적 문제 때문에 고려하게 되는 의미를 이해하고 탐구하기 위한 접근 방법이다. 연구 과정은 질문의

---

[1] Ranjit Kumar, *Research Methodology: A Step by Step Guide for Beginners* (Thousand Oaks, CA: SAGE Publication, 2005), 4.
[2] 강창섭, 『선교학 연구 방법론』, 44.

생성과 절차, 연구 참여자의 상황 속에서 자료 수집, 특정 주제에서 보편적 주제까지 자료의 귀납적 분석, 자료의 의미에 대한 해석 순으로 진행된다.[3]

이러한 질적 연구는 특정한 그룹에 대하여 충분한 이해나 이론이 부재하거나, 기존 이론이 연구하고자 하는 문제의 복합성을 충분히 포착하지 못한 상황에서 이론을 발전시키기 위해서 사용된다.[4] 그러나 이러한 질적 연구는 융통성과 개방성이라는 장점이 있지만 연구자가 연구를 수행하는 동안 상당한 모호함을 직면할 수도 있음을 감수해야 한다.

연구자도 연구 막바지까지 연구를 통해 이론이 생성될지에 대한 모호함으로 어려움을 겪었으나, 질적 연구 방법론을 따라 연구를 할 때에 기존의 이론적 틀에 매이지 않는 창의적인 연구를 통하여 새로운 이론이나 설명적 모델을 생성할 수 있었다.[5]

질적 연구 밥법에는 네러티브 연구(Narrative Research), 현상학(Phenomenology), 근거 이론(Grounded Theory), 문화 기술지(Ethnography) 그리고 사례 연구(Case Study) 등 다섯 가지 접근법이 있다. 그러나 본 장에서는 연구자가 선택한 연구 방법인 근거 이론 방법론에 관해서 설명하려고 한다.

3. 근거 이론 (Grounded Theory)

1) 역사적 맥락

근거 이론의 창시자인 바니 글레이저(Barney Glaser)와 안셀름 스트라우스(Anselm Strauss)는 말기 환자의 죽음이라는 사실을 의료 전문인들이 어떻게 다루는지에 관해서 연구하였는데, 관찰과 대화를 통해 얻은 자료를 분석하는 과정으로 방법론을 개발했다. 그들은 공동으로 집필한 『근거 이론의 발견』

---

3 John W. Creswell, 『연구방법 질적, 양적 및 혼합적 연구의 설계』, 김영숙 외 역 (서울: 시그마프레스, 2017), 4.
4 John W. Creswell, 『질적 연구 방법론: 다섯 가지 접근』, 69.
5 강창섭, 『선교학 연구 방법론』, 55.

(*The Discovery of Grounded Theory*; 1967)을 통해 기존 이론에서 검증 가능한 가설을 연역(演繹)해 내는 것이 아니라 자료에 근거를 둔 연구를 바탕으로 이론을 개발하는, 자신의 전략을 정교화한 근거 이론 방법론을 제시하였다.

그러나 연구 참여자를 관찰하거나 면접으로 자료를 수집하여 그 의미를 분석하고 해석하는 질적 연구 방법론은 당시의 주류 방법론과 충돌하였다. 당시에는 질적 연구가 사실이나 세부적 내용보다는 전반적인 인상에 치우치고, 입증되기 힘든 일화에 기반하며, 비체계적이고 편견에 기반하고 있다고 비평받았다.

2) 글레이저와 스트라우스의 도전

글레이저와 스트라우스가 제시한 이론화 작업은 연구자가 수집한 자료만을 토대로 분석을 진행하며, 분석의 핵심은 코딩화 작업을 통하여 개념적 수준을 체계적으로 높이는 것이다.

그들은 질적 연구를 형식화하는 분석기술을 사용하여 질적 연구 수행을 위한 구체적인 지침을 만들었다. 근거 이론은 이론이나 이론적 틀 혹은 모델을 생성하기 위한 목적으로 연구하기에, 근거 이론에서 이론이란 특히 현장 사람들의 행동, 상호 작용, 사회적 과정 등으로부터 수집된 자료에 근거하고 생성(발견)하여 연구가 진행된다.

3) 다양한 학문적 전통의 결합

근거 이론은 글레이저의 실증주의와 스트라우스의 실용주의 및 현장 연구라는 두 경쟁적인 전통이 결합한 것이다. 글레이저는 양적 연구를 형식화한 것처럼 질적 연구 방법을 형식화하려고 했다. 스트라우스는 인간이라는 존재의 기반이 구조가 아니라 과정에 있다고 가정하면서, 인간은 거대한 사회로부터 수동적으로 영향을 받는 존재라고 하기보다는 자기 삶과 세상에 관해 능동적인 대행자라는 관점을 가지고 있었다.

그 후, 스트라우스는 자신의 방법을 입증(Verification)이라는 방향으로 발전시켜 나갔고, 줄리엣 M. 코빈(Juliet M. Corbin)과의 공동 작업으로 기법 위주의 자료 분석 절차를 제시해 나갔다. 1990년대에는 스트라우스와 코빈이 엄격성과 유용성으로 유명해졌으며, 근거 이론은 계량적 연구자들에게도 호소력 있는 방법론이 되었다.

글레이저와 스트라우스로부터 근거 이론을 학습하고 지도받은 차마즈는 근거 이론 방법이 수동적으로 따라야 할 처방전이나 원칙과 실천의 모음이 아니라고 보며, 방법상의 규칙이나 절차 등이 필수사항이 아니라 유연한 지침임을 강조하였다. 그리고 차마즈는 근거 이론은 다른 질적 연구 방법론과 상호 보완적 관계라고 보았다.

스트라우스와 코빈의 근거 이론은 분석 과정에서 중심 현상, 인과 조건, 전략 조건 그리고 맥락 등의 구체적인 구성 요인을 가진 이론이지만, 차마즈의 이론은 덜 구조화되고 더 많은 유연성을 강조한다. 차마즈는 축 코딩 행렬이나 이론적 코드군을 모든 연구에 적용한다면, 자료 분석과 배열이 인위적이고 조작적인 경우가 많이 발생하여, 자료 분석 과정에서 독특하게 출현하는 논리적 구조에 순응하지 못할 것이라고 지적했다.

4) 근거 이론 구성하기

근거 이론의 방법은 수동적으로 따르지 않는 원칙과 실천의 모음으로, 질적 연구 분석을 위한 다른 접근과는 반대의 입장에 서 있기보다는 상호 보완적이다. 글레이저와 스트라우스는 과정을 분석하는 명시적인 방법을 제시하는데, 과정이란 시작과 끝이라는 식별할 수 있는 표식을 가지며, 그 사이에 여러 수준점을 가지는 시간적 배열을 펼쳐 놓은 것이다.

시간적 배열은 하나의 과정에서 연결되며 변화로 이끌어지는데, 단일한 사건은 더욱 큰 전체의 일부분으로 연결된다. 특별한 과정에 대한 경험과 산물은 비록 정도가 작을지라도 어느 정도의 불확정성이 있다.

근거 이론 방법론은 연구하고자 하는 세상을 알아 가는 방법이며, 이론을 개발하는 도구이다. 연구자는 연구자 자신이 연구하는 세계와 수집하는 자료의 일부라고 가정하고, 과거와 현재에 걸쳐서 사람, 관점 그리고 연구 실천 등에 관여하며, 이들과의 상호 작용을 통해 근거 이론을 구성한다. 양적 연구(Quantitative Research Methodology)와 많은 질적 연구 방법론이 연역적 방법(Deductive Way)을 사용하는 반면, 근거 이론은 귀납적 방법(Inductive Way)으로 시작하고 진행하는 연구 방법론이며, 따라서 그 특징은 자료에 관해 개방적이고 또한 자료에 밀착하여 연구를 진행한다.[6]

---

6 앞의 책, 63.

제7장

북녘 연구 방법론으로의 질적 연구

1. 북녘에 대한 학문적 연구와 그 한계

　북녘은 연구를 위해 접근하기 어려운 국가로, 그들 스스로 정보를 차단했고 탈냉전 시대 이후에도 전쟁 무기 개발 등으로 "악의 축"(Axis of Devil)이라는 오명(汚名)까지 받게 되었다. 또한 북한이탈주민의 기독교와 관련한 선행 연구는 기독교계나 선교 분야에서 이루어진 연구들이 다수를 차지한다.
　그리고 대부분 남녘 교회가 탈북민 선교를 통일운동의 예행연습 정도로 간주하는데 머물러 있었다. 그래서 남녘 교회는 북한이탈주민을 "북녘 선교의 마중물"로 이해하며 대부분 선교적 전략에 초점을 맞추어 왔다.
　주로 북한이탈주민을 대상으로 한 설문 조사를 토대로 이루어진 연구에서, 그 분석 대상은 교회가 지원하는 북한이탈주민 프로그램 중심으로 이루어졌으며, 프로그램에 참여한 북한이탈주민 개개인의 특별하고 세세한 경험은 반영되지 못했다는 한계가 있다. 게다가 프로그램을 넘어, 기독교인이 된 탈북민이 느끼는 기독교와의 만남이 갖는 의미를 탐구한 연구는 현재 부족한 상황이다.[1]
　강진웅의 연구에 의하면, 국내 학계에서는 1970년대 중반 사회과학 방법론 논쟁을 통해 북녘 연구에서의 전체주의적 접근을 비판했고, 1980년대 후반 이후 북한 바로 알기 운동과 내재적 접근 논쟁을 통해 방법론적,

---

1　한정우, "북한이탈주민의 기독교와의 만남에 대한 질적 연구", 135-36.

인식론적 접근으로 기존의 냉전적 북녘 연구를 극복하고자 했다.[2] 그러다가 1990년대 중반 이후 고난의 행군으로 북한이탈주민들이 남녘으로 들어오게 되면서, 북한이탈주민을 대상으로 직접 면접조사를 하는 질적 연구가 활성화되었다.

자료와 방법의 빈곤에 목말라 있던 북녘 연구에서, 탈북자 면접은 북녘 사회의 실상에 대한 실증적 분석에 좀 더 다가갈 수 있는 계기가 되었고, 이를 통해 북녘 체제의 내적 동향과 주민들의 정체성 변화 등 미시적인 사회 변동을 분석할 수 있게 되었다.[3]

2. 북한이탈주민 연구에서의 질적 방법론

질적 연구는 일반화를 위한 연구는 아니지만 각 사례 내부에 존재하는 특수한 상황을 일반화하는 것으로, 한 개인의 생애를 통해서도 사회 현상에 대한 구체적인 일반성을 찾을 수 있다.[4] 북녘에 관한 연구는 냉전기에는 실증주의적 방법이었지만, 탈냉전기에는 내재적 접근법으로 연구 방법이 바뀌었다.[5]

1990년대 이후의 북한이탈주민에 대한 조사를 실태 보고서 형, 부분 확인 형, 분석 형, 구술 형 등 네 가지로 나눌 수 있다.

실태 보고서 형은 북녘의 식량난과 같은 급변하는 실태 중심으로 연구가 이루어졌고, 부분 확인 형은 문헌 조사 중심의 연구를 위한 부분적인 확인이 필요할 때 실행되었으며, 분석 형은 부분 확인형과는 달리 제1의 방법으로 채택하여 북녘 사회의 구조와 행위에 대한 이해를 위해 실행되었다. 그리고 구술 형은 특정 주제에 대한 심층 면접의 결과를 정리하여

---

2 강진웅, "북한연구와 질적 방법론의 활용", 66.
3 앞의 책, 72-73.
4 강진웅, "북한연구와 질적 방법론의 활용", 81.
5 정은미, "북한 연구방법으로서의 탈북자 조사의 활용과 연구 동향", 「현대북한연구」 8, no. 3 (2005년 12월): 142-45.

연구자의 분석이나 해석 없이 독자에게 모든 판단을 맡기는 유형이다.

이 구술형 연구는 흔히 한 개인이 기억하고 있는 과거의 경험을 현재로 불러오는 작업을 통해 얻는 구술 자료의 성격이 짙은데, 구술 자료는 연구자와 구술자와의 상호 작용 속에서 만들어지기 때문에 공동 작업 성격을 지닌다. 구술형은 무엇보다도 면접자와 피면접자 간의 돈독한 신뢰 관계(rapport)가 형성됨으로써 개인적인 삶의 내밀한 영역까지 파악할 수 있는 심층 면접을 통해 가능하다.[6]

즉, 북한이탈주민을 연구 참여자로 하는 북녘 연구는 다음과 같은 유형으로 분리된다. 북녘의 식량난과 인권 등의 실태를 파악하는 형태, 경제난과 사회 변동에서 드러나는 개인의 일탈 행위와 의식 변화 등 행위자 중심의 미시적 분석을 전체 제도 변화의 한 부분으로 확인하는 형태, 면담과 조사(survey) 등 북한이탈주민 조사 결과를 분석의 기제(機制; Mechanism)로 활용하는 형태 그리고 심층 면접을 중심으로 하는 북한이탈주민들의 구술을 분석의 중심에 놓는 형태이다.[7]

그러나 북녘에 대한 연구에서 심층 면접 등 다양한 질적 연구 방법론 활용이 제기되었음에도, 방법론적으로 체계화하거나 도입을 고려하는 시도는 미진했다고 볼 수 있다. 또한, 다양한 질적 방법론이 모색되고 있음에도 정치적 편견과 표본의 대표성에 관한 고질적인 문제로 인하여 탈북민을 대상으로 하는 면접조사에 대한 회의론이 만연하고 있는 것도 사실이다.[8] 따라서 북녘에 대한 질적 연구에 있어서 '표본의 대표성의 문제'는 여전히 남아 있다고 볼 수 있다.

질적 연구 방법론으로 북녘에 대하여 연구할 때 발생하는 문제점에 관해서 정은미는, 탈북자를 활용한 다양한 북녘 연구의 사례들을 유형별로 살펴보았다. 그 결과, 실태 보고서 형은 생생한 북녘의 현실을 충실하게 보고(reporting)한다는 점에서 장점이 있으나, 현상 외의 구조적인 분석에는 한계가 있다고

---

6 앞의 책, 166-68.
7 강진웅, "북한연구와 질적 방법론의 활용", 73.
8 앞의 책, 74.

하였다. 부분 확인형은 비록 단편적인데도 기존 문헌 조사를 통해서는 파악하기 힘들었던 사실의 새로운 발굴이라는 점에서 의의가 있으나, 실질적으로는 비공식적 부분에 대한 정보 획득 수준에서 활용되는 한계를 나타냈다.

분석형은 북녘 사회의 구조와 행위를 분석하고 일반화하려는 노력을 통해 북녘 연구 방법으로서 탈북자 조사가 갖는 잠재성을 보여 주었다. 마지막으로 구술 형은 연구자의 가치 개입이 최대한 배제된 상태에서 있는 그대로의 사실을 전달한다는 점에서 장점을 가지고 있으나, 아직 구술사 또는 생애사 연구 방법이 북녘 연구에 높은 수준에서 활용되고 있지 못하는 현실이다.

그러나 이러한 유형별 차이와 상관없이 북한이탈주민을 대상으로 하는 조사를 활용한 연구들은 연구자가 북한이탈주민들이 증언하는 현상들로부터 일정한 거리 두기를 해야 한다. 그렇지 못할 경우에 구조적 요인들을 간과하게 되어 현실과 어긋난 결론이나 전망을 제시할 수 있는 위험성을 공통으로 내포할 수 있을 것이다.[9]

---

9 정은미, "북한연구방법으로서의 탈북자 조사의 활용과 연구 동향", 169.

제8장

결론

　본 장에서 진행한 일곱 가지 주제의 선행 연구는, 우선 북한이탈주민에 대한 설명과 북한이탈주민에 관하여 그동안 진행되어 온 연구를 살펴 보았다. 그리고 타문화권으로 보는 북녘 선교와 북녘을 디아스포라의 관점으로 보는 것 그리고 북녘에서의 헌신의 개념을 이해하려고 하였다.

　또한, 북한이탈주민의 목회자에 대한 연구에서는 목회자로의 소명에 대한 성경적 정의와 북한이탈주민 목회자의 사역에 나타나는 현상에 관해서 정리하였다. 그리고 회심의 이론 속에 나타난 헌신의 개념을 이해할 수 있었다. 끝으로 본 연구의 방법론으로 선택한 질적 연구와 근거 이론이 무엇인지 그리고 북녘을 대상으로 한 질적 연구의 현주소를 점검하였다.

　본 연구가 시작되면서 북한이탈주민 목회자들은 자신들에 대한 연구가 시작되는 것을 반가워하였으며, 연구를 통하여 자신들을 이끄신 하나님의 은혜를 돌아보기를 소망하였다.

　통일은 남녘이나 북녘 만의 일이 아니라 남과 북이 함께 감당해야 하는데, 이에 함께할 수 있도록 보내 주신 북한이탈주민들은 그동안 만나지 못한 시간만큼 앞으로 함께하며 서로를 알고 이해해야 할 동역자들이며, 복음 안에서 하나님의 대 화해(The Great Reconciliation)를 이루어 가야 할 지체들이다.

제3부

연구 방법론

제1장 연구 참여자
제2장 자료 수집
제3장 연구 참여자 모집 및 면담 절차
제4장 자료 분석

* * *

본 연구는 북한이탈주민의 복음주의 기독교 목회자로의 헌신 이론을 찾아내는 것으로, 연구자가 선택한 연구 방법론인 근거 이론에 대한 이해를 위하여 존 W. 크레스웰(John W. Creswell)의 저서인 『질적 연구 방법론-다섯 가지 접근』(Qualitative Inquiry and Research Design)으로부터 도움을 얻었다. 그리고 차마즈(Kathy Charmaz)가 쓴 『근거 이론의 구성』(Constructing Grounded Theory)을 통해서 근거 이론에 대하여 깊게 이해하게 되었고, 또한 심층 면담을 위한 중요한 방법에 대하여는 세이드만(Irving Seidman)의 저서인 『질적 연구 방법으로서의 면담』(Interview as Qualitative Research)의 내용을 참조했다. 특히, 강창섭의 저서 『선교학 연구 방법론』(Transforming Research Methodology for Missiology: Practical Guide through Grounded Theory)은 선교사로서 선교 현장에 대한 연구를 이해하는 데 큰 도움이 되었고, 질적 연구 방법론 중 근거 이론에 의한 연구에 길라잡이가 되었다.

본 연구는 개방형 질문에 의한 심층 면담으로 진행되었는데, 이를 통해서 북한이탈주민 헌신자들의 생각을 수집하여 이론을 생성하려고 하였고, 본 연구로 미리 다가온 통일의 현장인 남녘 사회와 남녘 교회 안에서 이루어질 북녘 선교에 대한 새로운 이론들을 기대하였다. 본 장은 연구 참여자, 자료 수집, 표집 절차, 면담 진행 그리고 자료 분석 등을 제시하였다.

제1장

연구 참여자

연구 참여자인 북한이탈주민은 대한민국 국민으로 남녘에서 복음주의 기독교 신학 과정을 졸업하고 목사로 안수를 받은 자, 또는 목회 사역을 하는 신학생으로서 성별, 출신 지역, 북녘에서의 신분, 교파 그리고 나이 등은 구분하지 않았다. 참여자는 연구자로부터 연구의 내용과 목적 및 방법에 대하여 설명을 듣고 이에 동의한 자들이다.

이에 연구자는 공용기관 생명윤리위원회(IRB)에서 요구하는 절차를 따라 연구 계획을 제출하였고, 생명윤리위원회에서 발급한 설명서 및 동의서를 참여자들이 읽고 서명하였다.[1]

본 연구에 참여한 자는 전체 31명으로, 크레스웰이 학문적 가치를 위해 20-30명 정도의 개인들과 면담하여야 한다는 주장에 부합하는 인원이다.[2]

아래 표 4는 연구 참여자에 대하여 간단히 정리한 내용이다.

---

1 공용기관 생명윤리위원회 승인번호: P01-201904-23-001
2 John W. Creswell, 『질적 연구 방법론』, 192.

성별	남성(18), 여성(13)
연령대	20대(6), 30대(4), 40대(6), 50대(9), 60대(6)
회심세대	1세대(24), 1.5세대(7)
입국시기	1990년대(3), 2000년대(22), 2010년대(6)
직분	목사(13), 전도사(15), 신학생(3)
사역유형	탈북민 교회 담임(12), 탈북민 교회 협력(4), 남녘 교회 협력(7), 남녘 교회 탈북민 부서 협력(6), 선교사(1), 사역 없음(1)
사역지역	서울(18), 경기(6), 인천(3), 영남(3), 충청(1)

표 4. 연구 참여자 (명)

특별히 참여자의 신변을 보호하고자 익명성을 보장하는 31개의 개인 코드를 사용하였는데, 예를 들어 코드가 MD3면 M은 남성을, D는 참여자의 성(性)의 '초성'(ㄷ)으로 시작되는 것을 의미하고, 3은 'ㄷ'으로 시작하는 성을 가진 3번째 참여자라는 표시이다.

제2장

자료 수집

    본 연구에 사용된 자료는 연구 참여자들의 면담 녹음 자료 이외에 문헌, 인터넷 자료 그리고 유튜브 영상 등이다. 문헌 자료는 FIU(Faith International University)와 학술정보원에서 제공된 전자 자료, FIU와 DBPIA(DataBase Periodical Information Academic) 국회전자도서관 자료, 한국연구재단(KRF) 전자 자료, 온라인 서점에서 구입한 도서 및 논문, 기타 학술 논문 검색 서비스를 통해 전자 자료를 수집하였다.

    그리고 대만 가오슝의 성광신학원(聖光神學院, Holy Light Theological Seminary)도서관 자료와 연구자 개인이 보유하고 있는 관련 도서와 논문 등이다. 인터넷 자료는 통일부 산하 통일교육원(www.uniedu.go.kr), 통일부북한정보포털(www.unifo.unikorea.go.kr), 북한인권정보센터(www.nkda.org) 및 인터넷 신문과 포털사이트에서 수집하였다. 또한, 북한이탈주민 목회자와 북녘 선교 사역자들로부터 북녘 선교 관련 세미나와 포럼 자료를 지원받아서 인용하였다.

    연구자는 2018년 2월 26일부터 27일까지 총회세계선교회(GMS) 북한선교팀(Global North-Korea Network, GNN)이 주최한 북한 선교 포럼에 참여해서, 북한이탈주민 목회자들과 북녘 관련 사역자들 30여 명과 본 연구에 관해서 이야기를 나누었다. 그리고 2018년 6월 25일부터 28일까지 총회세계선교회(GMS) 주최로 시행된 선교 대회의 GNN 포럼에서 주제 발제에 대한 논찬(論贊)을 하였다.

제3장

연구 참여자 모집과 면담 절차

　본 연구의 참여자는 북한이탈주민 목회자들에게 의뢰하여 추천받았다. 그러나 추천한 사람이 추천된 사람에게 연락하지 않도록 하고, 연구자가 직접 추천된 참여자에게 연락하여 연구자 자신을 소개하고 연구에 관해 설명하였다. 추천 과정에서 참여자 신분의 안전을 보장하였으며, 추천받은 참여자가 자발적 동의를 한 경우에만 연구에 참여하게 하였다.
　절차대로 참여 의사를 물었을 때 개인 사정과 안전을 이유로 연구 참여를 거부한 자들도 있었다. 연구 참여를 허락한 분과는 연구를 위한 면담 장소와 시간을 약속하여 면담을 진행하였다.
　본 연구는 질적 연구로 진행되기에 자료 수집에 있어서 가장 중요한 도구는 연구 참여자에 대한 심층 면담으로, 면담은 참여자 삶의 이야기 안에 담겨있는 의미를 해석하여 이론을 생성하는 연구의 기초가 되는 행위이다.[1] 연구의 기본인 자료 생성의 성패는 참여자의 협조를 끌어낼 수 있는 연구자의 자질과 역량에 달려있기에, 연구자가 연구의 주요 도구라 할 수 있다.[2]
　연구자는 참여자가 연구를 위하여 주어진 여섯 가지의 개방형 질문에 자유롭게 대답할 수 있게 하였으며, 확인 질문과 보충 질문에도 동일하게 자유롭게 대답하도록 하였다. 연구자는 예비 연구를 위해 2018년 8월에 5명을 면담하였고, 그 후 2019년 4월과 5월에 26명의 참여자와 면담을 진행하였다. 5명과 진행한 면담의 초기 질문은 다음과 같다.

1　강창섭,『선교학 연구 방법론』, 85.
2　홍용희, "참여관찰과 심층면담: 연구자와 연구대상자의 관계",「교육과학연구」28 (1998년 12월): 114-15.

첫째, 헌신하기 전의 삶은 어떠했는가?
둘째, 헌신하기로 결심한 요인은 무엇인가?
셋째, 헌신 과정에 받은 도움은 무엇인가?
넷째, 헌신 과정에서 겪은 어려움은 무엇인가?
다섯째, 헌신 과정의 어려움을 어떻게 극복하였는가?
여섯째, 헌신 이후의 변화는 무엇인가?

심층 면담 시간은 60분에서 90분 정도 소요되었는데, 면담은 한 참여자에 대해 1회씩 진행되었으나, 필요에 따라 면담 방식이 아닌 다른 방법으로 보충 질문을 하였다.[3] 면담 내용 중 참여자와 관련된 인명과 지명은 모두 익명(匿名; anonymity)으로 처리하였다.

특별히 연구를 위한 질문을 할 때는 참여자가 더 많이 발언하도록 연구자는 말을 아꼈다. 면담할 때 일차적으로 참여자들의 말에 집중하였지만, 음성 위주의 표현에 주목하였지만, 비언어적 표현과 동작에도 관심을 가지고 주의 깊게 들었다. 무엇보다 참여자들이 말하고자 하는 내면의 소리를 듣는 것에 더 집중하려고 노력하였다.[4] 그리고 중요한 내용이나 특정한 단어를 메모하면서 참여자의 말을 방해하지 않았다가, 한 이야기가 마무리될 때나 전체 면담이 끝난 후에 이해가 되지 않은 내용에 관해 다시 질문하였다.[5]

때로는 어떤 참여자들은 면담 질문과 상관없는 이야기를 하기도 하였는데, 이때는 참여자에게 이야기를 재구성하도록 유도하면서 질문의 방향에 맞추도록 하였다.[6] 전체 면담 내용이 풍성하여 북한이탈주민을 이해하는데도 많은 도움이 되었다. 그리고 답변을 듣는 중에 떠오르는 질문이 있을 때는 연구자의 직감을 신뢰하고 다시 질문하여 참여자들을 다양한 각도에서 이해할 수 있었다.

---

3 전화 면담 또는 SNS를 통한 면담을 진행하였다.
4 Irving Seidman, 『질적 연구 방법으로서의 면담』, 박혜준, 이승연 역 (서울: 학지사, 2016), 170.
5 앞의 책, 172.
6 앞의 책, 188.

제4장

자료 분석

본 연구는 통계적 방법이 아닌 면담 내용을 가지고 근거 이론의 데이터 분석 기법인 개방 코딩, 초점 코딩, 축 코딩을 활용하였고, 스토리 라인, 표 그리고 모델 등을 만들어 최종적으로 이론을 형성하였다. 그 과정을 아래와 같이 정리해 본다.

1. 예비 연구(Pilot Study)

연구자는 이론적 표본 추출 방법으로 참여자 5명을 선정하여 실시한 예비 연구를 통해서 북한이탈주민의 헌신에 대한 연구 방향을 설정할 수 있었고, 데이터수집 방법도 결정할 수 있었다.[1]

1) 개방 코딩(Open Coding)

5명의 참여자에게 회심 이전과 회심 이후의 삶, 헌신의 요인과 과정, 헌신 이후의 변화에 대하여 개방 형으로 질문을 하였고, 녹음된 면담 내용을 186쪽 분량으로 전사(轉寫)하였다. 그리고 전사한 자료를 출력하여 여러 번 자세히 읽으면서 행동을 나타내는 단어를 중심으로 개념화를 진행하였다.[2] 또

---

1 Barney G. Glaser & Amselm L. Straus, 『근거 이론의 발견, 질적 연구 전략』, 이병식, 박상욱, 김사훈 공역 (서울: 학지사, 2017), 69.
2 Kathy Charmaz, 『근거 이론의 구성』, 111.

한, NVivo12를 활용해서 동명사가 들어 있는 줄과 문장에서 나타난 의미에 주목하며 노드(nodes) 작업을 하여 174개의 개념을 발견하였고, 그 의미를 명명(labeling)하였다. 개방 코딩 중에는 최대한 자료에 밀착하기 위해 열린 태도를 유지하여 코드는 간단 명료하게 구성하되 행동을 보존하려고 하였다. 그리고 발견된 개념들은 지속해서 비교 분석하였다.[3] 아래 그림 6은 개방 코딩을 실행한 내용이다.

Name	Files	References
하나님의 인도	5	17
시험당함	5	14
사명	5	13
성경말씀	5	12
갈등	3	11
나와의 싸움	5	11
기도	3	10
선교사	3	8
훈련	5	8
위로하심	4	7
낙심	4	7
감옥	4	6
관점의 변화	3	6
깨달음	4	5
목회자의 길	3	5
서원기도	3	5
공감	3	4
세상유혹	3	4
북한에서의 기독교	3	4
전도	2	3
북한에 대한 증오	3	3
회복	2	3
유복한 환경	2	3
기도하게 하심	3	3

그림 6. NVivo 12를 활용한 개방 코딩

---

3 앞의 책, 114-15

2) 초점 코딩(Focus Coding)

개방 코딩에서 발견된 174개의 개념을 지속해서 비교하여 빈도수가 높은 노드를 문맥적인 공통점이 있는 것들로 묶어서 34개로 범주화(Categorization)했다. 예를 들면, 출신에 대한 편견, 동료의 순교, 사명과 물질, 또는 자녀와 이별 등은 갈등의 원인이므로, '갈등'이라는 범주를 발견하였다. 연구자는 비순차적으로 개방 코딩과 초점 코딩을 반복하여 순환적으로 진행하였다. 아래 그림 7은 초점 코딩을 실행한 내용이다.

Name	Files	Referen
갈등	3	11
권위적인 남한목회자	1	1
남한의 북한교회	2	2
동료의 순교	1	2
문화차이	2	3
민족구원과 십자가	1	1
빵에대한고민	1	1
사명과물질	1	1
선교에상품화	1	2
자녀와이별	1	1
주님의영광과 내생명	1	1
지도자의능력	1	1
출신에대한 편견	1	1
탈북목회소신	1	1
한국교회예속	1	1
한국목회자와소통	1	1
한국신학생의변질	1	1
혁명가적 시선	1	1
감옥	4	6
경건생활	2	2
공감	3	4
관점의 변화	3	6
교회에대한오해	1	1

그림 7. NVivo 12를 활용한 초점 코딩

3) 축 코딩(Axial Coding)

스트라우스와 코빈이 주장한 축 코딩은 상위 범주와 하위 범주 간에 관계를 맺는 것으로, 한 범주의 속성과 차원을 식별하도록 하기에 "누가, 언제, 어디서, 어떻게, 왜 무슨 결과를 가져왔는가?"

이런 질문의 답이다.[4] 축 코딩을 위한 과정적 범주를 생성하였는데,[5] 예를 들면, "당신이 헌신을 결단하게 된 요인이 무엇입니까"라는 질문을 통해서 15개의 개념을 찾았고, 이 개념들을 비교 분석하여 11개의 범주로 묶었다. 이러한 예비 연구를 통해서 주요 범주와 하위 범주와의 관계를 정립할 수 있었다. 회심의 요인에는 '성경 말씀', 회심 이후의 삶에는 '깨달음', 헌신의 요인에는 '서원 기도', 헌신 과정의 어려움에서는 '목회자로의 어려움', 헌신 중 어려움 극복은 '훈련', 헌신 이후의 변화에는 '관점의 변화', 헌신 이후의 사명에는 '사회적 영향력' 등으로 분석되었다.

첫째, 개방 코딩 수행을 통해 행위를 나타내는 언어로 개념화하고,[6] 이렇게 개념화된 자료를 기준으로 필요한 영역을 발견하여 자료를 수집하고 코딩한 범주를 발전시켜 나갈 수 있었다.[7]

둘째, 초점 코딩에서는 개념화된 자료 속에 자주 나타나는 코드를 반복적으로 찾아서 범주화하였고,[8] 새로운 것을 깨달았을 때는 다시 초기 코딩으로 돌아가서 분명하지 않았던 주제를 재탐색할 수 있었다.[9]

셋째, 단계로 축 코딩을 실행하여, 주요 범주와 하위 범주 간에 관계를 맺을 수 있었다. 축 코딩은 초점 코딩 실행 과정에서 선택한 코드를 따라

---

4 앞의 책, 133.
5 강창섭, 『선교학 연구 방법론: 근거 이론 활용』, 153.
6 Kathy Charmaz, 『근거 이론의 구성』, 111.
7 강창섭, 『선교학 연구 방법론: 근거 이론 활용』, 145.
8 Kathy Charmaz, 『근거 이론의 구성』, 129.
9 강창섭, 『선교학 연구 방법론: 근거 이론 활용』, 150.

가는 정교한 수준의 코딩으로,[10] 통합적이며 범주들을 충분히 만들어 낸 후에 '이론적 포화'(Theoretical Saturation)가 이루어지면 이 범주들을 통합하였고, 범주들 사이의 이론적 관계를 살펴서 핵심 범주를 발견할 수 있었다.[11]

2. 추가 면담을 통한 초점 코딩과 축 코딩

5명을 대상으로 실행한 예비 연구의 분석 결과로 면담의 질문 방향이 정해졌으며, 그 후 26명의 참여자를 대상으로 면담을 진행하여 자료가 수집될 때마다 초점 코딩과 축 코딩을 반복적으로 수행하였다. 이에 전체 31명의 참여자의 자료를 통해 생성된 범주들을 지속적으로 비교 분석하여 축 코딩을 실행할 수 있었다.

아래 그림 8은 NVivo 12를 활용한 축 코딩의 한 예를 나타낸다.

Nodes	Files	References
I. 논문진행	31	870
I) 헌신 전의 삶	31	107
01. 회심의 요소	31	43
02. 회심이후	26	64
II) 헌신 과정	31	472
03. 헌신의 요소	31	96
04. 헌신과정에 받은 영향	23	44
05. 헌신과정의 어려움	31	243
06. 헌신과정의 어려움 극복 요소	28	67
06-1. 헌신의 어려움 극복을 돕는	11	22
III) 헌신 이후의 영향	31	291
07. 헌신 후 변화	24	120
08. 헌신의 핵심	27	94
09. 헌신 후 비전	29	77

Nodes	Files	References
II) 헌신 과정	31	472
03. 헌신의 요소	31	96
04. 헌신과정에 받은 영향	23	44
05. 헌신과정의 어려움	31	243
01) 우울(권위)의식	20	38
02) 인격	17	36
03) 신앙	15	29
04) 정체성 혼란	12	16
05) 죄의식	11	12
06) 사역관	10	23
07) 가족	10	22
08) 사역환경	10	16
09) 서로 다름	9	13
10) 생활환경	8	16
11) 경제	8	11
12) 자존감	8	11

그림 8. NVivo 12를 활용한 축 코딩

---

10 Kathy Charmaz, 『근거 이론의 구성』, 137.
11 강창섭, 『선교학 연구 방법론: 근거 이론 활용』, 168.

연구자는 축 코딩을 마치며 "자료에 근거한 헌신의 요인과 그 과정의 패러다임 모델(Paradigm Model)을 만들 수 있었다. 이 모든 코딩의 단계마다 자료의 단위와 상관없이 사용한 '지속적 비교 방법'(Constant Comparative Methods)은 근거 이론의 상징적이며 핵심적인 기법으로,[12] 개념들을 서로 비교하여 범주를 정한 다음 그 범주들을 서로 비교하여 핵심 범주와 이를 중심으로 한 상호 관계를 기술함으로 이론을 구축할 수 있게 된다.[13]

연구자는 지속적인 비교 방법을 통해서 핵심 범주(Core Category)를 발견할 수 있었고, 핵심 범주를 중심으로 다른 범주와의 다양한 비교 분석이 시도되었다. 아래 그림 9는 NVivo 12를 활용하여 범주와 범주를 비교 분석한 것을 보여 준다.

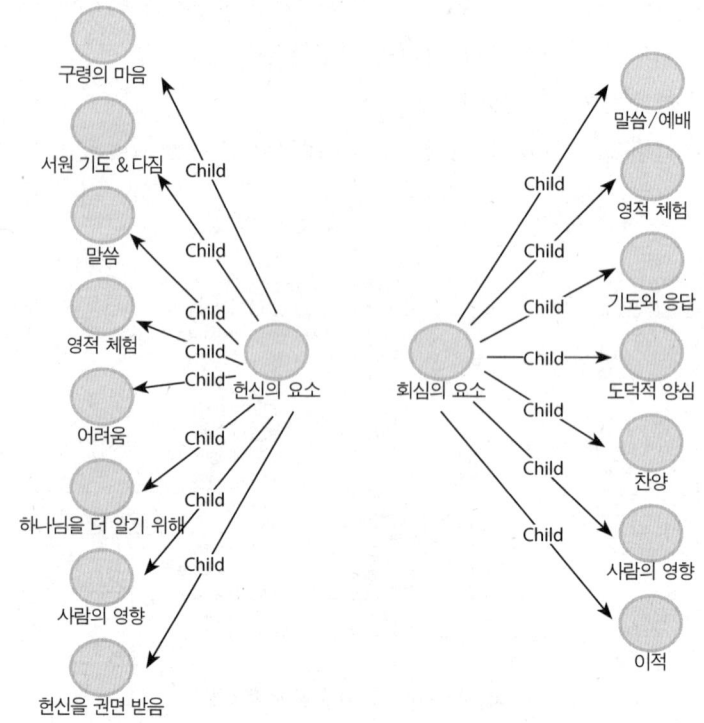

그림 9. NVivo 12를 활용한 범주 간의 비교

12　Kathy Charmaz, 『근거 이론의 구성』, 122.
13　강창섭, 『선교학 연구 방법론: 근거 이론 활용』, 149.

3. 메모와 요약

연구자는 면담 중에 핵심적인 부분과 특징을 메모하였는데, 참여자의 표정과 음성의 높낮이 그리고 반복해서 말하는 내용 등에 담긴 의미를 관찰하려고 노력했다. 그리고 면담이 끝난 후에는 면담 내용의 핵심적인 부분을 중심으로 요약하였다. 그리고 이어지는 개념과 범주 만들기와 범주 생성, 범주 간 비교의 단계 에서도 연구에 필요한 발견이나 아이디어가 있을 때는 메모를 계속해 나갔다.

추가되는 질문이 있을 때도 메모와 정리를 하게 되었는데, 이는 세밀한 연구와 분석에 도움을 주었다. 아래 그림 10은 면담을 요약한 한 예이다.

FJ2는 동네 사람들과 함께 탈북에 성공하여 중국에 머물면서 예수 영화를 보게 되면서 깊은 기도 체험과 병 치유 경험 등으로 회심하게 되었다. 그 후에 예수님을 더 깊게 알게 되어 탈북 과정의 어려움을 인내로 이겨낸다.

그런데 남녘에 와서는 헌신한 것을 잊고 돈을 벌다가 이유 모를 질병에 걸리게 된다. 그러나 투병하는 어려움 중에 하나님의 말씀을 듣게 되면서 회개하게 되었고, 하나님으로부터 "신학하라"는 음성을 듣고 순종한다.

목회 중에 탈북민 교인의 무례한 요구와 남한 교회로부터 이용당하는 아픔을 겪을 때 기도와 소명 회복으로 이겨낸다. 그리고 잘못된 상황임에도 자신의 손해를 감수하고 양보하여 극복하게 된다.

FJ2에게 헌신이란 하나님이 자신에게 맡기신 지금의 일에 충실하는 것이며, 모든 사역자가 동일한 위치에서 겸손함으로 일하는 것이며, 순수성을 잃지 않는 헌신자가 되어야 한다고 강조한다. 현재 탈북민 목회자로 헌신하고 있으며, 세상과의 문턱이 낮은 교회를 이루기를 소망한다.

그림 10. 면담 요약 예

연구자는 연구를 진행하면서 이론적 코딩을 하기 전까지 핵심 범주인 '어려움'이라는 핵심 범주(Core Theme)를 발견할 수 없었으나, 코딩 작업과 범주 간의 지속적인 비교 분석하는 과정에서 중심 주제를 발견할 수 있었다. 이후 발견된 중심 주제와 다른 주요 범주를 지속해서 비교함으로써 이론적으로 연결하고, 이론적 구성을 간명하게 하기 위해서 '통합'(Integration) 과정을 거치게 되었다.[14]

연구자가 이론화를 위한 통합 과정을 제시해야 하는 이유는, 독자들에게 자신이 생성한 이론이 자료 분석에 근거한 것이고, 그 분석에서 전개되는 자체의 논리를 따라서 구축된 것임을 보여 주어야 하기 때문이다.[15] 그 후, 본 연구자는 이론적 코딩을 위하여 핵심 주제를 중심으로 이야기 구성(Story line)을 작성하였고, '헌신의 요인, 과정, 영향의 패러다임 모델'을 만들었으며, 따라서 '헌신 과정의 기본 틀'을 만들 수 있었다.

---

14 강창섭, 『선교학 연구 방법론: 근거이론 활용』, 170.
15 앞의 책, 173.

제4부

연구 결과

제1장 회심과 회심 이후의 삶
제2장 헌신 결심에 영향을 준 요인
제3장 헌신 과정에 영향을 받은 요인
제4장 헌신 과정의 어려움
제5장 헌신 과정의 어려움 극복 요인
제6장 헌신 과정의 어려움 극복을 돕는 사람들
제7장 헌신 이후의 변화
제8장 헌신의 핵심
제9장 헌신 이후의 비전
제10장 주요 범주들의 비교 분석
제11장 어려움을 중심으로 분석
제12장 이론적 코딩

제1장

회심과 회심 이후의 삶

본 장에서는 북한이탈주민의 기독교 목회자로의 헌신을 결단하기 이전의 삶인 회심과 회심 이후의 과정에 관해 다루려고 한다. 이러한 관찰은 연구 참여자들의 목회자로의 헌신을 연구하는 데 중요한 기초자료가 된다. 회심과 회심 이후의 삶은 헌신의 결단과 그 이후의 삶에 연속적 영향을 주기 때문에 연구자는 이 과정을 '헌신 결단 이전'으로 규정하였다.

1. 회심의 요인

그리스도를 구주로 받아들이고 믿음으로 사는 자들이 하나님께 헌신하기에, 헌신은 회심과 연관되어 이루어지는 현상이라고 할 수 있다.
연구자가 연구 참여자에게 이런 질문을 하였다.
"당신의 회심에 영향을 미친 요인은 무엇입니까?"
이 질문에 대하여 참여자의 언급은 사십삼 개로 정리되었다. 그리고 이 언급들을 열아홉 개의 주제로 분류하였고, 다시 아래 표 5와 같이 여섯 가지의 주요한 주제로 분류할 수 있었다.

회심의 요인 (31명)	(1) 말씀 (15명) (2) 영적 체험 (7명) 꿈과 환상 (4명), 예배와 성례 (2명), 이적 (1명)
당신의 회심에 영향을 미친 요인은 무엇입니까?	(3) 찬양 (5명) (4) 기도와 응답 (5명) (5) 사람의 영향 (4명) (6) 도덕적 양심 (1명)

표 5. 회심의 요인 분석 (응답자)[1]

1) 말씀

참여자들에게 회심에 가장 많은 영향을 준 요인이 '하나님의 말씀'이라고 15명이 답하였다. 탈북하여 처음으로 성경 말씀을 들었을 때, 북녘에서 받은 교육과 너무 달라서 마음에 충돌이 발생했다. 그러나 복음을 받아들이고 믿음으로 확신하게 되면서 예수님과 하나님에 관해서 더 많이 알게 되었고 믿음이 생기기 시작했다.

> 그때 중국 교회의 목사님이 강단에서 말씀하는데, 그 말씀이 제 마음을 쫙 빨아들이더라고요. 북한에서 배우기를 종교는 아편이라고 했는데, 이상하다. 기독교도 종교인데 이건 뭐지 그래서 그때부터 성경을 읽었어요. 하나님을 믿으려고 했던 건 아니었어요. 성경책에서 해답을 찾으려고 읽었어요. 기도하면서 본 것도 아니었는데, 예수님의 말씀이 믿어지게 되었어요. (FK3, 13-14).

한 참여자는 중국에서 탈북 생활을 하면서 그동안 북녘 정부가 인민들의 천국을 만들어 줄 것이라는 약속에 속아 살아온 것을 알게 되면서, 마음에 분노가 생겨 폭력으로 북녘을 무너뜨리려 했다. 그러나 말씀을 통해

---

1. 전체 응답자 수(좌측)와 내용별 응답자 수의 합계가 일치하지 않는 이유는 참여자들이 여러 내용을 언급했기 때문이다.

서 예수님의 사랑을 깨닫게 되어 북녘을 향한 자기 잘못을 회개하고 하나
님의 방법으로 돌이켰다.

> 마태복음 6장 33절 "먼저 그 나라와 의를 구하라"는 이 말씀이 나의 갈급
> 함에 불을 지펴줬던 거 같아요. 그런데 그 나라와 의는 내가 원하는 나라가
> 아니었어요. 예수님의 제자들도 나와 같은 사람이어서 로마로부터 자기 민
> 족을 구원하고 싶었는데, 예수님의 방법은 제자들과는 달리 섬김으로 십자
> 가에서 죽는 것이라는 것을 깨닫고 그런 간절한 기도가 나왔던 거 같아요.
> "아, 진짜 하나님이 저 땅을 그런 방식으로 회복시킬 수 있다면, 과거에
> 는 죽이고 싶었지만 이제는 내가 죽어서라도 저 땅을 회복시켜 주십시오!"
> (MK1, 3).

한 참여자는 자신이 죄인이라고 하는 말에 거부감이 있었다. 그런데 말
씀을 읽으면서 자신의 지난 죄가 기억나 스스로 죄인임을 인정하고 회개
하였다.

> 진짜 내가 예수님을 믿겠는데 어떻게 하면 되냐 물었더니, 그분이 죄를 고백
> 하래요. 그때 나에게 죄인이라고 하면 기분이 되게 나빴어요.. … 그러다가 성
> 경을 읽으면 내가 죄인인 게 느껴지는 거예요. 진짜 그때 고백을 했어요.
> "예수님, 나 때문에 십자가에 돌아가신 것을 인정합니다. 내가 죄인입니다"
> (FY2, 16).

자신이 북녘에서 태어난 것이 원망스럽던 한 참여자는 시편을 읽으며 자신이
북에서 태어난 이유와 탈북하게 하신 하나님의 뜻을 발견하고 회개하게 되었다.

> 성경 구절 하나가 딱 떠올랐는데 시편 119편 71절이었어요.
> "고난 당한 것이 내게 유익이라 이로 인하여 내가 주의 율례를 배우게 되
> 었나이다."
> 이 말씀으로 "북한에서 태어나게 하신 것이 하나님의 축복이었구나"라

고 고백하게 되었어요. 나에게 고난을 허락하셔서 여기까지 통과하게 하신 하나님의 특별한 뜻이 받아들여지는 거예요. 믿어지는 거예요. 그때 하나님 앞에 완전히 뒤집어졌고, 통회 하고 자복 하는 시간을 보냈어요 (MY1, 8-9).

2) 영적 체험

7명의 참여자가 영적 체험을 통해 회심하였는데, 꿈과 이상이나 예배와 성례에 참여할 때, 또는 이적을 보면서 회개하게 되었다. 그중에 어떤 참여자는 탈북하여 중국에서 피신하던 중에 예수님과 십자가의 환상을 보고, 자신의 죄를 발견하여 예수님의 사랑을 확인하게 되므로 회심이 일어났다.

눈 감고 막 기도하는데 비몽사몽간에 완전한 환상이 보였어요. 그 교회 강대상 뒤에 십자가가 오른쪽에 있는데, 제가 죄를 지어 십자가에 달려 있는 거예요. 그런데 어떤 분이 오셔서 내게 십자가에서 내려오라 하고, 나 대신 십자가에 달리시는 겁니다. 그때 나를 사랑한다는 말을 들었는데, 좀 낯간지러웠죠. … 그렇게 하나씩 사랑의 방울들이 모여서 얼어 있는 마음을 부서트린 거 같아요(MK3, 6-7).

어떤 참여자들은 잠을 자는 중에, 또는 예배나 성례 참석 중에 하나님으로부터 감동과 은혜를 받고 말씀을 사모하게 되었다.

제가 기도하는데 빛이 점점 커지더니 나를 삼키더라고요. … 그 장면이 끝날 때 왕들이 쓰는 그런 관을 제가 썼고, 얼굴이 안 보이는 다른 한 사람도 나처럼 관을 썼더라고요. 그렇게 꿈을 깨고 나서 의문이 생겼어요.
'그 남자는 누구지?'
그 이후에 성경에서 눈을 뗄 수가 없었고, 늘 내 마음 가운데 주님을 향한 마음과 애절함이 있는 거예요. 기억만 해도 눈물이 나고 생각만 해도 눈물이 났어요(FK3, 14).

(탈북하여 한국에 와서) 한 쉼터에 가서 생활했는데, 쉼터를 운영하시는 목사님이 계속해서 저를 예배에 데리고 다니셨어요. 그때 예배 중에 하나님이 저를 만나 주셨어요. 불덩어리가 임하는 신기한 체험을 했는데, 그때가 저는 인격적인 만남이라고 생각해요(ML3, 1).

한 참여자는 탈북의 어려움이 극심한 중에 좌절하여 자살을 시도했는데, 중국 교회의 한 권사님의 도움을 받아 기적적으로 살아난다. 그는 이러한 체험을 하면서 초월적 존재인 하나님을 믿게 되었다.

수면제 백 알을 먹고 자살을 시도했는데, 이미 독이 온몸에 다 퍼져서 의식도 없는 상태였어요. 그리고 그 권사님이 나를 발견하여 구한 후 일주일 만에 의식을 차렸어요. 권사님께서 하시는 말씀이 조금만 늦어도 살지 못하였을 텐데, 그때 마침 발견해서 살렸다는 거예요.
'아, 내가 아닌 그 누가 있구나!'
… 그래서 하나님이 계시는 것 같다고 생각하고 성경 공부를 하면서 예수님을 믿게 된 거죠(MC1, 2).

3) 찬양

어떤 참여자들은 탈북하여 중국에서 숨어지내며 두려움에 사로잡혀 있을 때, 이전에는 전혀 불러보지도 않은 찬양의 가사에 은혜를 받고 회개하게 되었다.

"이 벌레 같은 나 위해" 이 가사를 들으면서 이런 생각을 했죠.
'하나님이 왜 이렇게 내 인격을 모독하는가?'
그래서 이렇게 반항했어요.
"하나님, 나 죄인 아닙니다.
왜 나를 벌레만도 못하다고 하십니까?
왜 나 때문에 십자가에서 돌아가셨다고 하십니까?"

… 그런데 내가 죄인임을 너무 힘들고 늦게 깨달았어요. 모든 걸 다 겪고 나니까 하나님이 저에게 회개하라는 마음을 주시더라고요.
"하나님, 너무 죄송합니다!
죄인이 죄인이라는 것을 깨닫지 못했어요.
하나님, 너무 죄송합니다!"(FS1, 4, 9)

4) 기도와 응답

어떤 참여자들은 탈북 과정 중에 체포의 위기를 만났을 때, 어려움을 벗어나려고 기도했는데 그 응답으로 하나님을 체험하게 되어 회심하게 되었다.

탈북하여 중국에서 말씀 훈련을 받다가 북송되어 보위부에 잡혀 있었는데, 나의 운명이 결판을 받아야 할 날이었어요.
'보위부 감옥으로 가느냐?
아니면 정치범으로 넘겨지느냐?'
제가 두 번째 교화소를 갔다 온 몸이기 때문에 제가 풀려나도 교화소로 가는 것을 알아요. 일반 교화소와 정치범 수용소는 달라요.
이것 때문에 하나님께 온종일 기도를 했어요. 감방에 누워 있는데 내일 판가름이 나니까 잠이 올 리가 없죠.
"하나님, 저를 이렇게 데려가면 어떻게 해요?"
이렇게 속으로 기도하는데 눈물이 나오는 거예요. 그런데 기적은 그다음 날 일어났어요. 정치범이 아닌 보위부에 있게 되었어요. … 보위부 감옥에서 하나님이 기도를 들어주셨다는 데 큰 의미가 있었고, 그때 하나님에 대한 절대 믿음의 정신이 생겼던 거죠(MB1, 2-3).
"하나님, 나 좀 한국에 보내 주세요!
공안들에게 붙잡혀 가지 않게 해 주세요!"
기도했는데 … 그 후에 공안의 검문을 받았을 때, 봉고차에 한 20명 정도 있었는데, 공안들이 다 내렸다가 다시 오르라고 하더니 그냥 가라고 하더라고요. … 하나님의 은혜가 너무 감사한 거예요(MH3, 1-2).

한 참여자는 중국에서 결혼했는데 임신이 되지 않아서, 간절함으로 찾아간 중국 교회 목사님의 기도로 자녀를 낳는 체험을 하여 하나님의 살아계심을 확신하였다.

> 탈북하여 중국에서 결혼한 후에 5년을 살았는데 병원에 가니까 아기를 못 낳는다고 했어요. 그래서 아기 아빠한테 핍박을 많이 받았지요. 그때 누가 교회를 가보라고 그러는 거예요. … 제가 교회에 가서 애를 낳을 수 있게 기도해 주시라고, 그러면 제가 하나님을 더 잘 믿을 수 있을 거 같다고 했어요. 목사님이 앉아서 배 위에 안수기도 해 주셨어요. … 그 후, 기도 응답으로 아이가 생기면서부터 하나님이 살아계신 것이 확인 되었죠 (FJ3, 1-2).

5) 사람의 영향

한 참여자는 어릴 적 북녘에서, 위험을 무릅쓰고 자신에게 복음을 전한 친구로부터 영적 영향을 받아 하나님을 믿게 되었다.

> 복음을 저에게 전해 줬던 친구는 13살이었는데, 우리 집에 와서 같이 있게 되면서 그때 예수를 저에게 전해 주었죠. 예수를 믿는다고 하는 것도 참 그 때는 큰 모험 이라는 거를 전하는 친구도 그리고 듣는 저도 알고 있었죠. 이것을 듣거나 전하면 어떻게 된다는 것을 너무나도 잘 알고 있었어요. …
> 아!
> 이 친구가 목숨을 걸고 나에게 이야기하는 것을 보니 감동이 된 거예요. 그렇게 그 친구의 하나님을 믿게 됐던 거죠(MH2, 1-2).

한 참여자는 중국에서 피신하는 중에, 자신을 도와주려고 희생과 섬김으로 사랑해 준 중국 교회 여성 목사님의 영향으로 회심하게 되었다.

사실은 그 목사님의 가르침에서 내가 하나님을 알게 된 것이 아니라, 나를 위해서 희생했던 그분의 행동에서 하나님을 인정하고 성경이 인정되더라고요. 그날로 내가 목사님께 세례를 받았어요(MK6, 3).

2. 회심 이후의 삶

참여자들의 회심 이후의 삶은 헌신의 결단까지 이어지는 일련의 과정으로 헌신의 결단에 직접적인 영향을 주었다.

"당신의 회심 이후의 삶은 어떠했습니까?"

이런 질문에 참여자들이 언급한 64개의 내용을 코딩(Coding)해서 21개의 범주로 묶을 수 있었고, 다시 아래 표 6과 같이 주제로 분류할 수 있었다.

회심 이후의 삶 (26명)	(1) 신앙 훈련 (12명) 　　성경 훈련 (9명), 신학훈련 (2명), 일대일훈련 (2명) (2) 하나님 체험 (9명) 　　기도 응답 (6명), 위기에서 도우심 (3명), 환상 (2명) (3) 마음의 변화 (7명) 　　하나님중심 (3명), 기쁨 (2명), 평안 (2명), 겸손함 (2명) (4) 구령의 열정 (5명) (5) 어려운 생활 (5명) 　　가족 (2명), 인격 (2명), 불안 (1명) (6) 죄와 싸움 (4명) (7) 예배의 삶 (1명)
당신의 회심 이후의 삶은 어떠했습니까?	

표 6. 회심 이후의 삶 분석 (응답자)

1) 신앙 훈련

회심 이후에도 12명의 참여자는 성경 훈련, 신학 훈련, 일대일 양육 그리고 교회 훈련 등을 받았는데, 그중 9명이 성경 훈련을 계속 이어갔다. 어떤 참여자들은 말씀 통독을 통해서 자신의 정체성과 삶의 방향을 알게 되었다.

'아, 내가 무엇을 해야 되는가?'

말씀을 통독하고 마무리 할 때 이렇게 삶의 목적에 관해서 고민하였어요. 그때 사도행전 1장 8절 말씀이 가장 마음에 와 닿는 거예요(ML2, 5).

1년을 이렇게 통독 훈련을 받고 나니까 '내가 어디서 와서 무엇을 하며 어떻게 살아야 하는지'에 관해서 명확한 그림이 그려지더라고요(MY1, 9-10).

다른 참여자들 중에는 중국에 피신해 있으면서 신학 훈련을 받거나, 일대일 훈련을 받은 참여자들도 있었다(MH2, MK3, MH3, MK2).

2) 하나님 체험

9명의 참여자는 회심 이후에도 계속해서 하나님을 체험했는데 기도 응답을 받거나, 위기 중에 하나님의 도우심을 경험하였으며 그리고 환상을 보기도 하였다. 중국에서 결혼한 여성은 북녘에 두고 온 가족들을 위해 기도하였다. 그런데 기도 응답으로 도와 줄 사람이 연결될 뿐 아니라, 믿음이 없던 남편까지 직접 북녘을 방문하여 가족을 돕게 되는 것을 통해 하나님의 은혜를 체험하였다.

제가 북한의 가족에게 도움을 보낼 수 있는 길을 열어 주셨어요. 북한을 자주 왕래하는 어떤 분을 만나게 되었어요. … 그러다가 어느 날 완전히 길이 열려 저희 신랑이 북한으로 가겠다는 거예요. 그런데 남편은 북한에 아무 연고지가 없는 사람이에요(FS1, 7-8).

북송되어 감옥에 갇혀 있던 한 참여자는 감옥이라는 어려운 환경이 오히려 기도하기 좋은 환경임을 깨닫고 감사하였고, 기도함으로 그 어려움을 극복했다.

감옥 안은 정말 기도하기 좋았어요. 오직 하나님하고 앉아서 기도만 한 거예요. 머리 들거나 움직이면 매 맞는데, 차라리 기도하는 게 더 좋았어요. … 기도에 집중하니까 어디가 아픈 줄도 모르겠고, 시간이 빨리 지나가는 거죠(MK2, 11).

탈북하여 중국에서 제3국으로 가는 과정 중에 중국 공안에게 체포될 위기에서, 기적같이 도우시는 하나님을 경험한 참여자도 있었다.

> 마음속으로 기도했는데 하나님이 "놀라지 말라 두려워하지 말라 놀라지 말라 두려워하지 말라 내가 너와 함께하리라"는 말씀을 주시더라고요. … 500미터도 안 되는 거리의 보초병이 우리를 보고 "서라" 해서, 저희들은 납작 엎드려 있었죠. 그런데 너무 감사한 것이 그 보초병의 눈을 가려 주셨어요(FS1, 15).

한 참여자는 말씀을 읽다가 북녘에 임하는 하나님의 영광과 소망을 보았고, 북녘이 회복되는 확신을 체험하였다.

> 김일성 광장 같은 데서 제가 전도사가 되어 있더라고요. 그리고 예배를 드리기로 해서 준비했어요. 내가 눈을 감고 찬양하고, 말씀을 선포하고, 회개 기도를 하고 눈을 딱 떴는데 수많은 사람이 김일성 광장 앞에 모여서 무릎을 꿇고 있는 거예요. … 당시 비가 엄청나게 오고 있었는데, 그 모습이 성령의 단비처럼 사람들을 적셔서 그들이 회개하는 모습으로 보이는 거예요(MK3, 7).

그는 그 이후에 복음을 전하려고 다시 북녘으로 들어갔다가 붙잡혔으나 기적적으로 풀려나게 되었다. 그 후에 한 아주머니 집에 머물게 되었는데, 그 아주머니가 하나님에 대하여 관심을 보여서 복음을 전하였다. 이러한 일들을 통해 북녘에도 하나님이 살아 계심을 체험하였다.

> 그 아주머니가 이렇게 말했어요.
> "당신이 믿는 하나님을 나도 믿고 싶은데 어떻게 하면 됩니까?"
> 저도 충격이었죠.

'하나님의 일은 하나님이 하시는구나. 그런데 아무것도 아닌 나를 이렇게 도구로 사용하시는구나.'
그러면서 늘 이성적으로는 불안과 두려움의 연속이지만 하나님이 이루어 가신 일들을 한 스텝 한 스텝 밝아가면서, 결핍이 없으면 하나님을 의지하지 않은 것이죠(MK3, 14-15).

3) 마음의 변화

7명의 참여자는 회심 이후에 마음의 변화가 일어나서 하나님의 말씀을 자신의 삶의 중심에 두게 되었고, 모든 것을 주의 이름으로 하게 되었다.

하나님이 입을 닫고 듣게만 하시며 제가 얘기할 기회를 안 주시는 거예요.
'하나님, 듣겠습니다. 주님, 말씀하십시오!'
이 말밖에 없었어요(FL2, 6-7).
골로새서 3장 16절에 "말이나 일이나 다 주 예수의 이름으로 하라"고 말씀하시죠. 성령으로 거듭나니까 말이나 일이나 다 예수의 이름으로 하게 되는 거예요(ML1, 8).

또한, 어떤 참여자들은 회심하여 거듭나는 체험이 너무 기뻐서, 범사에 감사가 나오고 평안을 누리게 되어 두려움이 사라졌다.

나뭇가지가 흔들흔들하는데 나를 향해서 춤을 추는 것 같고, 세상이 참 아름답더라고요. … 북한 사람들 가운데에서도 이렇게 은혜받은 사람은 나밖에 없는 것 같았어요. 그리고 이렇게 하나님을 만나니까 두려움이 없어져요(ML1, 7-8).
예수님 믿기 전엔 매우 불안해서 어떻게 살아야 할지 모르고, 사는 방식이 너무 낯선 땅에서 이방인 같은 느낌을 받고 있었어요. 북한 사람들의 센 자존감이 아주 낮아지게 된 겁니다. … 주님을 만났다고 해서 그 불안함이 다 없어지는 것은 아닌데, 내 안에 주님이 주시는 평안함이 있었던 거죠(ML3, 2).

한 참여자는 회심 이후에 다른 북한이탈주민들의 아픔도 하나님의 마음으로 공감하였다.

> '아, 힘들었겠구나' 이렇게 끄떡끄떡하게 되었죠. 예전에는 내가 여유가 없으니까, 나만 힘들고, 고생했다고 생각하며 나만 속상했어요. 그런데 이제는 사람을 내 기준에서 안 보고 하나님 기준에서 볼 수 있게 된 거죠 (FL2, 17-18).

어떤 참여자는 자신의 부족한 성품이 드러나면서, 하나님 앞에 연약한 자신을 낮추게 되는 변화가 있었다.

> 말씀과 성령이 스스로 제 마음속에 하나님이 어떤 분인지 계속 가르쳐 주시는 거예요. 그때부터 지금까지 주님이 저에게서 한 번도 안 떠나는 것을 경험하고 있어요. 시험에 들고 힘든 일이 생겨도 하나님이 나의 연약한 모습을 아시기에, 나를 낮추시고 기도하게 하시는 것을 깨달았죠(FJ2, 5).

4) 구령의 열정

5명의 참여자는 회심 이후에 복음을 전하려는 마음이 더욱 커져 가족과 이웃에게 복음을 전하였다.

> (북송되어 들어간 감옥에서 회심하게 된 여성 참여자는, 후에 풀려나) 집으로 가서 먼저 엄마한테 복음을 전했어요. 전에는 제 안에 구원의 확신이 없으니까 누구에게 복음을 전하고 영혼 구원하려는 마음은 없었어요. 그런데 내가 그때 믿음을 가지고 제일 먼저 찾은 게 엄마인 거예요(FS2, 24).
> 탈북하여 온 남한에서 전도 폭발 훈련을 받은 후에 전도 대상자를 법무사로 선정하고 … 복음을 40분 동안 전했어요. 그때부터 담대함을 주시는 거예요. 어디로 나가도 당당하게 복음을 전하게 된 그때가 제일 감사했던 것 같아요 (FY1, 13-14).

(탈북하여 중국에서 생활하면서) 교회를 먼저 다니게 된 후에 제가 남편을 살리기 위해 그를 도박 굴에서 빼내야 하니까, 이렇게 말하며 전도했어요.
"교회로 가자. 내가 가보니까 그렇게 좋더라!
우리는 이미 태어날 때부터 죄인이기 때문에 아버지께로 가야 한다"
(FS1, 14).

5) 어려운 생활

참여자들은 회심 이후에도 계속 어려움을 겪었는데, 남편에게 구타당하거나, 홀로 남녘에 와서 외로움을 겪기도 하고, 간첩으로 오해받기도 했다.

남편이 대종교(大倧教) 믿으면 신분증을 만들어서 한국으로 보내 준다는 거예요. 그런데 저는 하나님 외에 다른 신을 섬기지 말아야 하기에, 그러면 안 된다고 싸웠어요. 남편이 저를 막 때리는데 실컷 매 맞고 저는 3일 금식을 했어요(FK3, 14). 한 6개월 정도 되었을 때 나의 신앙이 그냥 수직으로 꺾였던 것 같아요. 교회도 가기 싫었어요. … 저는 혼자 탈북하여 한국으로 와서 아무도 없었어요. 그래서 극도의 외로움을 경험했는데, 그 시간이 3년 넘게 지났어요(ML3, 2-3). 한국 정보기관에서 이렇게 심문을 받았어요.
"어떻게 죽을 고비에서 살아왔느냐?
중국 감옥에 있을 때 왜 보위부 요원과 친분이 있었느냐?
또 어떤 명령을 받았느냐?"
… 26일 동안 독방에 있었지요. 중국에서 10년 감옥 생활하고 죽을 고비에서 살아왔는데 한국에 오니까 또 간첩이 되어 버린 거예요(MK1, 7).

한 참여자는 북녘 사람이란 이유로 인격적 무시를 당하는 어려움을 겪었다.

내 안에 예수로 꽉 차 있으면 예수 믿지 않는 사람들이 다 불쌍해 보이는 거예요.
"안녕하세요. 예수 믿으세요?"

이렇게 말하면, 뭐 이런 사람이 있나 하면서 쳐다봐요. 제가 북한 사투리를 쓰고, 인물은 형편없어요. 그러니 이 사람들이 나를 왕따 시키고 개처럼 취급했어요(FJ2, 7).

6) 죄와 싸움

한 참여자는 기도 응답으로 그동안 불가능했던 임신이 되었고, 그 은혜로 습관적으로 마셨던 술을 끊게 되었다.

아이가 생기면서 하나님이 살아계신 것을 확인하고, 술도 끊고 세상 것을 다 버리고 완전히 하나님께 올인했어요. … 저의 옛 모습을 아는 사람들은 쇼한다고 했어요. 그때는 술을 하루도 안 마시면 안 되었으니까요. 주님 때문에 갑작스럽게 변했어요(FJ3, 2).

한 참여자는 계속되는 유혹에도 하나님 생각이 나서 죄의 길에 접어들지 않았다.

중국에서 탈북자들이 한국인 사장님을 갈취하고, 도적질하고 그리고 살인하는 사건도 있었거든요. 그때 그 친구들이 같이 다니자는 것을 '아니야, 나는 그런 걸 안 해. 하나님은 살아 계셔.' 내가 하나님을 경험하고 나서는 죄는 짓지 말자고 다짐했죠(MK5, 4).

제2장

헌신 결심에 영향을 준 요인

헌신의 결심으로부터 그 이후 과정에 대한 대답의 전사 분량이 총 66페이지로 전체 면담자료 중에 가장 많다.

연구자는 참여자들에게 "당신의 헌신 결심에 영향을 미친 요인은 무엇입니까?"

이런 질문을 했고, 이 질문에 대한 대답은 모두 96건이었다. 그리고 대답들을 48개의 주제로 분류하였으며, 이는 다시 아래 표 7과 같이 분석되었다.

헌신 결심에 영향을 준 요인 (31명)	(1) 서원과 다짐 (14명) 감옥에서 (6명), 가족위해 (4명), 한국행 (3명), 북녘회복 (2명)
당신의 헌신 결심에 영향을 준 요인은 무엇입니까?	(2) 구령의 마음 (13명) 영혼을 향해 (8명), 체휼과 공감 (5명), 영적 전쟁 (4명) (3) 영적 체험 (11명) (4) 말씀 (10명) 소명 (7명), 북녘 회복 (3명) (5) 헌신을 권면 받음 (10명) (6) 사람의 영향 (9명) 사랑과 섬김 (5명), 믿음의 본 (4명) (7) 어려움 (4명) (8) 하나님을 알기 위해 (3명)

표 7. 헌신 결심에 영향을 준 요인 (응답자)

1. 서원과 다짐

응답자 중 가장 많은 14명의 참여자가 헌신의 결단에 영향을 준 요소를 서원 기도와 다짐이라고 말했다. 그들은 탈북 과정 중에 직면한 긴급한 어려움에서 벗어나기 위해 하나님께 기도하면서, 만약 응답이 되면 하나님께 헌신하겠다는 서원 기도를 드렸다. 또는 사람들 앞에서 자신이 복음 전하는 자가 되겠다고 헌신을 다짐하였다.

1) 감옥에서

북녘의 감옥이나 제3국 수용소에 갇혀 있을 때, 하나님께 풀려 나가게 해 달라고 기도하며 헌신을 서원하였다.

> 중국 땅에 다시 가서 성경책을 가지고 들어가다가 다시 잡힌 가운데서도 주님이 회복의 간구를 들어주어 감옥에서 내보내 주시면, 중국에 가서 성경 공부 열심히 해서 복음을 가지고 북한 땅에 돌아오겠다는 고백이었어요(MH1, 2-3).
> (북한 감옥에서) 주로한 기도는 이랬습니다.
> "하나님, 나를 구해 주세요. 그러면 내가 정말 하나님이 살아계심을 믿겠습니다. … 나는 죽을 때까지 하나님의 일을 감당하겠습니다"(MK2, 11-12).
> "하나님 중국 넘어가면 이제 중국에는 더 있고 싶지 않습니다. 저 남조선 가게 해 주십시오. 남조선 가서 제가 신학 공부하기를 원합니다"(ML1, 13).
> 북한 땅이 하나님이 없어서 그렇게 됐다는 것을 깨닫게 된 거죠. 그래서 손들고 이렇게 나도 모르게 그렇게 고백했어요.
> "하나님, 나를 보내 주소서 내가 북한에 가서 이 복음을 전하다가 내가 그 땅에서 죽겠습니다"(FY2, 17-18).
> 탈북민 4수용소에서 당당하게 선포했죠.
> "하나님은 살아계시니까 너희는 하나님이 무서운 분인 것을 알아라! 나는 이다음에 나가면 꼭 신학 공부를 할 거다."
> 그런데 제가 했던 이 말을 하나님이 들어 주실 줄은 꿈에도 몰랐어요(FS1, 16).

2) 가족을 위해

어떤 참여자들은 북녘에 있는 가족들을 구하기 위해, 또는 남편이 질병으로부터 회복되기 위해 기도하며 헌신을 서원하였다.

> "자녀들만 데려다가 만나게 해주시면 내 몸을 평생 바치겠습니다."
> 이렇게 제가 서원했는데, 당시에는 이 말이 무슨 말인지를 몰랐어요. 그러니까 하나님이 나의 육신에서 그렇게 말이 나올 때까지 그냥 기다려 주신 거예요(FL1, 7).
> 하나님이 이 자리에서 내 남편의 발을 고쳐 주세요. 그러면 내가 진짜 하나님이 살아계심을 믿고 내가 주님을 증거하는 자가 되겠습니다'(FJ1, 5).

3) 남녘 행을 구하며

또한 남녘에 안전하게 도착하게 해달라고 기도하며 자신의 헌신을 서원하였다.

> "하나님이 저를 한국에 보내 주시면 신학 공부해서 정말 북한이탈주민들에게 하나님을 전하고 앞으로 북한의 문이 열리면 북한 나가서 북한 선교를 하겠습니다"(FJ1, 6).
> "하나님, 정말 하나님이 살아계신다면 나 제대로 믿고 싶습니다."
> 그러니까 나를 한국에 보내 달라고 기도했고, 그래서 신학을 하게 해달라고 했어요(FK3, 16).

4) 북녘땅의 회복을 구하며

북녘의 영적 어두움을 깨달았을 때 그 땅에 복음이 회복되고 교회가 재건되기를 바라며, 하나님께 자신이 사역자로 헌신할 것을 서원하였다.

'북한의 복음 회복과 교회 재건을 위해서 장장 반세기 넘게 기도하던 중에 응답되어서 우리를 불러내셨구나'라고 깨달았습니다 … .
"하나님, 정말 저를 그렇게 사용하려고 하시면 저를 신학대학원에 들어가게 해주십시오."(MK4, 5)

한 참여자는 어릴 적 북녘에서 친구로부터 복음을 듣고 믿음이 생기면서 자신도 친구처럼 예수님을 전하는 자가 되겠다고 다짐했다.

"나도 이제 커서 목사가 되어 내 친구처럼 다른 사람들에게 예수님을 전하는 그런 친구가 되겠습니다."…
저는 예수님의 친구라고 생각했기에 목사가 될 생각을 했고 그 이후로 한 번도 변한 적이 없는 거 같습니다(MH2, 2).

한 참여자는 중국인에게 전도하겠다고 서원했고, 남녘에 와서 하나원에서는 목사가 되어 교회를 개척할 것이라고 발표하였는데, 그대로 교회를 개척하였다.

"하나님 제가 성경을 좀 더 잘 알아서 중국에 이 많은 사람들에게 복음을 전할 수 있게 해 주세요." … 남한 땅에 와서 국정원에서 이렇게 고백했어요. 또한, "10년 후에 나는 목사가 되어 교회를 개척하겠습니다"라고 고백했는데, 고백한 대로 5년 만에 개척했어요(FJ3, 4-5).

2. 구령(救靈)의 마음

13명의 참여자는 북녘과 탈북민들을 향해 복음을 전하고픈 구령의 열정 때문에 헌신하게 되었다.

사람들이 영혼으로 다 보여서 그 영혼에게 내가 만난 하나님을 전하는 거예요. 하나님이 저를 신학교를 보내신 것도 그 이유라 생각해요(FK1, 12).
통일되도 죽을 때까지 북한에 복음을 전할 수 있습니다. 그래서 신학 공부를 하려고 했어요(FK4, 5).
우리 북한 사람들이 정말 목숨 걸고 이곳에 왔는데 정착하지 못하고 자유 아닌 자유를 누리고 있죠. 자유에는 분명한 책임이 따르는데, 그 책임을 가지고 살아야 함을 망각하고 많은 사람이 범죄의 자리에 가는 이 모든 것들을 보면서, 내가 먼저 받은 사랑과 은혜를 전해야 할 때라고 생각했습니다(MY1, 20).
"하나님, 북조선에 이런 교회가 없습니다. 이런 교회를 세우게 해 주십시오." … 일단 동기는 하나님이 주셨던 첫 마음. 조선에 교회를 세워야겠다. 하나님이 주신 그것이 소원이고 꿈이고 비젼이라고 할 수 있죠. … 깨달은 것은, '교회를 세우려면 목회자가 돼야 하는구나'였지요. 그게 헌신하게 된 동기였던 거 같아요(ML1, 7, 13).

어떤 참여자들에게는 북녘 동포가 겪는 고통에 대한 체휼과 공감이 헌신에 영향을 주었다고 진술한다.

중국에서 북송당해서 받았던 상처들과 어릴 때 그 아픔과 고생을 겪어봤기 때문에, 한국에 와서 북한이탈주민 청소년들이 어려움 겪고 있는 모습이 항상 보였어요. 그래서 이 사람들을 위해서 목회를 할 것을 다짐했죠(MJ1, 13-14).

영적으로 어두운 북녘을 바라보면서, 영적 전투에서 이겨 북한을 회복시킬 희망은 오직 하나님과 복음뿐이라고 확신하게 되어 헌신한 참여자들도 있다.

북한이 너무 어두웠다! 정권 탄압, 사람들의 강퍅함으로 힘 있는 자가 약한 자의 것을 빼앗아 먹는 거죠. '모든 문제를 해결할 수 있는 것은 하나님밖에 없구나.' 이렇게 깨닫고 헌신의 길로 가야겠다고 생각했어요(MK1, 4).

3. 영적 체험

11명의 참여자는 하나님의 음성, 환상과 꿈 그리고 성령의 능력을 통해 하나님의 부르심을 경험하였는데, 한 참여자는 육신의 질병 중에 신학 공부를 하라는 음성을 들었다.

> 병원 가서 검사하는 중에 기도하는데, 하나님이 말씀하시는 거죠.
> "신학하라, 신학하라!" …
> 신학교에 원서를 넣고 기다리면서, 합격하면 신학하라고 하시는 줄 알고 기도하였는데 합격 통보가 왔어요(FJ2, 9-10).

교회 부서를 담당하는 한 참여자는 단기 선교 중에 바라본 북녘땅이 여전히 황폐함을 보고 마음이 슬퍼서 울었는데, 그때 하나님의 음성이 들렸다.

> 하나님이 그러시더라구요.
> "나는 어땠는지 아냐?
> 나는 이때까지 울고 있다!
> 넌 뭐 했느냐?"
> 그러더라고요. 그리고 "거기에 가서 뭐했냐" 라고 물어보시더라고요.
> "그저 저는 살겠다고 빠닥빠닥하며 살다가 힘들어했습니다." …
> 밤에 앉아있는데 또 말씀 이사야 6장 8절이 떠올랐어요.
> "누가 내게 부르짖어 저들을 구원케 할까, 누가 나를 위해 가서 나의 사랑을 전할까?"
> 눈물이 계속 흐르는 거예요. 그때까지도 북한을 가고 싶은 생각은 없었거든요. 그런데 '내가 다시 가야 할 땅이네요. 내가 가겠습니다' 라고 헌신했죠(MK5, 5).

북녘 선교사였던 아버지의 순교를 경험하면서 아버지를 죽인 하나님을 원망하며 살았던 한 참여자는, 꿈속에서 아버지를 만나 하나님에 대한 오해가 풀리게 되어고, 복음을 전하는 자로 헌신하게 되었다.

> 하나님이 꿈으로 나타나셔서 저를 천국으로 데려가 아버지를 만나게 해 주셨어요. … 그때 그 꿈을 계기로 해서 하나님이 살아계신다는 것을 알게 되었고, 우리 아버지는 하나님이 힘이 없어서, 하나님이 무능력해서 안 도와 주신 것이 아니라 하나님이 그 순교의 길을 허락하셨다는 것을 깨달았습니다(MJ1, 6).

한 참여자는 자녀가 질병 중에 있을 때 기도하면서 환상으로 예수님을 만나게 되었는데, 자신이 탈북 과정 중에 서원하였던 것을 기억하고 죄를 회개하며 다시 헌신을 결심하게 되었다.

> 하나님이 보좌로 나를 끌고 올라가서 예수님을 봤어요.
> "네가 이제 때가 돼서 왔구나."
> 그래서 내가 "하나님, 우리 아기 살려 주면 제가 신학교에 갈게요." …
> 하나님이 나를 무릎 꿇게 하셨던 거죠. 그래서 깨달았죠.
> '하나님이 이 아기를 주시므로 행복을 주신 것은 내게 주신 사명을 발견하기 위해서구나!'(FY2, 25-26)

4. 말씀

헌신을 결단하는 과정에 말씀의 영향을 받았다고 10명이 언급하였는데, 어떤 참여자는 캠프나 단기 선교 등과 같은 특별한 활동에 참여하여 말씀을 듣는 중에 북녘에 복음을 전하는 자로 직접적인 부르심을 받았다.

> 내가 치유 캠프에 참가했는데, 집회 말씀을 듣는 중에 "사람 낚는 어부가 되게 한다"라는 말씀을 다섯 번이나 받고 놀랐어요(FL1, 23).
> 북한 백성들이 굶어 죽는 것보다 예수 그리스도의 생명 없이 죽어가는 것에 대

한 긍휼한 마음을 주셨어요. … 이사야서 6장의 말씀으로 "누가 나를 위해 갈꼬"라고 할 때 주님이 저에게 주신 말씀 같았고, 하나님이 "가라"고 말씀해 주셨어요. … 북한에 가서 그 소망 없이 살다가 지옥으로 가는 사람들에게 이 생명의 복음을 전해야만 한다는 확신을 확실하게 주셨어요. 소명(召命)이죠(MK3, 10, 18). 여러 강의, 컨퍼런스, 수련회에 참석해 통독하면서 이런 고백을 많이 들었어요. '북한에서 불러내신 것은 단순히 먹고 살라는 게 아니다. 하나님의 뜻에 사용하려고 하나님의 사람을 만들어 가기 위해서다.' …
북한에서 태어난 게 오히려 감사한 조건이다. 거기서부터 나를 보고 계셨다는 것을 확인했죠. 회심 이후에 이러한 계기들이 계속 쌓이면서 헌신하게 된 것이죠(MJ2, 6-7).

3명의 참여자는 말씀을 통해 북녘이 회복되고 부흥되는 꿈을 가지고, 하나님께 헌신하게 되었다.

북한은 복음이 아니고는 버틸 수 없고, 회복될 수 있는 가능성이 가장 없는 나라라는 생각이 들었어요. 내가 내 이름을 위해서 내 영광을 다른 자에게 주지 않고 회복시키겠다는 말씀이 북한 땅에 먼저 일어나야 한다는 마음도 생겼지요(MJ2, 8).

어느 참여자는 복음을 전하지 않으면 미칠 화에 대한 말씀의 경고를 들었다.

달란트 비유, 천국의 오른쪽과 왼쪽 비유 등 전하지 않으면 안 되는 엄청나게 무시무시한 말씀들을 주셨죠. 사랑한다면 복음을 전해야 하는데 그게 의무적으로 돼 있는 거더라고요(MK4, 2).

5. 헌신을 권면 받음

헌신을 결단하기까지 많은 사람의 영향을 받은 참여자 중 10명은 사람들로부터 받은 권면의 영향을 받아 헌신하게 되었다. 그중 가장 많은 참여자가 남녘 사역자와 교인들에게 헌신에 대한 권면을 받았다.

> 담임목사님은 모세를 하나님이 끌어내셔서 다시 회복시키는 말씀을 본문으로 하는 설교 마지막 부분에서 제 이야기를 했어요. 우리 교회에 모세 같은 자가 있다고, 이제 하나님의 부르심 받아서 신학 할 거라고 선포해 주셨어요(FY2, 26).
>
> 처음 남한에 왔을 때 저를 챙겨 주신 장로님 부부가 계셨어요. 그 장로님이 말하기를, "내가 널 위해서 기도를 많이 하는데, 너를 인도해 주신 거는 우연의 일치는 아닌 거 같고 북한의 복음화를 위한 뜻이 있는 거 같다." 그 이유는 잘 모르지만, 그때는 마치 하나님의 응답처럼 들렸던 거 같았어요(ML3, 5).

어린 나이에 탈북한 한 참여자는 15세에 북녘에 다시 들어가 전도하려고 했는데, 그때 만난 남녘 선교사의 권유를 따라서 남녘에 와서 신학을 하게 되었다.

> "지금 삼팔선에 가서 나팔 분다고 해도 아무런 효력이 없다.
> 나중에 북한의 문이 열리면 그때 가서 큰일을 해라!"
> 하나님이 저에게 주신 메시지 보다 그분이 하시는 메시지가 더 와 닿았어요. 그때가 15살이었어요(MK3, 11).

어떤 참여자는 중국 교회 목회자 또는 교인으로부터 신학을 할 것을 권유 받았다.

> 그분은 나에게 "야, 너 중국신학교 안 갈래?
> 나처럼 주님의 일 할래?
> 너 말씀에 은사가 있어"라고 말했어요. …
> "북한에 돈이 없어서 선교 못 하는 거 아니야. 아니야, 일꾼이 없어. 북한 사람이어야 북한 선교를 잘 할 수 있어. 그런데 그 일꾼이 네가 되었으면 좋겠다. 너는 말씀의 은사도 있고 잘 가르치는 것 같다"(FS2, 11-12).

한 참여자는 어릴 적에 겪은 아버지의 순교에 상처받고 중국에서 계속 방황하는 중에 북한이탈주민 선교사를 만나 헌신을 다시 깨우치게 되었다.

> 그 선교사님은 중국에서 계속 꿈이 무엇인지 물어보셨던 한 분이었는데, 저를 오랜 시절부터 다 아시니까 말씀하셨어요.
> "아, 하나님이 너를 부르시는 것 같다. 그렇지만 더 확실하게는 인간의 어떤 얘기나 내 말에 신경 쓰지 말고 하나님으로부터 직접 사인을 받아라."
> "하나님, 어떻게 하면 좋겠습니까?"
> … 그 후에 물었을 때, 신학을 하라, 목회자가 되라는 마음을 계속 주셨어요(MJ1, 9).

6. 사람의 영향

사람들의 사랑과 섬김 그리고 믿음의 본 등으로부터 영향을 받아 헌신하게 되었다고 9명의 참가자가 진술하였다.

> (남녘에 와서 한 선교센터에서 생활할 때에) 센터에 있는 북한 자매들이 가출을 밥 먹듯이 하는데 그래도 화를 안 내시고, 참으시고 기다리셨어요. 정말 저분들의 마음 안에 가식이 없고 특별한 부르심이 있는 것 같았어요. 그분들을 통해 하나님 앞에 사는 사람은 거룩하게 살아야 하고, 정말 인내하고 기다리고 사랑해야 한다는 것을 정말 많이 배웠어요(FK1, 7-8).

중국의 교회 전도사로 섬겼던 여자 선교사님은 제가 훈련을 받고 개인 사역할 때 함께 있으면서 저를 도우셨어요. 그분이 얼마나 사랑이 많으신 분이었는지 그분을 보면서 제가 '내가 저런 목회자가 되겠다'고 생각했어요 (ML1, 13).

한 참여자는 북녘에서 믿음을 감추고 몰래 신앙을 지킨 아버지가 지어준 자신의 이름에 신앙적 의미가 있는 것을 알게 되어, 자신이 서원하게 된 이 이유를 깨닫게 되었다.

'아빠가 나에게 믿음의 이름을 지어 주시면서 그래서 나를 하나님 앞에 서원했구나!'…
'아, 하나님이 그 기도를 받으셨구나!
그리고 나에게 믿음을 주시려고 중국 전도사님이 나한테 신학교를 가라고 하는 게 우연이 아니었구나!'
그때 제가 처음으로 깨달았어요. … 북한 교회를 재건하기 위해서 나를 하나님 앞에 서원했을 것이라는 생각을 제가 처음으로 했어요(FS2, 26).

이 참여자는 북녘의 감옥에 갇혀 있을 때 한 북한이탈주민 청년이 순교한 이야기를 듣고, 영적인 감동을 하여 자신의 부족함을 깨달으며 헌신하게 되었다.

"나는 그저 하나님을 이용해 먹으려고 했고 그냥 잘 되기만을 원했는데, 믿음이 좋은 그 23살 청년은 왜 죽이셨습니까?
하나님 편에는 그 청년이 더 많이 쓰이지 않겠습니까?" …
나는 회개하고 고백했어요. "내가 그 청년이 못다 한 거 나도 하고 싶습니다. 못다 한 인생을 또 내가 살고 싶습니다. 그리고 이제부터는 내가 나 혼자 먹고사는 것이 아니라 하나님을 전하며 살고 싶습니다"(FS2, 21-22).

7. 어려움

4명의 참여자는 건강의 어려움을 극복하게 되면서 하나님으로부터 부르심을 듣게 된다.

> 몸이 붓고 아프기 시작해서 병원에 갔는데 간경화라는 거예요. 그때 낙담하는 마음으로 '내 삶이 또 실패로 끝나려고 하는가' 라고 생각했어요. 그런데 목사님이 신학교 가라고 했던 그 말이 생각나는 거예요. 그리고 '가자' 결정하고 제가 그해 가을부터 신학교를 다녔죠(FY1, 22).
> 막 사업가가 되겠다고, 거부가 되게 해달라고 몸부림 쳤거든요. … 그러던 중, 철 몽둥이 같은 것에 딱 맞는 느낌을 받으면서 쓰러졌어요. 그 후 예배 중에 "하나님이 그 사람 가운데 이미 사인을 주었다. 이번까지 하나님의 말씀에 순종하지 않으면 하나님이 데려갈 수도 있다." 이러는 거예요. 그 말이 나에게 밀려와 가슴이 철렁했죠. 그래서 신학대학교로 갔어요(FL1, 22).

사업 실패를 통해서 자신의 지나온 삶 중에 있었던 하나님의 은혜를 돌아보게 되었고, 하나님의 부르심을 깨닫고 신학 공부의 자리로 돌아왔다.

> 하나님이 그동안 번 돈과 차까지 싹 가져가셨어요. 하루는 옆에 있는 북한이탈주민들이 이렇게 물어보는 거예요.
> "너 신학 할 때가 안 됐나?"
> 그리고 뒤를 돌아보게 되었어요.
> '이제 하나님이 나를 인도하시나 보다!'
> 왜냐하면, 주변의 길을 다 하나씩 끊으시니까요(MB1, 7-8).

그리고 3명의 참여자는 하나님을 더 알고 싶은 열망 때문에 신학을 하게 되었다고 진술하였다.

"아, 내가 고아인 줄 알았었는데 하나님 아버지가 계시는구나!"
그런데 나의 아버지가 누구라고 분명히 얘기할 수가 없는 거예요. 그래서 아버지에 관해서 알아야 하겠다는 마음으로 신학교에 가서 배우기를 다짐했어요(MK4, 4).

제3장

헌신 과정에 영향을 받은 요인

연구 참여자들의 답변 중에 헌신의 결단 이후의 과정 중에 영향을 받은 요인들을 9개 주제로 범주화하였는데, 이를 다시 아래 표 8과 같이 분류하였다.

헌신 과정에 영향을 받은 요인 (23명)	(1) 영적 질문 (15명) (2) 사람의 영향 (11명)
당신의 헌신과정에 영향을 받은 요인은 무엇입니까?	(3) 신학의 유익 (4명) (4) 어려움의 유익 (3명)

표 8. 헌신 과정에 영향을 받은 요인 (응답자)

1. 영적 질문

참여자 중 15명은 가시적이거나 비가시적 현상들을 직면하면서 이해할 수 없는 여러 가지 이유로 하나님과 자신에게 질문하였는데, 그러한 영적 질문을 통해서 헌신의 이유와 방향을 깨달았다.

1) 헌신자의 정체성에 대한

영적 질문 중 가장 많은 내용은 정체성에 관한 것으로, 8명의 참여자는 소명의 이유, 목회자의 정체성과 삶, 하나님과의 관계 등을 깨닫게 되었다. 어떤 참여자는 하나님이 자신을 부르셔서 헌신하게 하신 이유를 질문하였다.

"하나님, 우리가 하나님의 자녀라고 한다면, 우리 북한이탈주민도 하나님의 자녀인데, 우리가 지금 이 땅에 와서 일도 못 하면 하나님 자녀로서 사람들에게 웃음거리가 될 것입니다.
그렇다면 우리가 이 땅에 왜 왔습니까?"(FJ1, 5)
나를 부르신 게 궁금했어요. 왜 부르셨을까? …
그런데 하나님이 이렇게 대답하셨어요.
"내가 이렇게 너를 부른 것은 네가 잘나고 똑똑해서 부른 것이 아니다. 지금 담임목사와 같이 멋있어서 부른 것도 아니고, 공부하고 있는 순장 같은 사람이어서 부른 것이 아니다"(MJ3, 2).

한 참여자는 질병에 시달리게 되면서, 자신을 나약한 사람으로 만드셔서 사역자로 부르신 하나님께 그 이유를 질문했다.

'하나님도 다 잘난 사람 쓸 건데, 왜 나 같은 사람을 만드셨습니까?'
너무 잘난 사람 많아서 상대적으로 많은 열등감이 생긴 거죠(MK3, 26).

2) 어려움에 대하여

헌신하게 된 이후에도, 여전히 북녘이 겪는 어려움에 대한 하나님의 뜻이 궁금하였다. 그래서 북녘의 운명이 어떻게 될지에 관해서 질문하였다.

'역사의 주관자는 하나님이 옳고, 왜곡된 역사는 하나님이 바로 세우는데, 그 과정에서 죽어간 사람들은 하나님 어떻게 하시겠습니까?'
산을 넘고 강을 건너다 죽어가는 탈북민들을, 하나님, 어떻게 하시겠습니까?'(MK1, 5)

북녘에 두고 온 자녀들이 구출되지 못해 어려움으로 하나님께 그 이유를 질문하였다.

'하나님, 나는 이렇게 보내주셨는데, 왜 그 애들은 이 땅으로 안 보내 주시나요?
왜 이렇게 편견이 심하나요?'(MH3, 4)

목회 중에 예배 장소의 문제로 어려움을 겪은 한 참가자는 자유로운 남녘에서도 마음껏 예배할 공간이 없는 이유가 무엇인지 질문했다.

'북한 보위부 안에서 기도하면서도 누구 말대로 마음속으로라도 표현해야 하겠는데, 중국에 와서도 표현할 수가 없었잖아요.
그렇게 대한민국에 와서도 마음껏 예배하지 못하고 있으니, '이것은 뭐 하는 짓인가?
하나님 지금 뭐 하시는 겁니까?'(MK2, 22-23)

3) 신앙과 복음에 대하여

어떤 참여자들은 신앙의 기본은 무엇인지, 복음 내용의 핵심은 무엇인지에 대하여 질문했다.

'아, 내가 무엇을 해야 하는가?'
어찌 보면 삶의 목적에 관해서 고민했어요.
'그 땅에서 전파되어야 할 그 복음의 메시지가 무엇이 되어야 하는가?'
그래서 신학 공부를 좀 더 깊이 해 보고 싶다는 마음이 들더라고요 (ML2, 5-6).
'나를 하나님이 만나 주셔서 변했는데 이 복음이 과연 사역의 현장에서는 나타날 수 있을까?'
이런 질문이 있었어요. 근데 사역이 힘든 부분도 있지만, 사역하는 중에 하나님이 복음의 능력이 있다는 것을 보이시는 것 같아요(ML3, 11).

2. 사람의 영향

헌신의 결단 이후에도 신앙의 모범, 사랑과 섬김 그리고 사역의 모범을 보인 사람들과 가족들로부터 영향을 받았다고 진술한 참여자 수는 11명이었다. 그중 한 참여자는 탈북민 남편의 신앙이 본이 되어 영향을 받았는데, 아래와 같이 진술한다.

> 남편을 만나면서 십일조 헌금과 신학에 대한 것도 확실하게 깨달았죠. 그 사람은 그저 성경적인 이야기만 하는 거예요. … 저 같은 작은 사람이 큰 사람을 만났으니 그런 부담감이 컸습니다(FS1, 19).

한 참여자는 자신이 사역하는 교회의 담임목사님이 가진 북한이탈주민 선교와 통일에 대한 올바른 철학에 감동을 하고 사역의 방향을 정하게 되었다.

> "왜 탈북 목사는 북한이탈주민 목회 많이 해야 한다는 틀에 갇혀 있어야 하는가?
> 그거는 통일이 아니다. 우리가 그걸 바꿔야 한다!"
> 그래서 2년 동안 제일 큰 교구를 맡겨 주셨어요(MH2, 7).

한 참여자에게는 자녀가 믿음 안에서 성숙해지는 것이 헌신 과정에 큰 힘이 되었다고 진술한다.

> 그 아이는 이제 신학 공부를 해야 하는데, 엄마가 개척교회를 하는 것을 보니 두려운 거예요. 그런데 얼마 전에는 "엄마, 내년에는 제가 신학교에 가겠습니다." 이러는 거예요. 하나님이 계속 만지니까 자기 입으로 고백하게 만들더라고요(FL1, 18).

3. 신학의 유익

어떤 참여자들은 목회자가 되는 과정 중에 받은 신학 교육의 영향을 받아, 하나님을 알아가는 행복을 느끼고 신학 이론을 정립하게 되었다.

> 신학대학교 자체에 채플이 있고, 성경적 가치관으로 모든 걸 가르침을 받았는데, 세상의 철학이나 어떤 것보다더 더 큰 기쁨이 있는거예요. 공부하는데 … .
> '하나님이 나를 신학교에 보내신 것이구나.'
> 그걸 확신할 수 있었고 그냥 행복했어요(FK1, 11).
> 처음 1년은 고민했어요.
> '신학 공부를 괜히 시작한 거 아닐까?'
> 그런데 두 번째 학기 들어서면서 그 말씀이 저를 사로잡았고, 제 스스로가 말씀 가운데 들어가게 되었습니다. 말씀의 광맥을 찾아가는 게 좋고 너무 행복한 겁니다(MK5, 7).

4. 어려움의 유익

또한 몇 명의 참여자들은 북한이탈주민으로서 겪은 가난함이 하나님께 가까이 가게 했으며, 십자가의 길이 어떤 의미인지를 깨닫게 되었다.

> '북한 교회는 남한 교회와 비교해 볼 때 가난하다'라고 생각하지만, 가난함으로 인해서 우리는 형식에 물들지 않을 수 있고, 가난함으로 인해서 하나님에 대한 교제가 더 이루어질 수 있다는 거지요. … 하나님께 가까이 갈 수 있다는 영적인 면에서 가난이 나쁘다고 할 수 없어요. 제가 보기에는 북한 사람들의 장점인 가난이 좋은 약이 될 것 같아요(MB1, 18-19).
> 복음에 관해서 완전히 다른 시각을 갖게 되었죠. 왜냐하면, 처음에 주님을 만났을 때는 그냥 샬롬의 은혜가 있었어요. 저는 그게 복음인 줄 알았던

거죠. 그런데 힘든 시간을 겪으면서 "어, 내가 주님을 따라가는 게, 복음 안에서 믿음 생활을 한다는 게 결코 행복한 일만 있는 게 아니구나"라는 걸 느꼈죠. 결국에는 주님의 십자가를 다시 매고 가야 하는 길이라는 것을 그때 많이 깨달았어요(ML3, 3).

제4장

헌신 과정의 어려움

헌신 과정 중에도 참여자 전부가 어려움을 겪었는데, 이는 본 연구 중에 가장 많은 진술이 나온 범주로 참여자 전체 31명의 243회 언급이 있었다. 이를 53개의 주제로 분류하였고, 다시 그 주제들을 아래 표 9와 같이 12개의 범주로 분석하였다.

헌신 과정의 어려움 (31명)	(1) 우월(권위) 의식 (20명) 　　동정심 (6명), 기득권 (5명), 불인정 (5명), 　　경쟁과 시기 (4명), 편견 (3명)
당신이 헌신 과정에서 겪는 어려움은 무엇입니까?	(2) 인격 (17명) (3) 신앙 (15명) (4) 정체성 혼란 (12명) (5) 죄 유혹 (11명) (6) 사역관 (10명) (7) 가족의 고통 (10명) (8) 사역 환경 (10명) 　　교인이 떠남 (6명), 개척 반대 (2명), 　　하나님의 때 (2명), 사역지 (2명) (9) 서로 다름 (9명) 　　문화 (5명), 생각 (3명) (10) 생활 환경 (8명) (11) 경제 (8명) (12) 자존감 결여 (8명)

표 9. 헌신 과정의 어려움 (응답자)

1. 우월(권위) 의식

헌신 과정 중에 겪은 가장 큰 어려움은 남녘 교회 사역자 또는 남녘 교인들이 보이는 우월(권위) 의식이다. 이와 관련 다음과 같이 정리된다.

① 북녘에 대한 동정심
② 남녘 교회의 권위적 기득권
③ 인정하지 않음
④ 경쟁과 시기
⑤ 편견
⑥ 남녘 교회의 악영향

1) 북녘에 대한 동정심

남녘 교회가 북한이탈주민과 탈북민 교회를 단지 도움의 대상으로 여기며 물량위주로 도우려는, 수직적 관계에서의 동정심을 보이는 것이 불편하고 힘들었다.

> 남녘 교회가 '북한 사람들은 우리가 가르쳐야 될 사람이고, 우리가 도와주어야 될 사람이고, 북한사람들로는 안 되니까 북한에 가서는 우리 남한사람이 일을 해야 된다'는 생각들을 하고 있는 거예요. 굉장히 잘못된 것이죠 (MK4, 12).
> 우리 탈북민들이 느끼는 공통적인 것은, 수평관계가 아닌 살짝 수직관계라고 할까요?
> 한국 교회는 우리보다 위에 있다는 생각이 강한 거 같아요(ML3, 12).

2) 권위적 기득권

또 다른 참여자들에게는 남녘 교회가 북녘 선교 사역의 주도권을 잡으려고 하는 태도로 인한 어려움을 겪고 있다.

> 교회 안에서 북한 전문가라는 말은 쓰지 말았으면 좋겠습니다. 나도 북한 전문가라고 안 하는데, 어떻게 남녘 교회에 전문가가 있어요?(MK5, 10)
> 남녘 교회가 우리에게 말합니다.
> "너희들은 아직 몰라!
> 그러니까 그냥 우리가 이야기하는 목회의 방향대로 따라오면 돼.
> 우리 교회가 그동안 여러 문제를 겪었지만 이런 목회철학을 가지고 왔기 때문에 이렇게 세워졌으니 그렇게 하면 돼!"(MY1, 26)

북한이탈주민 부서가 남녘 교회에 예속되어 있기 때문에, 남녘 교회의 눈치를 보고 제대로 자기 목소리를 내지 못하는 어려움이 있다.

> 남녘 교회에서는 모든 것을 잘 해 주기는 하지만, 북한이탈주민의 한 사람으로서 내 소리를 내지 못하는 것이 더 안타까운 점이에요(FS1, 24).
> 제일 어려운 점은 일단은 교회 조직 안에서의 소속감입니다. 남녘 교회에서는 탈북민 목사의 소속감이 그저 사례비를 받는 부목사일 뿐입니다. 저는 열심 당원이죠. 소속됨으로 인해서 열심을 내야 하는 겁니다(MH1, 15).

3) 북한이탈주민을 인정하지 않음

이념 문제 때문에 남녘 교회가 북녘 사람들을 선교의 걸림돌로 여기거나, 대한민국 국민으로 여기지 않으며, 심지어는 남녘에는 북녘 교회가 필요 없다는 말을 듣기도 하였다.

한 분이 심지어는 이렇게 말합니다.
"이제 북한 선교에 제일 큰 걸림돌은 북한 목회자들, 북한이탈주민 목회자들인 거 같다"(MH1, 17).
속으로는 참 슬퍼요. 모든 사람들이 나를 같은 목회자로 보는 게 아니라 딱 북한에서 온 사람으로 국한시켜 보고 있는 거죠(MK6, 8).
설교 중에 이렇게 말합니다.
"북한이탈주민들이 대한민국 국민으로 오기는 왔지만, 대한민국 국민이 아닌 국민이다."
북한 사람들은 중국에서도 국적 없이 살았잖아요?
그런데 우리가 대한민국 국민이 아니라고 하면 안 돼지요(FY2, 28-29).
이런 분들도 있습니다.
"한국에 와서 작은 북한을 만드는 것이 바람직하지 않다. 한국 교회가 되어야지 왜 북한 교회를 세우느냐?" 하시는 분들이 있어요(MK1, 18).

4) 경쟁과 시기

어떤 남녘 교회 사역자는 북한이탈주민 사역자와 경쟁하여 그들을 시기하였다.

한국 교회는 결과를 따지죠. 교회의 사역 지원이 부족해도 내 나름대로 열심히 하면서도 교회에 보고를 못해요.
"제 꿍꿍이가 뭐지?"
그래서 교회의 눈치가 보이더라고요. …
어느 권사님이 와서 "우리 집에 와서 예배 드려주세요." 라고 하면 가서 기도하고 예배 드리죠. 또 "전도하러 갑시다" 해서 같이 전도했는데 목사님이 이 일을 알면 싫어합니다. 심지어는 "우리가 기도 안 하면 안 된다. 목사님께 힘을 실어 주려면 기도해야 한다." 그래서 밤에 기도했는데, 목사님이 그것도 싫어하더라고요(FK3, 3, 8).

5) 편견

어떤 남녘 교회는 북한이탈주민 목회자에 대해 편견을 가지고 있어서, 교회 사역의 기회를 주지 않는다.

> 신학공부를 어떤 곳에서 어떻게 하든 간에 저를 사역자로 받아 주는 교회가 없어요. 탈북민 목회자들이 사역할 자리가 없으니까 대부분 교회 개척을 하려는 겁니다 (FS1, 22).
> 내가 학교를 졸업하면서 여러 교회에 이력서를 제출했는데 안됐어요. 왜 안 되었는가 하면 내가 북녘 사람이기 때문이죠. 우리에게 대한 이질감(異質感)이 있어요(FY1, 11).

어떤 참여자는 가족을 버리고 혼자 살려고 탈북하여 남한으로 온 나쁜 엄마라는 인격적 모독도 당했다고 진술했다.

> 새끼도 다 버리고 오고, 자기 혼자만 잘 먹고 잘 살겠다고 하는 저런 것들에게 정부가 왜 돈을 주나?
> 북한이탈주민들이 너무 많아 문제야 … (FL2, 8).

6) 남녘 교회로부터 받는 악영향

참여자들은 헌신의 과정 중에 남녘 교회의 군림형 리더십이나 힘의 논리와 같은 악영향을 받는다.

> 지금 대한민국에서는 목회자의 권위가 너무 올라갔다고 생각을 해요. 목회자는 성도들을 섬기는 사람이고, 하나님과 인간 사이의 중매꾼이지, 절대로 자기를 위해서 군림하는 그런 존재는 아니잖아요?(MB1, 13-14).
> 남녘 사람들과 같은 생각을 가지고 살아가면 안 된다고 생각해요. 사역 현장이든 아니든 자기 방식으로 힘의 논리로 살고 사역하고 있잖아요(MK3, 21).

2. 인격

참여자들이 두 번째로 많이 언급한 어려움의 내용은 인격의 문제다. 그런데 이 인격의 문제는 북한이탈주민 교회와 남녘 교회 모두에게 있는 것으로 나타났다.

1) 북한이탈주민 교회

북한이탈주민 교회 내에는 사랑하지 못함, 빈번히 요청하는 도움, 무례한 태도, 분노, 교만, 인내 못함 그리고 비판 등의 어려움이 있다. 그 중에는 같은 북한이탈주민을 사랑하지 못하거나, 사랑하지 않으려는 자신의 내적 문제가 있었다.

> 저는 그 때에 같은 탈북민들로 인해서 스트레스를 받아 몸에 물혹이 많았어요. 그래서 정말 살고 싶지 않았어요. 이렇게 원망하며 기도했죠. "하나님 나는 살고 싶지 않습니다. 저를 차라리 데려 가세요. 저는 그 사람들이 너무 죽이고 싶도록 밉습니다"(FK3, 6).
> 나는 예수님을 만난 것이 감사했지만 북한이탈주민으로 리더십이 없었고 그들을 품어 안을 수 있는 그릇이 못 됐어요. 그래서 나는 북한이탈주민이 너무 싫어서 10년 동안 북한이탈주민들을 사랑하지 못했거든요(FY2, 19).

북한이탈주민들이 목회자에게 사소한 일까지 자주 도움을 청하거나, 무례하게 요구하는 어려움을 겪는다고 진술하였다. 다음은 여성 사역자들이 겪는 어려움이다.

> 중국에 있는 아기 아빠가 작년에 죽었어요. 그리고 제가 혼자 사니까 북한 남자들이 저를 힘들게 합니다. 저를 사역자로 보지 않는 거죠. … 자기 아들이 분명히 와이프가 있는데 여기 와서 헤어졌거든요. 근데 자기 아들한테 나를 또 소개하려고 하는 겁니다(FJ3, 6).

이 분들은 새벽에 몇 시든 자기가 술 먹고 속상하고 화가 나 생각날 때 전화해요. 무슨 일이 났다 하면 달려가야 해요. 그런데 상담도 상담 같은 전화가 오면 좋지요. 여자 해 달라, 강아지를 키우는 문제, 여자와 남자가 좋아하다가 깨진 문제 등이죠. 이러한 어려움 때문에 너무 많이 힘들고 지쳤죠(FL2, 19).

한 목회자는 도움 받는 것을 당연히 여기는 탈북민 교인에게 이용당하기도 하였다고 진술하였다.

한 탈북민은 교회에 쌀 달라고 해서 20킬로그램을 가져가요. 그리고 자기 딸 공부하는데 장학금을 달라고 하여 30만 원 줬는데, 딱 그것만 받고 나서 그 후에 교회에 안 나와요(FY2, 36).

목회자로 헌신했지만 여전히 분노를 조절하지 못하거나, 겸손하지 못하며 그리고 탈북민들을 사랑하는데 인내심이 부족한 자신의 인격적 문제 때문에 힘들어 한다.

제가 목회자이지만 인간이기 때문에 집에 가서 집사람에게 욱하고 화를 내기도 하고 욕이 나가기도 하죠. 아무리 많은 훈련을 받았다고 해도 어느 순간인가 생활 속에서 그 죄성이 드러나는 것이죠(MK6, 23).
아직 준비 안 되어 전문성이 없는 것도 중요한 문제이겠지만, 무엇보다 죽지 않는 자아 때문에 어려운 것 같아요(MJ2, 11).
북한이탈주민 성도가 있는데 이분은 상처가 엄청 많아요.
제가 일년을 기도했더니 드디어 올해 교회에 나왔어요.
남편한테 받은 상처와 쓴뿌리들을 예배 드리러 와서 막 쏟아 놓는 거예요. 그런데 끝까지 제가 참았어야 되는데, 친절하게 해줬어야 되는데 너무 힘이 드니까 그렇지 못했어요(FJ3, 9-10).

2) 남녘 교회

남녘 교회는 북녘 선교에 관해서 이야기하는만큼 그 중요성을 이해하거나 관심을 갖는 것이 부족하다.

> '마지막 미전도 종족은 북한이다!'
> 그런데 정작 그 북한에 관해서는 관심이 없다는 거예요(FK3, 3-4).
> 세계에 가서 아무리 교회를 세워도 이 민족이 회복되지 못하는데 … 내 민족을 살리지 못하면서, 내 민족에는 관심이 없으면서, 나가서 그렇게 많은 교회를 세웠다는 것을 하나님이 기뻐하시지 않을 겁니다(MK6, 5).
> 신학대학원에서 학생들이 다들 바쁘겠지만 북한을 위한 기도회가 그렇게 뜨겁지는 않아요. 가장 큰 문제는 하나님 나라를 못 보는 거 같아요. 북한 선교는 남의 얘기 같고 통일이 과연 될 수 있을지 고민과 갈등이 있죠(ML3, 16-17).

어떤 참여자들은 남녘 교회가 먼저 북한이탈주민을 이해하지 않으려고 하는 태도 때문에 마음의 어려움을 느낀다.

> 한국에 와서 들었던 말 중에, "너희들은 우리를 배워야 한다"는 거였어요. 우리는 3만 명 밖에 안 되고 대한민국은 5천만 명이 넘어요.
> 3만이 5천만을 배우는 게 맞을까요?
> 5천만이 3만을 배우는 게 맞을까요?(MB1, 20)
> 정말 이 사람을 복음의 사람으로 세우고자 한다면 복음적, 논리적으로 잘못되었더라도 품을 수 있어야 되고, 또 그 사람들이 왜 그렇게 할 수밖에 없을지 먼저 이해하려고 할 때에 하나 되어 갈 수 있죠. 그거를 안 하고 자기들의 관점에서만 옳은 건 옳고 그른 건 그르다고 해 버리는 거지요(MY1, 27).

교회를 개척한 한 참여자는 같은 교회에서 동역을 하던 남녘 목회자가 교회 청년들을 데리고 나가는 비인격적 배반을 경험하였다.

청년들이 한 30명이었는데 한국 목사님께 이렇게 부탁했어요.
"우리 교회에 와서 청년들을 가르쳐 주세요."
그런데 그 목사님이 한국 청년들을 자기 벌이로 이용하는 거예요.
욕심이 생겨서 청년들을 확 포섭을 하여, 막 끌고 나간 거예요.
그 30명이 다 나갔어요(FL1, 27-28).

3. 신앙

연구 참여자들은 헌신 과정 중에 신앙의 문제로 인한 어려움을 진술하였는데, 가장 큰 어려움은 신앙의 나태함이다. 그 이유는 북녘에서와 탈북 과정에서 겪은 힘든 상황이 남녘 생활에서는 없어졌기 때문이다. 그리고 자신에게 자리잡은 기복신앙(祈福信仰)과 풍요 사상 등으로 신앙이 변질되어 하나님 외의 것에 집중하게 되었다.

그러나 누구도 의지할 데가 없어 힘들기 때문에 주님과 가장 가까웠던 거 같아요. 힘들면 주님 앞에 가서 기도하며 울고, 그래서 주님과의 관계가 지금보다는 훨씬 더 가까웠던 거 같아요. 그런데 지금은 친구들도 많이 생기고, 아는 분들도 많이 생겨 모든 상황이 좋아져서 그 때만큼의 간절함이 없는 거죠. 하나님 앞에 나아가는 게 지금은 별로 없어진 거 같아요. … 그 길을 따르면 힘들게 나가야 되는 길이라는 것을 알았어요(ML3, 3-4).
나는 사실 순수하게 예수님을 믿었어요. 진짜로 성경에서 말하는 그 예수 믿기를 시작했지요. 그런데 탈북 과정 중에 저에게 기복적인 신앙도 함께 자라났는데, 이것은 한국 교회에서 심어준 거예요(FY2, 21).

남녘의 신학생들이 외적인 것에 관심을 가지고 치중하며, 학생으로서 불성실한 공부 태도, 신학생이 되어서도 변치 않는 자기 때문에 실망하였다.

선교의 헌신이나 순교는 신학교에서 추구하는 핵심가치가 아닌 거 같았어요. '자기를 어떻게 세련되게 가꿀 것이냐, 어떻게 유학 가서 스펙을 쌓을 것이냐, 어떻게 좋은 교회에 갈 것이냐' 그런 것을 더 추구하는 것 같아요 (MK1, 11-12).

신학교에서 공부하는 북한사람 중에는 성경을 가르칠 때나 말을 할 때 너무 부분적으로만 알고, 자기 식대로 이리저리 붙이다 보니, 결국 자기만의 신앙이 되어 버리는 거죠. 북한 신학생들이 하나님을 정확히 알았으면 좋겠어요 (MB1, 4-5).

신학교에서 공부하면서 갈등이 굉장히 심했던 거 같아요. 한 학기 내내 하나님에 관해서 배우는데 제 삶에 변화는 별로 없는 거 같아요. 그래서 제 안에 고통으로 많이 다가왔던 거 같아요.
"너무 힘든데 왜 이럴까?"(ML3, 6)

한 참여자는 북송되어 북한 감옥에서 심문을 받다가 자신의 신앙을 부인하게 된 것이 마음의 큰 어려움이었다.

보위부 감옥 관리인이 나를 심문하면서 이렇게 물어보았어요.
"너 중국에서 교회에 다녔지?"
내가 다시는 하나님을 배반하지 않겠다고 맹세를 했는데, 교회에 안 다녔다는 거짓 대답이 쉽게 나가는 거예요 (FS2, 19).

남녘 교회에서도 믿음이 변질된 모습을 볼 수 있었는데, 남녘 교회 목회자들의 말씀에 대한 자의적(恣意的) 해석은 참여자들에게 혼돈을 주었다.

남녘 교회에서는 하나님의 계획이 어떻다고 하면서, 말씀을 자기에게 맞추는 거지요. "하나님이 이렇게 하셨다"라고 하면서 이상한 소리를 하는 거지요. 그런데 이런 행동에 앞장서는 것이 북한 사람들이라는 거지요 (MB1, 17).
하나님이 세상을 이처럼 사랑한다는 말씀은 남한에는 있고 북한에는 없다고 생각합니다. 한 신학교 교수님은 심지어 민수기적 사관을 가지고 28장의 복과 저주에 관해서 가르치는데, 이런 말이 우리를 혼란스럽게 만듭니다.
"그래서 한국은 복을 받았고, 북한은 그렇지 않다"(MK3, 10).

북녘에 두고 온 자녀들을 생각할 때, 북녘의 어려움에 침묵하시는 하나님께 불평을 하였다.

> 북한에 있는 아이들이 보고 싶어 미치겠는 거예요.
> 여기까지 왔으니 더는 못 만날 길로 왔다는 생각에 막 몸부림치는 그 때는 하나님이 없어진 거예요. 그래서 내 마음에는 불만이 가득 찬 거예요 (FL1, 8).
> 저도 열 두 살에 고아가 됐잖아요. 그래서 저는 고난의 행군 중에 사망한 수를 300만 명 이상이라고 하는 게 좀 더 와 닿아요.
> "그런데 하나님은 그 때 어디 계셨나요?"
> 하나님이 한국에도 계시고, 중국에도 계시다고 하면서, 북한을 그렇게 하는 하나님께 인간적인 생각으로는 너무 분노가 생기는 거죠(MK3, 10).

4. 정체성 혼란

참여자들은 자신의 정체성으로 인해 어려움을 겪었는데 그 내용으로는, 경제 문제로 인한 혼란과 두 가지 가치관 사이에서의 갈등이다. 그중에는 사역을 하면서 동시에 가정을 돌보기 위한 경제 활동도 해야 해서 사역자로서의 혼란을 겪었다.

> 남편이 마음이 불안하고 믿음도 없어서 물질의 어려움이 생기니까 나에게 돈 벌라는 거예요. …
> 그래서 저는 직장에 왔다 갔다 한 시간 반을 길에서 써야 하는데, 자녀들이 너무 불쌍한 거죠.
> 그때 기도했어요.
> "하나님, 제가 진짜 공무원 되려고 여기 왔을까요?
> 하나님 제가 진짜 북한에서부터 온 이유가 돈 벌려고 왔을까요?"
> (FY2, 24-25)

저는 이렇게 기도했어요.
"하나님, 내가 신학을 하고 싶은데요."
근데 현실은 북한에 도움을 줄 형제들도 있었어요. 만약에 통일되면 내가 그분들에게 돈으로라도 보상해 주고 싶은 게 있는 거예요. 그러한 마음의 갈등이 한동안 있었어요(FK2, 9-10).

또한, 본질과 비본질의 가치관 문제로 어려움을 겪는 참여자들이 있다.

저는 굉장히 율법적인 사람이었습니다. 정죄하기 좋아하는 그런 사람이 아닌 율법을 버리지 않으면서도 사랑으로 온전케 하시는 예수 그리스도를 내 삶을 통해 나타내는 그 훈련과정이 너무 어려웠습니다(ML1, 16).
북한에 복음을 전하러 건너가서는 국경경비대에게 잡혀서 두들겨 맞았죠. 나는 목숨을 걸고 '나는 복음 때문에 죽겠다' 라는 각오를 가지고 들어갔는데, 북한 땅에서 두들겨 맞으면서 그 각오가 사라진 거예요.
죽으면 죽으리라!
이건 없어진 거예요.
'이거 나의 믿음이 어디에 있느냐?'(MK3, 11-12).
저는 남녘에 왔을 때 세상 음악을 멋지게 해서 명성을 떨치고 싶더라고요. 내가 악기를 하나 완전히 전공을 해서 한번 멋지게 해보는 생각도 했는데, '아, 내가 이렇게 하면 안 되지. 교회 음악을 해야지.
나를 이렇게 살려주셨는데 내가 하나님께 배은망덕하게 세상 음악을 하면 안 되지!'(MH3, 16)

어느 참여자는 돈을 중요하게 여기는 자세로 사역을 하려는 유혹을 받았는데, 교회 운영에 필요한 재정 때문에 교인 수를 경제적으로 계산하기도 하였다.

왜냐하면, 문제는 이 넓은 교회당에 왔는데, 월세가 150만 원이에요. 그 때는 너무 암담했지요. 내가 하나님을 믿기는 하지만, 사람한테 더 집중했다는 것이죠. '수입이 있는 청년들이 헌금과 십일조를 내니까 교회가 운영된다'는 이런 착각 속에 내가 살았더라고요(FL1, 29-30).

5. 죄 유혹

헌신의 결단 이후에도 죄 유혹은 계속되었는데, 어떤 참여자는 사람을 더 의지하려는 마음의 유혹을 받았다.

> 그 때 사실 남편을 남한으로 데리고 온 것은 솔직히 말해서 남편을 구원하려는 것도 있지만, 내가 남편을 좀 의지해서 살자는 생각이 있었어요. 그런데 하나님이 그걸 다 깨시고 사람은 의지할 대상이 아님을 알려 주셨죠(FS2, 30).
> 목회자나 신학생으로의 헌신은 사실 일찍 갖게 되죠.
> 선교사님들이 오셔서 헌신에 대한 요청을 할 때마다 바로바로 응대를 했지요. 그러나 저도 신학대학 2학년까지도 담배를 피우고, 집에 돌아올 때에 반 팩짜리 소주를 사서 마셨거든요(MH1, 4).

참여자들에게는 영적인 싸움인 음욕, 육체의 소욕, 죄의 습성의 문제도 극복해야 할 어려움이었다.

> 혼자 사니까 더 정욕에 빠지죠. 필름이나 유투브를 보면 완전히 오픈 되어 있으니까, 이걸 지킨다는 것도 간단치 않습니다(MH3, 5).
> 저에게 죄의 유혹은 음욕이었어요.
> 북한에서도 이렇게 막 상처받고, 부모님에 대한 사랑 못 받았어요.
> 그리고 한국에 와서 보니 성적 유혹에 많이 노출되어 있잖아요(MJ1, 17).

6. 사역관(事役觀)

남녘 교회가 성과주의에 따라 대형 교회를 선호하는 것과 사람에게 보여주기 위해서 사역하는 모습은 북한이탈주민 헌신자들에게 어려움을 주었다.

> 한국 교회는 어느 순간인지 모르게 크기(교인 수)가 중요하다는 그런 보편적인 관점을 가진 것이죠. 이것이 어찌 보면 우리 북한이탈주민들이 기성 교회 안에 들어가서 정착이 안 되는 이유 중에 하나이지요. 그러니까 극이 쪽이거나 극 저 쪽이예요(MY1, 27).
> 남한 교회의 몇 분이 우리 교회에게 이렇게 요청했어요.
> "청소년 탈북민들을 보내라."
> 이는 행사를 위해 사진을 찍기 위해서지요.
> 그러나 저는 안 보냈어요.
> "하나님을 찬송하는 것이 자발적으로 이루어지는 것이라면 천 만 번이라도 가겠습니다. 그런데 사진을 찍어야 되기 위해서 한다면 전 못 보내겠습니다." 중국에서 피해 있을 때는 말을 못하는 처지였습니다. 그런데 같은 고향 땅에 와서 교회를 못 나오는 그 첫 번째 이유가 바로 이것이라고 생각합니다(MH1, 18-19).

북한이탈주민 목회자들이 개척한 교회를 자기 소유화하거나 남녘 교회의 북녘 선교에 대한 관심을 이용하여 자기의 이익과 명예를 얻으려는 것도 헌신자들에게는 어려움이다.

> 교회를 개척하게 되면 자기 소유가 되는거예요. 누구도 터치를 못해요. 탈북민 목회자들의 이러한 현상도 한국 교회로부터 받은 영향이거든요(FL2, 31). 순전한 복음전파가 목적이 아닌 복음을 팔아서 자기 어떤 유익과 이익을 챙기려 하는 사역자도 있죠. 북한 선교에 대한 한국 교회의 높은 관심을 가지고 이용하려고 잔머리를 굴리려는 사람들이 많이 있는 것입니다(MY1, 28).

불성실한 사역 태도로 말씀연구를 게을리하거나, 남녘 교회 안에서의 사역이 어려워서 쉽게 포기하고 교회 개척을 하려는 것도 어려움이다.

> 북한이탈주민 목회자들의 말씀에 대한 연구가 매우 적습니다. … 기본은 왜 안 가지고 가는지 모르겠어요. … 이는 환경이나 한국 교회의 문제는 아니라, 본인들의 문제라고 생각해요(MB1, 15-16).
> 한번 은혜 받았다고 해서 주의 길을 간다고 선포했지만, 정작 사역 정착이 안 되는 사람도 있지요. 그러나 이것이 받아들여지지 않아서 개척을 하려고 교회를 내려놓고 나오는 사람들이 있어요. 그게 다 우월주위에서 나오는 것 같아요(MY1, 27).

또한, 통일 모델로 다른 나라 사례를 제시하거나, 통일 시기에 대한 조급함을 보이는 남녘 교회의 모습이 참여자의 헌신에 어려움을 주고 있다.

> 남북한의 관계 속에 있는 공식으로 해결해야 하는데, 왜 독일의 공식을 가져다가 풀려고 하지요?
> 독일 상황은 우리의 상황과는 다른 거예요(MK4, 12-13).
> 너무 들끓지 않았으면 좋겠어요. 예를 들면, 통일이 단방에 온다고 하면 분위기가 확 일어나는 거죠. 한국 교회가 좀 신중했으면 좋겠고요, 하나님 앞에서 제대로 기도를 했으면 좋겠어요(MB1, 16).

한 참여자에게는 헌신자들이 사역 대상을 북녘에만 한정 지으려는 생각도 어려움이다.

> 북한 선교 사역이 내가 원해서도 참여하지만, 때로는 주변의 모든 환경이 그렇게 몰아가기도 하죠. 내가 목회자라고 부르심을 받았으면 하나님이 주시는 사명에 따라서 어디든지 갈 수 있는데, 그렇게 보지 않고 북한 사역에만 가두려고 하는 것이죠. 대부분의 북한 출신 목회자들이 그 틀을 못 벗어나고 있습니다(MH2, 6).

북녘 선교라는 공동의 목표를 향해서 남과 북이 하나 되지 않는 어려움과 북한이탈주민 사역자 간에도 연합이 이루어지지 못하는 어려움도 있었다.

지금까지 20년이라는 세월을 적응했는데 사역 안에 깊이 들어오면 들어올수록 갭이 있어 연결이 안 되는 부분들을 늘 느낍니다. 한 울타리 안에서 협력으로 북한 선교가 이루어져야 하는데, 무슨 알갱이 같이 빙글빙글 저 혼자 도는 것 같은 느낌이 있거든요(FK3, 1).

7. 가족

가족들로 인한 어려움이 헌신의 과정에 많은 영향을 미쳤는데, 그 중에 남편의 게임 중독, 아내와의 말다툼 그리고 자녀와의 갈등으로 인하여 어려움을 겪었다.

그런데 새벽 4시경에 남편이 수염이 새까맣고 세수 한 번 안 하고 왔는데, 카드를 딱 보니까 0원이에요. 그 일주일 동안 그 카드 갖고 게임 한 거예요. 게임하러 나가느라고 집에 두 달 동안 안 들어와요(FJ1, 13-14).
제가 아내와 처음에는 많이 싸웠거든요. 신학하기 전에는 하루도 안 싸운 날이 없었어요. 가정이 파탄날 정도로 그랬는데, 신학을 하면서도 싸움이 계속되어 스스로에게 이렇게 자책했습니다.
'에이 못난 놈!
아내도 사랑하지 못하는 게 무슨 하나님의 일을 하면 뭘 하겠냐?
목회를 하겠냐?'(MJ1, 17-18).
제 딸이 어느 때는 새벽 2시에 들어오고, 자다가 남자 전화 받고 또 나가고, 옷도 배꼽티나 팬스 같은 바지를 입고 다녀서 이렇게 꾸짖기도 했습니다. "야, 너 북한에서 스물다섯 살이면 애를 둘, 셋 씩은 다 있어. 어디 이렇게 하고 다니니?"(FL2, 17).

어떤 참여자들은 탈북하던 딸이 사망하게 되거나, 아들이 교통사고를 당하고 그리고 두고 온 자녀로 인한 어려움을 겪는다.

> 고향에서 온 아이들을 수소문했어요. 그리고 우리 옆집에 살던 아이와 통화를 했는데 이러는 거에요.
> "언니 딸이 탈북을 하다가 붙잡혀서 정치범 수용소에서 작년에 죽었어. 언니 몰랐어?"
> 그래서 교회에 와서 엉엉 울었어요(FJ1, 10).
> 승용차하고 아들의 오토바이가 부딪쳤어요. 그래서 아들은 거의 시체로 중환자실에 간 거죠. 4시간 동안 피 다 쏟고, 헉헉 숨만 들이쉬는 상황이고, 그 때 담당의사가 이틀을 못 넘기니까 집에 가지 말고 대기실에 있으라고 했죠(FL1, 16).
> 제가 당시에 교만으로 가득 찼었는데, 하나님이 나를 훈련시키시려고 우리 아들을 바이러스 뇌수막염으로 치셨어요(FY2, 25-26).
> 저는 중국에 가정이 있고 거기에 6살 아이가 있어요. 남편을 설득해서 한 가정 만들려고 두 번이나 중국에 갔었는데 못 데려왔어요. 저는 데려오고 싶은데, 그쪽에서 너무 완강하게 보내지도 않고 본인도 올 마음이 없었어요(FK1, 13-14).

8. 사역 환경

헌신자들이 사역 중에 교인들이 교회를 떠나는 어려움을 겪었고, 탈북민 부서 전임 봉사자의 무책임함으로 인한 교인 간의 갈등도 있었다.

> 아직도 탈북자들끼리 불신이 많아요. 한 사람의 잘못으로 인해 불신이 만들어지면, 교회를 떠나는 사람들이 나오는 거죠(MK6, 13).
> 탈북자들은 정규직이 없어서 일감이 생겨 6명의 교인이 제주도로 일하러 나갔어요. 그리고 또 저쪽 교회에서 돈을 준다고 하니까 그 쪽으로 나간 가족이 있거든요(MK2, 23).

그리고 교회에 나오다가 어느 정도 남녘생활이 적응되면 교회를 떠나거나, 때로는 교회생활에 적응이 어려워서 떠나는 북한이탈주민들로 있다.

> 어떻게 보면 우리 동포는 처음에 남한에 처음 왔을 때 그런 두려움에 의해서 교회는 나오지만 한국사회에 어느 정도 적응하고 나면 교회를 떠나더라고요(MK1, 17).
> 우리 목사님은 설교가 좋기는 좋은데 너무 강해서 사람들이 섞이지는 못해요. '말씀은 좋아 근데 이 무리가 너무 거룩하기 때문에 나는 부담된다!'
> 이리 핑계 저리 핑계 대면서 성도들이 떨어졌어요(FK3, 11).

한 참여자는 교회 개척을 하려할 때, 반대하는 사람으로 어려움을 겪었다.

> 교회를 개척하려고 생각도 안 했어요.
> 교회 개척한다고 하면 사람들이 말렸어요.
> "한국에 교회들이 많은데 왜 굳이 또 개척하냐?"
> 개척을 반대했어요(MK1, 10).

한 참여자는 하나님의 때를 이해하지 못하는 것이 어려움이었다.

> 걸음걸음마다 하나님이 놀랍게 만나주시고, 어떤 사건들을 이끌어 가신 것을 경험하다 보니까 내가 이런 마음을 가진 것에는 반대는 하지 않았는데, 그 시기에 대한 문제였죠.
> '이 때냐, 저 때냐?'
> 이 문제가 어려웠어요(MY1, 21).

9. 서로 다름

어떤 참여자들에게는 남녘 교회 안에서 겪는 남과 북의 문화 차이가 어려움이다.

성가대원 모두가 한국 분들이거든요?
지휘자인 나 하나만 북한이탈주민이기에 이렇게 부탁을 했어요.
"우리의 문화가 서로 다르다니까 같이 사역을 하면서 안 맞는 점이 있으면 바로바로 나에게 이야기를 해주시고 많은 이해를 좀 해 주셔야 되겠습니다!"
그런데 처음에는 진짜 많이 부딪히더라고요(MH3, 12).
신학교 1, 2학년 때는 되게 힘들었어요. 그 때는 말도 다르고 많은 차이를 느꼈어요. 그 때는 서로에 대해서 모르고 문화 차이도 너무 커서, 관계를 극복하는 것이 저에게는 너무 힘든 거예요(ML3, 10).
'눈물의 빵을 먹어 본 사람이 그 배고픔을 안다.'라는 말처럼, … 앞으로 통일이 되어서 한국 교회는 북한에 가서 할 역할이 없어요. 오히려 북한을 망칠 수 있는 환경을 더 많이 가지고 있지요 … (MK6, 24)

한 참여자는 남과 북의 교인들이 함께 모여 개척한 교회의 이름을 짓는 과정에서 남북의 교인들 생각이 서로 달라 충돌하는 어려움을 겪었다.

교회 이름 하나 짓는 것 때문에 어려움으로 위궤양이 왔거든요. 북한 사람들이 들고 일어나는 거예요. 그러면 남한사람들이 좀 이해해줘야 하는데, 그게 아니라 서로 무시한다고 하여 서로 양보를 안 하는 거예요(FJ3, 6).

북한이탈주민 1세대 사역자들이 시대를 이해하지 못하고 좁은 견해와 권위적인 태도로 현 세대 후배 사역자들을 대하는 것도 아쉬운 점이다.

> 1세대 목사님들은 사고방식이나 사고의 세계가 좀 좁다는 느낌이 들었어요. 갇혀 있는 신학처럼 무슨 주의(主義)와 같은 거 말고, 좀 더 넓게 남녘과 북녘 사람들이 같이 신앙생활을 할 수 있게 하는 것, 그것이 바로 통일의 준비라고 생각해요(MJ1, 19-20).
>
> 선배 세대 분들은 살짝 권위적인 게 있어서 "옛날에는 우리가 이렇게 살았는데"라고 말합니다. 그 분들이 보기에는 속이 안 차는 것이죠. 그분들 대부분이 북한에 대한 부정적인 마음이 있어요. 분노와 아픔이 있으니까 … 북한 선교가 한쪽으로만 흐를 수 있는 것도 아니고, 각자가 해야 하는 위치가 있는 거죠(ML3, 15).

 탈북민 교회와 사역자들이 북녘 선교 사역에만 지나치게 집중하는 것은 오히려 도움이 되지 않는다고 진술한다.

> 하나님이 북한의 복음화를 위해서 나를 부르시기도 하셨겠지만, 저는 저 자체를 필요로 하셔서 부르셨다고 생각해요. 그래서 모든 것이 북한에 초점이 맞춰진 것이 큰 장애물이 되기도 한다고 생각합니다(MH2, 6).

10. 생활 환경

 탈북민 교인들이 탈북 과정 중에 받은 상처로 인하여 때로는 마음이 뒤틀리며, 자신의 의견이 관철(觀徹)되지 않으면 분노한다.

> 우리는 교회 창립기념일 때마다 참가자들을 대접하기 위해 음식을 준비하는데, 요리 방식에 있어서 이 분들은 자기 맘대로 해요. 그렇게 하면 안 된다고 하면 마음이 상해서 육수를 왕창 쏟아 버리기도 해요. 그게 너무 힘들었어요(FK4, 8).

한 참여자는 목회하는 교회의 북한이탈주민 교인들이 보이는 육체적인 피로 문제로 목회의 어려움을 겪고 있다.

> 네다섯 시간 이상 예배를 드리고 나서 기도회까지 하고 나면 선교, 구제, 사회복지 그리고 전도 활동 등 아무것도 할 수 없습니다. 탈북민 교인들은 '우리가 아파요' 라는 것을 기본적으로 가지고 나오세요. 예배 때부터 피곤의 게이지가 올라가기 시작해서, 예배 후에는 남아있는 힘이 없습니다(MH1, 22).

한 참여자는 남녘에서의 풍요롭고 자유로운 생활이 오히려 하나님을 의지하는데 방해가 되었고, 때로는 하나님을 믿는 데에 따르는 보상심리까지 자리잡았다.

> 중국에서는 환경 자체가 우리를 끊임없이 결단하게 합니다. 그런데 여기서의 싸움은 외부환경인 세속으로부터 자기의 믿음을 지키는 것 같아요. 예를 들면 좀 편안함, 외부적인 성장 그리고 화려함 등을 더 추구하며, 조금 더 부요하고 여유롭게 살고 싶어 하는 마음이 생기는 것 같아요(MK1, 12).
> 북한은 지하교회 성도들에게 예배드리는 것이 평생의 기도제목이 되는 땅이죠. 그런데 남한은 너무 신앙의 자유가 열려 있어서 하나님을 경외하지 않는 부분들도 많이 있고, 신앙생활에 불량한 태도도 많이 보이죠. 믿음을 마치 보험처럼 생각하는 친구들도 너무 많은 거 같아요. 자기 삶에 너무 집중하다 보니까 하나님을 못 보는 것이죠(ML3, 11).

한 참여자는 중국에서 헌신하여 탈북자들을 남녘으로 보내는 사역을 하다가 10년 동안 감옥에 갇히기도 하였다.

> 그 전에는 제가 복음 전하는 일을 주로 하다가, 우리 북한이탈주민들을 한국으로 보내는 일을 했어요. 이 사람들 운명의 문제에 관심도 가지고 이 사람들을 한국으로 보내주는 사역을 했던 거예요. 그러다 체포되어서 감옥 생활 10년을 했던 거죠. 그것이 가장 어려웠던 것 같아요(MK1, 6).

그 밖에 암 투병으로 죽음을 직면하던 한 참여자는 북에 두고 온 자녀들을 생각하며 아파했다.

> 검진을 하니까 확실하게 암이라는 결과가 나왔어요. "하나님이 저를 부르시겠다면, 막 발버둥 치면서 살겠다는 추한 모습으로 가지 않게 해주십시오. 그리고 북한에 있는 저의 아이들은 주님이 알아서 해주십시오"라고 기도했죠 (FL2, 24-25).

11. 경제

한 가정을 책임져야 하는 가장(家長)으로 갖게 되는 경제적 부담은 때로는 헌신에 어려움을 주었다고 진술한다.

> 당시 이성적으로 생각하면 신학공부를 못 하는 거였어요. 왜냐면 처자식이 있기 때문이지요. 당장의 월세, 관리비, 임대비를 내야 하고, 먹어야 될 돈도 하나도 없는데 신학교에 다니면 내 가정은 누가 책임져요?(MJ1, 9)

한 신학생 헌신자는 사업실패로 진 빚을 갚기 위해 일용직 노동자로 일을 하고 있었다.

> 저는 빚을 갚기 위해서 공사판 노동을 시작했는데, 그 다음 날 신학교가 개학을 했어요. 재작년 여름이 많이 더워서 새까만 모습으로 학교에 들어왔는데, 주변에서 나를 보고 얼마 가지 못할 것이라고 했어요(MB1, 9).

이 참여자는 사역에 필요한 경제적 문제로 이단 단체로부터 유혹을 받기도 하였다.

'하나님의 교회'라는 이단 단체에서 북한 동포인 저에게 전도를 한다고 온 거예요. 이야기를 하다가 제가 신학생이라는 걸 알고 저에게 "학생에게 집과 차를 제공해 주고 전 학기 등록금을 지원하겠다"고 제안했어요. 그 때가 정말 어려울 때 여서, 솔직히 그 지원을 받고 싶었어요. 고민이 됐지만 거절했어요(MB1, 10).

12. 자존감

한 참여자는 다른 사람과의 비교의식과 열등감 때문에 힘들어했다.

환경이라는 것을 무시 못 하잖아요. 목회자이기 전에 한 인간으로서 내가 살아가야 하기 때문이죠. 그러다 보니 세상의 눈치를 보게 되고, 환경의 영향을 받게 되었죠. 그러면서 나 자신도 돌아보니 비교의식에 빠지기도 했어요(MK6, 7-8). 대형 교회에서 북한이탈주민은 뭔가 돌보아야 되고 지켜줘야 될 약한 사람으로 인식하죠. 저는 그런 거 싫어하는 사람입니다. 그런데 이 또한 허세였죠. 나도 내 안에 그런 자격지심 같은 게 있었던 거죠. 그래서 나는 어디 가면 북한 사람이라고 말을 안 하고 다녔어요(FY2, 22).

어떤 참여자들은 사역자로서 갖추어야 할 조건이 부족한 것도 자기에게 열등감으로 작용하였다.

사역을 하면서 '할 줄 아는 게 없다'는 마음이 들었어요. 그게 강하게 나를 사로잡다 보니까 다른 사람들과 비교되었죠. 가지지 못하고, 배우지 못하며, 어느 정도 위치가 없는 것에 대한 불안함 등이 있었어요(MJ2, 14).
목회 차원에서 접근을 했을 때, 남녘 교회의 목회자들은 나보다 좀 더 한 발짝 나가서 관계를 형성하는 것으로 보이더라고요. 그래서 뭔가 뒤쳐져 있는 것이 아닌가 생각했어요. 주변에서도 그 차이를 느끼며 나는 좀 덜 준비된 사람 같았지요(ML2, 10).

한 여성 헌신자는 남편에게 많은 존중을 받고 싶어하는 자신을 발견하였다.

> 나는 남편 때문이 아니라, 내가 문제더라고요. 내가 존중을 받기 원한 겁니다. 내 머리 된 남편으로 말미암아 나는 늘 밟힌다. 그러니까 너무 힘들고 괴로운 거예요. 그런 부분에서 굉장히 고통스러웠어요. 나 자신이 바로 우상이었어요(FK3, 17).

헌신 과정 중에 참여자들이 겪는 어려움은 열두 가지의 주제로 분석이 되었는데, 이를 아래와 같이 네 가지로 정리할 수 있었다.

첫째, 여러 관계 사이에서 발생한 것으로, 남녘 교회가 보인 권위 의식과 남북 모두의 인격 결함 그리고 서로 다른 문화(생각)의 차이로 인한 어려움이었다.
둘째, 정체성의 혼란과 정립되지 않은 사역관 그리고 자신의 열등감으로 인한 자존감 결여의 문제였다.
셋째, 사역 환경, 생활 환경 그리고 경제적 문제 등 환경의 어려움이었다.
넷째, 죄 유혹을 받는 것, 믿음의 변질과 신앙의 나태함으로 인한 문제였다.

헌신 과정 중에 겪는 어려움에서 주목할 것은 북한이탈주민 헌신자들이 남녘이라는 새로운 사회 구조, 새로운 사람, 새로운 사역 그리고 새로운 환경에서 변화하는 자기 자신으로 인해 겪는 어려움이다. 이는 그 이전 탈북 과정과 회심 과정에서 겪었던 어려움과는 다른 어려움이었다.

제5장

헌신 과정의 어려움 극복 요인

헌신의 과정 중에 겪는 어려움을 어떻게 극복하였냐는 질문에 대한 대답을 16개의 주요 주제로 정리하였고, 다시 그 주제들은 아래 표 10과 같이 5개의 주제로 분류되었다.

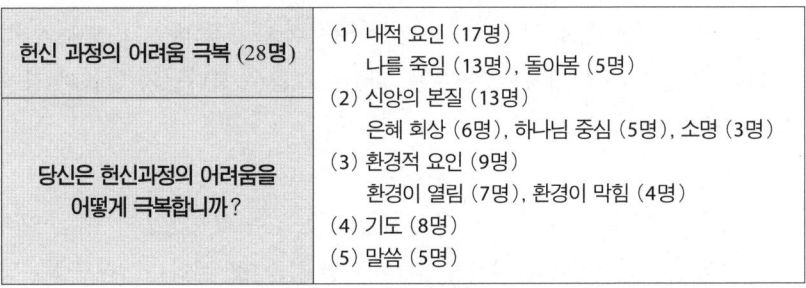

표 10. 헌신 과정의 어려움 극복 (응답자)

1. 내적 요인

헌신 과정 중에 겪는 어려움을 극복하기 위해서 해결해야 할 가장 중요한 것은 자신의 내적 문제로 겪는 어려움이나, 성도들을 대하며 받는 힘든 일, 어떠한 편견과 인격적 무시를 당할 때도 우선 내가 낮아짐으로 인내하는 것이다. 이와 같이 자신을 죽임으로 어려움을 해결한다는 참여자가 13명이었다.

가장 어려운 것은 자신이 죽는 건데, 죽는 연습이 중요하죠. 죽는 것도 한 번 죽는 게 어렵더라고요. 자존심을 완전히 버리며 계속 죽는 연습을 하다 보니 '아, 이게 죽는 거구나'라고 깨달았죠. 성도는 다 하나님이 세우시더라고요(FS2, 30-31).
신학교에서도 제가 북한 사람이니까 조금 차별을 해요. 그런데 그러한 사람에게 다가가기 가장 좋은 방법이 그 사람보다 낮아지는 거예요(FY1, 19). 생활 부분에서도 남한 교회와 부딪쳤는데, 저의 전문분야인 음악 부분에서도 나를 무시하는 거예요. 근데 저는 그걸 웃으면서 다 받아주고 그랬거든요. 그게 한 3, 4개월 가니까 그 다음에 조금씩 괜찮아지기 시작하더라고요(MH3, 12-13).

어떤 참여자는 신체 장애로 인하여 비인격적 대우를 받았고, 또는 인격적인 모욕을 받은 참여자도 있었다. 그러나 그들은 하나님의 말씀과 자신을 내려놓음으로 극복했다.

다른 사람들이 '조선 병신 바른 게 없다'는 말은 장애인인 저에게는 인격적 침해 문제입니다. 이러한 상황이 정말 힘들지만 우리는 그래도 하나님의 말씀으로 하나님의 위로와 평강이 있기에 참을 수 있었어요(FS1, 24).
저에게 인격적인 무시와 폭언을 하는 원장님을 위해 기도했습니다.
"하나님 원장님이 뭐라 해도 내 입의 지퍼를 닫고 묵묵히 듣게 해주십시오."
그리고 다짐했어요.
'기도와 결심을 했으니 뭔 말을 하든지 내가 입 다문다.
꾹 참고 마지막까지 견뎌야지!'
그런데 사람이 180도 달라졌어요. … 나중에 깨달은 것은 하나님이 이 분을 통해서 나를 성숙하게 훈련시키신 것입니다(FL2, 13).

목회자임에도 불구하고 감정 통제가 안되어 실수했던 한 참여자는 즉시 자신의 잘못을 하나님께 회개하여 어려움을 극복했다.

> 북한이탈주민 사역자들에게는 오래 참음으로 절제가 필요한 거 같아요. 화를 좀 다스렸으면 좋겠어요. 목회자임에도 그 입에서 나오는 말들은 저 사람이 목사가 맞을까 할 정도로 거친 표현들이 많거든요(FJ3, 10-11).
>
> 제가 목회자이지만 인간이기 때문에 집에 가서 집사람에게 욱하고 화를 내기도 하고, 생활 속에서 그 죄 성이 드러나는 것이죠. 중요한 것은 그런 행동을 했을 때 얼마만큼 빨리 뉘우칠 수 있느냐는 것이죠(MK6, 23).

한 참여자는 교인 수가 줄어들어서 낙담했을 때, 자신의 목회 방식에 문제가 있음을 돌아보면서 어려움을 극복할 실마리를 찾았다.

> 교인 수가 줄어들자 제가 상처 받더라고요. … 깨달은 것은 이거에요.
> '이것도 하나님의 분명한 뜻이 있구나!
> 하나님이 그 머릿수를 향하지 않으시고 한 영혼이라도 똑바로 구원해서 하나님 앞에 세우기를 원하시는구나!'
> 제가 회개 기도하는데, 하나님께서 주시는 음성이 이랬어요.
> "네가 왜 제자 양육을 안 하느냐?
> 왜 일대일 교육을 안 주느냐?"(MK2, 23)

한 참여자는 신학교에서 공부하는 중, 세속화의 유혹을 받을 때 자기 정체성을 다시 확인하므로 이겨 냈다.

> 신학교에 있다 보면 여러 유혹이 많은 거 같아요. … 이제는 내 존재 자체가 어떤 존재인지에 관해서 조금 알게 되었어요.
> '나는 하나님과의 관계 속에서 말씀과 기도로 하나님이 부르시는 그날까지 가야 하는 존재구나!'(ML2, 11-12)

한 참여자는 죄의 유혹에 맞서기에 약한 자기 모습을 알고 있어서, 죄의 자리에 자신을 노출하지 않는 것도 중요한 방법이라고 말한다.

내가 신앙을 가지고 있고, 구원받았음에도 불구하고 잘못된 어떤 것들이 굳어져 있기에 저는 완전히 의로운 사람은 아니라고 생각해요.
그러면 나는 계속 죄 중에 살지도 말고 그 죄의 가능성이 있는 자리에 참여하지도 않는 것이 중요한 부분이라고 생각해요(MK4, 7-8).

2. 신앙의 본질

참여자들이 어려움을 겪을 때 하나님의 은혜를 기억함으로 첫사랑을 회복하고 은혜를 깨달아 어려움을 극복하게 되었다.

남한에서 잘 살지는 못해도 북한에서 사는 거에 비하면 잘 사는 거죠. 나는 늘 상 모든 것을 북한 생활에 비교해요. '북한에서의 어려움의 나날에 비하면 이런 것은 아무것도 아니다.' 이렇게 생각하면서 가는 거죠(FY1, 15).
저는 과거로 다시 돌아가서 돌이켜 보는 거죠. 의심되거나 흔들리거나 할 때 내가 중국에서 그리고 북한에서 하나님 나를 처음 부르신 그때로 다시 돌아가서 생각해 보면, 그렇게 어렵지는 않았던 것 같아요(MH2, 4).

또한, 어떤 참여자는 하나님을 중심에 두고 예수님을 생각하면서 극복할 힘을 얻었다.

그리고 경제적인 문제도 그렇고, 항상 모든 대인관계에서도 고민을 하지요.
'하나님, 내가 어떻게 저 사람을 사랑할 수 있어요?'
'어떻게 저 사람이 저렇게 하는데 내가 할 수 있냐고요?'
그럴 때 이렇게 다짐합니다.
'예수 그리스도를 생각해 보라.
그 억울하게 십자가에 달려 돌아가신 분은 다 용서하지 않았느냐.'
'예수님이 그렇게 하셨으니까 나도 그렇게 해야지!'
이런 식으로 하면 많이 풀리는 거예요(MJ1, 18).

한 참여자는 스스로가 영적 체험을 해야 어려움을 극복할 수 있다고 진술하였다.

> 본인 스스로 영적으로 겪어봐야 한다고 생각해요. 성령을 겪어봐야 해요. 하나님은 영적인 분이시잖아요. 저도 똑같았어요. 우리와 같이 살아 숨을 쉬시는 분이지만 우리처럼 보이는 분은 아니잖아요. 우리 옆에 계셔서 부족하면 갖다 주시는 분은 아니잖아요. 우리가 신앙생활을 통해서 예수님을 인격적으로 만나보는 거죠. 저도 하나님을 잘 몰랐을 때는 세상의 방법을 많이 썼어요(MK6, 16).

질병의 어려움을 겪으면서 하나님만을 의지하게 되고, 하나님이 원하시는 것을 구하게 되므로 극복할 힘을 얻었다는 참여자도 있다.

> 남는 게 몸뚱이 하나였는데 그것마저도 하나님이 다 걷어 가시는 거예요. 그래서 하나님밖에 의지할 게 없죠. 부활의 소망과 하나님이 나와 함께 동행하는 것들을 시시때때로 느끼는 기쁨이 있잖아요(MK3, 18-19).

참여자 중에는 정확한 목적 없이 들어온 신학교에서 정체성의 혼란과 경제적 어려움을 겪었을 때, 하나님이 주신 자신의 소명을 확인함으로 극복하게 된 사례도 있었다.

> 십자가를 계속 묵상하다 보니까 기도가 바뀐 거예요.
> "보시기에 나를 통해서 하나님이 하시고자 하는 일이 뭐입니까?"
> 그때 하나님이 이렇게 말씀해 주셨어요.
> "네가 하나님의 말씀을 가르치고 복음을 전하는 일이 내가 너를 통해서 가장 하고 싶은 일이다!"
> 그래서 강한 확신을 가진 거죠.
> '내가 지금 신학 공부를 하고 주님의 길을 가는 것이 어떤 일보다 가장 가치 있는 일이고, 가장 영광스러운 길이구나!'(ML3, 6-7)

학교에서 문화적인 충격과 교수님들이 쓰는 외래어가 너무 어려웠지만 … 제가 굶을 때가 있었고 사 봐야 하는 도서를 사지 못하는 어려움도 있었어요. 그런데 그런 것들은 다 저에게는 별로 큰 문제 아니었어요. 하나님이 이끌어 가시는 그 의미와 제가 분명히 목적하는 그 소명이 있었으니까요(ML1, 15).

3. 환경적 요인

참여자들은 하나님이 환경을 열어 주시거나 때로는 막으시는 것을 통해 헌신 과정에서 겪는 어려움을 이겨냈다고 진술한다.

1) 환경이 열림

참여자들은 하나님이 환경을 열어 주셔서 탈북 과정의 어려움 중에 브로커를 만나기도 하였고, 경제적 어려움 중에는 하나님의 채우심을 경험했으며, 북녘에 있는 어머니가 탈북할 때 하나님이 도우시는 신비한 체험도 하였다.

제가 그 교회에서 3-4년을 보내면서 정이 들었어요.
"하나님, 하나님 뜻이면 저를 한국에 꼭 보내 주시고, 아니면 제가 여기서 교회를 섬기겠습니다. 그런데 만약에 저를 한국에 꼭 보내 주셔서 신학 공부를 하게 되면, 정말 북한이탈주민들에게 하나님을 전하는 북한 선교를 하겠습니다."
이렇게 40일 작정 기도가 끝났을 때 브로커가 딱 나온 거예요. 그래서 제가 한국으로 오게 되었습니다(FJ1, 6-7).
북한의 엄마와 30분 통화를 하는데, 믿음이 아직 없던 엄마가 "너를 만나려고 들어오는데 열차에서 보안원들이 여권 검열하다가 내 옆을 지나간 일들도 있었다"라고 말하는 것을 듣고 확신했죠. '하나님이 하시면 누구도 막을 수가 없다'(MY1, 16).

한 참여자는 신학교에 가기 힘든 상황임에도 불구하고 하나님의 인도하심으로 신학 공부를 하게 되었다.

> 나는 절차들도 모르고 시험 준비를 하나도 하지 않았는데, 신학교 입학 면접 때 심사관에게 "오직 어떻게 구원받는지 정도만 알고 있습니다. 오직 은혜로, 오직 말씀으로, 오직 믿음으로 이것 밖에는 모릅니다. 그리고 나는 북한에 예수님, 복음을 전하겠다는 그것 밖에 없습니다"라고 말했어요. 그리고 합격했는데, 그렇게 통과된 사람은 저 혼자인 것 같습니다(MK5, 6-7).

한 참여자는 예배당 이전을 위해 필요한 재정이 있었는데 경제적 여건이 매우 어려웠다. 그런데 한 교회에서 간증 집회를 하는 중 전혀 모르던 목사님으로부터 후원받게 되었고, 이전 입주자인 목사님의 도움으로 교회를 이전할 수 있었다.

> 그때 그 집회에 참석했던 분이 나에게 보낸 돈이 200만 원이었는데, 이게 임대료 2천만 원의 계약금과 같은 액수였어요. 그래서 확신이 딱 생기는 거예요. … 계약할 때, (예배당 이전 입주자인) 그 목사님이 이렇게 말씀하시는 거예요.
> "하나님의 집이 하나님의 집으로 사용 되어야지 세상 사람한테 이렇게 팔리면 되겠느냐!"
> 이분이 하나님께 기도했더니 하나님의 말씀이 이랬다는 거죠.
> "그는 내가 사랑하는 종이다. 나에게 한 거로 만족하라!"
> 와, 그분 마음이 바뀐 거예요!(FL1, 24-26).

2) 환경이 막힘

한 참여자는 탈북하여 남녘에 온 후 다시 중국으로 돌아가려 할 때 그 길이 막혔는데, 후에 이러한 어려움이 영적 지도자로 세우시기 위해 하나님이 행하신 것임을 깨달았다.

중국을 추방 형식으로 떠나 한국에 왔으니까 5년 후면 내가 다시 들어갈 수 있다고 생각했지요. 그런데 사실은 다 내 계산이고, 이 교회를 개척할 때 들었던 생각이 다시금 '영적 리더로서 살아가게 하시는 하나님의 섭리였구나'라고 생각을 했던 거예요. 중국에 있었으면 그냥 혁명가로 살았을지도 몰라요(MK1, 9-10).

한 참여자는 사역보다는 돈을 벌어야 하는 유혹을 받았을 때, 몸이 다치는 방법으로 하나님이 막으셨다. 그리고 참여자가 이전에 서원 기도를 하며 헌신했던 것을 하나님이 일깨워 주셨다.

한국에 와서 옆에 사람들의 영향으로, '아, 나도 저 사람들 따라 돈 벌어야 되'라고 생각했어요. 그런데 나가려고 하면 무릎, 발목 등이 3번이나 탁, 탁, 탁, 접질려서 못 갔어요. 하나님 막으시는 거죠. 그런데 자꾸만 약속을 어겼다는 마음이 들어오는 거예요. 내가 신학을 하겠다고 서원 기도한 것이 생각났습니다(FL2, 7).

3) 기도

죄와 유혹으로 인한 어려움과 남녘에서의 외로움을 겪을 때 극복하게 된 힘은 하나님께 드린 기도였음을 진술하였다.

우리 집 뒤에 인왕산이라고 있는데, 금식을 하면서 꼭대기까지 걸어서 올라가요. 거기서 주님을 부르고 소리치면서 울거든요. 그러면 주님이 어느 새인가 평안함을 주시고 말씀으로 인도해 주세요(FJ3, 7).
너무 힘들어 힘들다 보니까 가장 큰 장애물은 저에게는 극도의 외로움이라고 봅니다 … 고독감이 이따금 올 때는 그대로 하나님 앞에 나아가는 거 같아요. 사람이나 상황에 의지하기보다는 자기만의 시간을 가지고 하나님 앞에 나가서 기도하고 말씀을 읽으면서 견뎌내는 시간이 많이 있는 것 같아요(ML3-4).

저도 음욕으로 힘들었어요. 마음으로의 음욕도 간음이잖아요. 그게 너무 하나님 앞에서 떳떳하지 못해서 계속 기도하고 그랬는데, 그것도 이제 끊게 되었어요(MJ1, 17).

한 참여자는 자녀가 교통사고로 힘들 때 기도함을 통해 회복되는 체험을 하였다.

"아들에게 따뜻한 밥 한 그릇을 주지 못했다. 내가 정말 다시 한 번이라도 그들에게 사랑을 전할 수 있게 살려만 달라"고 몸서리치게 기도했죠. 그런데 내 마음 안에서 이렇게 말씀하시는 겁니다.
"딸아, 네가 뭘 걱정하느냐?
소망도 생명도 다 주께 있다"…
주일예배 끝나고 가니까.
어, 아들이 침대에서 일어나 앉아있는 거예요!(FL1, 16-17)

4) 말씀

어떤 참여자들은 어려움 중에 하나님이 주신 말씀으로 소망이 회복되었다.

히브리서 13장 8절 "주 예수는 어제나 오늘이나 영원하도록 동일하시다." 이 말씀을 통해 임마누엘의 하나님을 만났죠. 내 삶을 인도하신 하나님이 지금도 내 삶을 주관하고 계신다는 믿음과 확신이 있으니까 어떤 두려움과 염려 걱정도 전혀 없었어요(MY1, 19).
히브리서 12장 2절 "믿음의 주요 또 온전케 하시는 예수를 바라보라."
제가 할 수 있는 유일한 방법은 그렇게 넘어지고 허물을 뒤집어쓰는데도 소망이신 예수 그리스도 복음을 내가 믿은 거였어요. '하나님은 결코 나를 버리지 않을 것이다. 예수님은 나를 변화시켜 주실 것이다'라고 확신했습니다(ML1, 16).

어떤 참여자는 말씀을 통해서 고난의 의미와 하나님의 은혜를 깨달았다.

> 잠언 3장의, "너는 마음을 다하여 여호와를 오늘도 신뢰하라."라는 말씀은 이전 것은 지나고 새로운 사람이 되고 나니까 고난의 해석이 달라지는 거지요. 헌신과 어려움에 관해서 오히려 즐거워할 수 있는 거 같아요(MK3, 20).
> "옳소이다마는 개들도 제 주인의 상에서 떨어지는 부스러기를 먹나이다." 나는 그 부스러기 은혜로 10년 동안 평신도로 지탱했다고 봐요. … 이 여인처럼 이런 고백이 있었기 때문에 내가 교만하지 않을 수 있었고 배울 수 있었어요.
> "개들도 제 주인의 상에서 떨어지는 그 부스러기를 먹나이다."
> "주님, 나 부족한 거 맞아요. 그런데 저 은혜 주세요. 부스러기라도 주세요. 내가 이 땅에서 뭔가 떨어지는 게 있다면, 그거 보고 잘 배우겠습니다" (FY2, 18-19).

제6장

헌신 과정의 어려움 극복을 돕는 사람들

헌신 과정 중에 어려움을 겪었을 때, 주변의 사람들이 주는 도움을 받아 극복하였다고 22회 언급이 있었는데, 이를 정리해 보니 아래 표 11과 같이 다섯 가지 주제로 분류되었다.

헌신 과정의 어려움 극복을 돕는 사람들 (11명)	(1) 교인들 (6명) (2) 목사와 선교사 (5명) (3) 가족 (2명) (4) 일반인 (1명) (5) 동역자들 (1명)
헌신과정의 어려움을 극복하는 데 도움을 준 사람은?	

표 11. 헌신 과정의 어려움 극복을 돕는 사람들 (응답자)

1. 교인들

한 참여자는 남녘 교인들의 학비 지원으로 신학 공부를 시작할 수 있었다고 진술하였다.

> 남한에서 좌절을 겪으면서 그냥 평범하게 살아 보고 싶은 생각이 있었던 거예요. 그럴 때 저를 위해서 기도하시는 기도팀에서 신학교 가라고 등록금이 입금되더라고요. '이건 하나님이 가라고 하시는구나.' 결국 이런 작은 헌신들이 제가 옆길로 가지 못하게 했던 거예요(MK1, 7-8).

한 참여자는 개척하여 목회하는 중에 교회 이전에 필요한 재정적 어려움이 있었는데, 한 탈북민 교인이 자신의 정착금을 헌금하므로 교회 이전을 위한 도움을 받았다.

> 인간은 똑같아요. 저는 그렇게 보거든요. 대한민국에서 살아온 사람이나, 북한에서 살아온 사람이나, 중국에서 살아온 사람이나 우리가 어떻게 그들에게 신앙의 감동을 부어주느냐, 그들에게 은혜를 부어 주느냐가 중요하다는 것을 그때 알았어요. … 교회 철야 예배 때 "내가 다른 목사님들께 교회 이전을 도와 달라고 하였는데, 지원해 주는 교회들이 별로 없다"고 설교했어요. 그런데 그다음 날 세 가정이 찾아왔어요. 그분이 정착금 중 3,000만 원을 가지고 온 거예요. 정착금이라는 게 그들의 생명줄과 같고 생명을 보호받는 돈인데, 그때 그걸 가지고 왔을 때 성령의 감동이 저에게 임했어요(MK6, 12-13).

한 참여자는 교회를 이전하게 된 후에 처음 만난 상점 사장의 도움으로 교회의 난방기를 저렴하게 구입할 수 있었다.

> 성도들이 추워하는 것 때문에 내 마음이 더 추운 거예요. … 그래서 전자상가에 갔는데, 한 가게의 사장님이 내 말투가 좀 다르다고 하기에, 탈북자라고 했죠. … 교회에 난방기를 두려고 한다고 했어요. 그 사장님이 가만히 있더니 자기도 믿는 사람이라고 했어요. 그때 내가 가진 것은 30만 원 조금 더 되었어요. 그런데 그 난방기는 80만 원인데, 그분이 30만 원에 주더라고요 (MK2, 26-27).

개척하여 목회하던 한 참여자는 사역 중에 낙심되었을 때 하나님이 보내어 주신 북한이탈주민 새신자들로 인하여 위로가 되고 극복할 힘을 얻게 되었다.

> 하나님의 은혜로 같은 건물 1층 요양병원 어르신들 3명이 교회로 올라왔어요. 믿음이 있는 분들이었어요. 그분들은 헌금 만 원씩 했어요. … 하나님이 하신 일이 보이잖아요. 그리고 돕고 섬기는 자도 하나님이 보내주셨어요(FY2, 38).

헌신 이후에 남녘에서 목회하면서도 죄의 유혹에 빠져 방탕하게 살 때, 이전에 자신에게 신앙 훈련을 받았던 북한이탈주민 교인들을 통해서 자신의 소명을 다시 깨달았다.

> 중국에서 같은 탈북민 그룹에 있었던 가족이 대구에 살았거든요. … 자신들을 위해서 신앙을 인도하고 설교하면서 바른말만 하던 내가 여기에 와서는 세상에 빠져도 너무 많이 빠졌다는 소문을 들은 거예요.
> 그들이 내게 와서 물었습니다.
> "선생님, 어쩌다 이렇게 생활하고 있습니까?"
> 그말 듣고서 그 날 밤에 내가 너무나 마음이 아프더라고요(MK5, 18-19).

한 참여자는 탈북자로 잡혀서 중국의 북송(北送) 대기 감옥에 있을 때 받은 한 성도의 편지가 자신의 영적 침체를 회복케 하는 계기가 되었다.

> 감옥에 있을 때, 누군가가 갑자기 편지를 보내왔어요. 중국 교회 조선족 교회 지도자였는데 고모라고 하면서, 그런데 사실은 고모도 아니에요. 감옥은 친척 아니면 편지를 받아주지 않으니까 고모라고 한 거죠. … 이분이 내가 나오기까지 몇 년을 계속해서 편지를 보내주셨어요. 참 그 작은 편지가 나한테는 다시금 하나님께로 회복할 수 있도록 하는 힘이었던 거 같아요(MK1, 6-7).

2. 목사와 선교사

한 여성 참여자는 딸이 탈북 도중에 사망한 소식에 가슴 아파할 때, 출석하던 교회 담임 목사님의 위로가 큰 힘이 되었다.

> 제가 정신 못 차리고 숨이 꺽꺽 막히고 안 쉬어지니까요. 담임목사님이 오셨다고 하는데도 일어나지 못하겠더라구요. 눈앞에 하나도 아무것도 안 보이고, 제가 간신히 일어났는데, 담임 목사님이 말씀하시더라구요.
> "사람이 어떻게 위로를 해줘야 그 마음이 풀리겠는가?
> 사람이 위로할 수가 없다. 하나님이 위로를 주셔야지."
> 목사님도 눈물을 펑펑 흘리면서 저를 안고 위로해 주셨어요(FJ1, 10).

한 참여자는 중국에서 헌신하고 복음 전하는 사역을 하다가 남녘까지 와서 누명을 받게 되어 좌절하였는데, 한 선교사님이 이끌어 주심으로 새 힘을 얻게 되었다.

> 한국에 나오니까 국정원에서부터 나는 간첩이 되어 버렸어요. 26일 동안 감옥 독방에 있었지요. 중국에서 10년 감옥 생활하고 죽을 고비에서 살아왔는데 한국에 오니까 또 간첩이 되어버린 거예요. … 나를 끌어 준 우리 선교사님이 이렇게 적극적으로 끌어주는 힘이 있었던 거 같아요.
> "그래도 하나님께 가야 하고 지금 이해 안 돼도 일단은 가다 보면 왜 그렇게 하셨는지 알게 될 거다"(MK1, 7).

같은 지역의 한 남녘 교회 담임목사가 참여자에게 목회자 사례비를 지원해 줘서 큰 위로와 힘이 되었다고 진술한다.

> 이 교회를 개척하고서는 사례비를 못 받았어요. 그런데 개척한지 6년째 되는 해에 한 교회의 담임목사님이 이렇게 말씀하셨어요. …

"내가 6년 동안 지켜봤는데 성실하게 목회하는 것 같더라."
"사례비를 이제부터 우리 교회가 책임져 줄게!"
그러는데 괜히 감동이 오더라고요(MK6, 16-17).

3. 가족

한 참여자는 아버지가 헛되이 순교하지 않은 것임을 알면서, 자신이 하나님이 원한 것을 기억하고 방탕한 삶에서 돌아오게 되었다.

> 항상 제가 좀 엇나가려고 할 때마다 아버지의 그 마지막으로 봤던 그 눈빛이 계속 기억났어요. 하나님이 하도 말을 안 들으니까 아버지를 통해서 저의 마음을 계속 만지셨어요. 그리고 하나님이 직접 저를 데려가서 순교하신 아버지를 만나게 해서 마음이 회복되게 하시고, 때가 되어 저를 다시 부르셔서, 열 살 때 목사 되겠다고 했던 고백을 기억나게 하셨어요(MJ1, 9-10).

4. 일반인과 동역자

한 참여자는 신학생 가장(家長)으로 경제적 어려움이 있을 때, 알고 지내는 한 선배로부터 생각하지 않은 도움을 받아서 회복되었다.

> 월세 낼 돈 없어서 걱정되는 거예요.
> 그러던 어느 날 또 한 형님에게 전화가 왔어요.
> "너 돈 필요하지 요즘?
> 내가 80만 원 보낼게."
> 그 형은 나랑 친분도 없어요. 근데 내 돈 필요한 것을 어떻게 알았냐고요. 그래서 제가 "그러면 제가 지금 바쁘니까 조금 최대한 빨리 갚을게요."
> 그러자 돈을 갚지도 말라고 해요. 그럴 사람이 아니거든요(MJ1, 11).

제7장

헌신 이후의 변화

연구자는 연구 목적에 따라 참여자들에게 헌신 과정을 통해서 받게 된 영향은 무엇인지에 관해서 질문하였다. 헌신 이전의 삶과 헌신의 결심 요인 그리고 헌신 과정을 지나면서 받은 영향과 어려움을 극복하면서 받은 영향에 관해서 참여자들이 291회 언급하였다. 그리고 그 내용을 큰 범주로 분류한다.

- 헌신 이후의 변화,
- 헌신의 핵심 발견,
- 헌신 후 비전 설정 등으로 분류할 수 있었다.

특별히 처음 연구를 시작할 때의 초기 질문에는 헌신 후 변화에 관해서만 개방형으로 질문했는데, 면담이 진행되면서 참여자들이 생각하는 헌신의 핵심과 헌신 이후의 비전에 대한 범위까지 질문이 확장되었다.

24명의 참여자들이 헌신의 과정을 지내며 겪은 변화에 관해서 39개의 주요 주제로 정리하였고, 이를 아래 표 12와 같이 크게 네 가지로 재분류할 수 있었다. 즉, 관점의 변화, 이해의 변화, 깨달음 그리고 참여자 자신의 변화 등이다.

헌신 이후의 변화 (24명)	(1) 관점의 변화 (16명) 　　목회관 (12명), 북녘 선교관 (6명), 　　고난과 헌신의 의미 (3명) (2) 이해의 변화 (15명) 　　남녘 교회 (12명), 탈북민 (5명) (3) 깨달음 (11명) 　　훈련의 의미 (4명), 필요한 것 (4명), 　　나의 연약함 (3명) (4) 내 자신의 변화 (7명) 　　내려놓음 (3명), 하나님 중심 (2명)
당신은 헌신 이후에 어떤 변화가 있습니까?	

표 12. 헌신 이후의 변화 (응답자)

1. 관점의 변화

헌신 과정을 지나며 나타난 가장 큰 변화는 '관점의 변화'로 참여자들은 헌신 과정을 통해서 목회관, 북녘 선교관 그리고 고난의 의미에 대한 변화가 있었다.

1) 목회관

어느 참여자들은 목회 방향이 양적 성장에 치우치거나 자기 제자를 만들려고 했던 잘못된 것임을 발견하게 되었다.

> 여기 교회에 요즈음은 9명이 나오거든요. 단번에 영혼들이 떠나가니까 내 마음이 조금 상처받더라고요. …
> 하나님은 그 머릿수에 개념치 않으시고 한 영혼이라도 구원해서 하나님 앞에 똑바로 세우기를 원하시는구나!
> 내가 목회하는 방식이 틀렸구나. 새 신자 훈련을 많이 시켜야 하는데, 성경 공부를 많이 해야 하는데, 오전에 예배하고 오후에 예배를 성경 공부로 대처했거든요(MK2, 23).

> 제가 사역을 오래 해 가지고 청년 사역이든 무슨 사역이든, 지금은 신학생들도 있어요. 저는 교회 중심으로 사역을 안 하는 개념을 가지고 있어서 이렇게 말합니다.
> "여기서도 나가라!
> 어느 정도 준비됐으면 여기보다 더 어려운 교회가 있고 가정이 더 어렵고 복음 전해야 하면 주일날 오지 마라. … 하나님 인도대로 살아야지 내가 여러분을 붙들고 있는다는 거는 잘못된 것이었어.
> 하나님 방식이 아니다!"
> … 하나님의 영혼이지 우리 영혼이 아니지요. 머릿 수 채우는 부흥은 잘못된 표현 같아요. … 내 제자를 만드는 거 아니고 예수님 제자를 만드는 거거든요(MK3, 31-32).

한 참여자는 복음 전파 사역 대상이 북녘과 우리 민족 중심에서 모든 민족과 전 세계로 확장되었다.

> 목회자라고 부르심을 받았으면 하나님이 주시는 사명에 따라서 어디든지 갈 수 있는 사람인데 … 물론 하나님이 내 민족에게 더 많은 은혜를 주시고 내가 그 일에 쓰임 받기를 원하지만, 저는 영혼 구원에는 지역도 없고 국경도 없다고 생각합니다(MH2, 6).

한 참여자는 목회의 방향이 남녘 땅에 북녘 교회를 세우는 것이 되었다.

> 선교의 네비우스 정책을 생각해도 대한민국 안에 북한인 거죠. 저도 시작할 때는 '뭐 굳이 북한 교회가 필요하냐'라고 생각했는데. 시간이 지나면서 교회를 세워 보니까 '그래도 이분들이 여기서 마음 털어놓고 복음에 관해서 고민할 수 있는 장소가 여기구나'라고 생각합니다(MK1, 18-19).

목회에 있어서 이전에는 사람을 의지하였는데, 헌신 이후로는 하나님께 묻고 나의 최선이 아닌 하나님 중심으로 바뀌었다.

주님께 헌신하기 전까지는 비전이 뚜렷하지 않아서 항상 불안했던 것 같아요. … 하나님께 내 삶을 드렸다는 확신도 없었어요. … 이후에 구체적인 비전이 생긴 거죠. 하나님이 나를 통해서 북한의 복음화를 하시기를 원하고 계신다는 것을 깨달았어요(ML3, 7).

목회자들 앞에서 이렇게 고백했어요.

"내가 정말 지금까지 살아온 것이 하나님을 위해서 한다고 했지만 거짓이었다. … 남은 생은 하나님만 바라보며 갈 거다. 사람들을 쫓아 다니면서 그렇게 거지처럼 구걸하면서 하나님의 일을 하고 싶지 않다"(FL1, 20).

어떤 참여자들은 지역 교회의 한 목회자에게서 하나님이 자신의 성실한 목회 태도를 바라보고 계심을 확인하게 되었다.

그 분이 나를 보게 된 것도 목회자이니까 봤잖아요. 내가 목회자가 아니라면, … 어느 목회자가 이러는 분은 없을 거잖아요.

'저 탈북자는 어떻게 살까?'…

"아, 하나님은 우리의 앉고 섬도 아는 하나님이시구나!"

그러면서 내 스스로도 다듬어 지는 것이지요 (MK6, 18).

어떤 참여자들은 목회자로서 정체성을 확립하게 되는 변화가 있었다.

이전에는 목회자의 관점으로 성경을 봤는데, 이제는 팔삭동이 관점에서 보니 괴수를 위해서 예수님이 오셨다는 겁니다. 제가 괴수이고, 38년 된 병자인데 그런 나에게 하나님이 성경을 맡겨 주셨음을 알았습니다(MH1, 10). 탈북자들의 상처가 저는 제일 크다고 생각했었는데 일반 목회 현장에서 경험한 성도들의 삶은 형태만 다를 뿐이지 더 비참하고 더 힘든 상처들을 가지고 있더라는 거죠. … 예수님 친구가 안 된 사람에게는 다가가서 예수님의 친구, 그 다리 역할을 하는 것이 가장 큰 목표입니다(MH2, 7-8).

2) 북녘 선교관

북녘 선교관에 관해 어느 참여자는 북녘 내지 선교에 대한 정직한 사역 구분이 필요하다고 생각하게 되었으며, 또 다른 참여자는 무엇보다 한 영혼에 집중하여 하나님의 사람을 세워야 한다고 생각하게 되었다.

> 탈북자를 무조건 데리고 오는 건 아니라고 생각해요. 제가 이제는 현장에 가 보니까 너무 잘 알잖아요. 또 탈북자를 데리고 오는 사역도 잘 알잖아요. 어떤 일들이 일어나는가 하면, 그곳으로 팔려 가서 정말 고생하고 있는 분들은 데리고 와야겠죠. 그런데 어떤 사람들은 그곳에서 호적도 만들어서 그 교회에서 자리를 잡아가고 있는데, 그 사람들을 어떻게 꽤어서 데려오는 숫자를 채우려고 한국에 오면 그 가정은 또 분리되는 거지요 (MK6, 25).

어떤 참여자들은 기도 제목이 가족 중심에서 북녘 전체로 넓어졌고, 북녘 선교의 주체도 처음에는 북한이탈주민이라고 생각했지만, 하나님을 마음에 품은 모든 자들로 확장되었다.

> "하나님, 우리 딸을 살려 주세요. 우리 딸 만나게 해 주세요." 이렇게 기도했는데, 하나님이 저에게 이렇게 말씀하셨어요.
> "북한에서 지금 그렇게 고통받고 있는 사람이 너의 딸 한 명이냐? 얼마나 많은 사람이 고통을 받고 하나님 모르고 거기서 살고 있는데 … 나는 네가 딸 만을 위해서 기도하기를 원하지 않는다"(FJ1, 9).
> '북한 선교는 탈북민 목회자들과 탈북자들이 감당해야 하고, 또 하나님이 그렇게 쓰신다!'
> 그런 것들이 하나의 구호 같이 얘기를 했잖아요. 그런데 하나님이 나중에 북한의 문을 여시면 … 하나님의 마음을 품은 그 사람에게, 예수님의 친구가 되는 사람에게 저 땅을 주시리라 저는 생각합니다(MH2, 17).

3) 고난의 의미

한 참여자는 결핍이라는 고난을 통해서 하나님을 만났기 때문에 그 고난을 어려움이 아닌 감사로 여길 수 있게 되었다.

> 결핍을 통해서 하나님을 만날 수 있기 때문이죠. 그 사람의 결핍을 내가 다 해결해주면 그 사람은 나를 의지하게 되고 나의 노예가 되는 것이지 하나님의 것은 아닌 거죠. … 만사형통하게 해 달라고 기도하는 거는 하나님 방식은 아닌 거 같아요. … 우리의 그 고난이 고난으로 끝나는 것이 아니라, 고난이 축복으로 이어져서 하나님을 깊이 만날 수 있는 하나의 과정이 되는 거다 (MK3, 20-21, 22-23).

한 여성 참가자는 북녘에 두고 온 딸이 수용소에서 죽었다는 소식을 듣고 극심한 아픔을 겪었지만, 그 어려움을 통해서 오히려 하나님 안에서 성숙하게 되었다.

> 딸이 잘못됐다는 소식을 듣고, 그다음에 제가 한 2개월 힘들다가 교회 나가면서 하나님 저를 싹 치유해 주셨어요. … 간증할 때 이렇게 고백했어요. "그 한국에서 어려운 과정이 없었다면 오늘의 내가 없었을 것이다!" (FJ1, 11).

한 참가자는 북녘이나 중국의 어려운 환경이 오히려 자신의 훈련에 더 많은 가치를 주었다고 진술하였다.

> 제가 말씀에 대하여 구체적이고 체계적인 것은 부족하지만 어느 선교사들보다 중국에서 훈련을 더 많이 받았던 것이죠. … 남한을 보면서 '여기가 더 소망이 있나?' 그렇지는 않습니다. 하나님이 하실 일에 소망이 있다고 봅니다(MH1, 1).

또 다른 참여자는 이전에는 좌우 이념 중 한쪽으로만 치우쳤는데, 헌신 후에는 이념의 중립적 입장을 취하게 된 것도 변화였다고 진술한다.

> 제가 처음에 왔을 때까지만 해도 단체 대화방에 각종 우파적 관점 글들이 많이 올라왔어요. … 그러던 어느 날 성경적으로 보면 사랑해야 하지 않느냐 할 때 저는 이렇게 깨달았어요
> '그 땅에서 죽어간 사람들 아니고 그 사람들의 고통을 우리가 이해하지 못하는 이상 그 사람들에게 그런 말은 하지 말라'(MK1, 15-16).

2. 이해의 변화

헌신 과정 이후에 15명의 참여자는 남녘 교회와 북한이탈주민들에 대하여 더 많이 이해하고 공감하게 되었다.

1) 남녘 교회에 대한 공감과 이해

이전에는 보지 못했는데, 남녘 교회가 북한이탈주민에 대한 사랑과 이해에 힘쓰는 모습이 있음을 이해하고, 비록 남녘 교회가 때로는 사회적 비판을 받고 있지만 그 가운데에도 건강한 교회가 있음을 이해하게 되었다.

> 북한이탈주민과 남한 성도의 차이는 크게 없었어요. 조금 차이가 있다면 남한 교인들이 북한이탈주민들을 조금 더 이해해 주고, 섬겨 주는 것이라고 생각해요(MJ3, 11).
> 우리가 한국 교회를 마냥 비판해서만 안 되는 것은, 하나님의 마음을 기쁘게 하고 또한 하나님의 뜻을 이루어 가는 그런 교회들이 있다는 것이죠(MY1, 27-28).

한 참여자는 어린 나이에 목회자로 헌신하는 남녘 신학생들의 신앙을 높게 평가하게 되었다.

> 스물한 살 이때 다 성공하려고 이러는데 하나님 일을 한다는 건 영적이어서 쉽지 않죠. … 신학과를 택했다는 그 자체가 칭찬하고 싶어요 (FK1, 16-17).

한 참여자는 남녘 교회가 북한이탈주민 목회자들을 동역자로 인식하고 있다는 것을 발견하였다.

> 북한 선교 포럼을 했는데 북한이탈주민 목회자 9명이 발제자로 발표했어요. 그 의도는 하나님이 한국 교회 목사님들에게만 이야기하시는 것이 아니라, 우리에게 또한 이야기하신다는 것이죠. 한국 목사님들은 한 명도 발제자로 참석 안 시키고 북한이탈주민 목회자들만 발표했는데, 남한 교회 관계자들이 마지막까지 참여하는 모습을 보고 굉장히 감탄했어요 (MK4, 23).

4명의 참여자는 남녘 교인들이 겪는 신앙생활의 어려움을 공감하게 되었다.

> 인권과 같은 합리적인 거, 추구하는 가치들이 다 하나님을 믿고 헌신해 가는 것을 조롱하는 문화잖아요. 그래서 한국이 제일 어려운 것 같아요. 과거 제가 중국에서 살 때까지만 해도 한국 교회에 대한 편견이 있었어요. … 그런데 한국에 와보니까 이런 것을 느끼는 거예요.
> '야, 이 사람들이 진짜 고투(苦鬪)하는구나!
> 여기서도 진짜 싸움을 하고 있구나!
> 세상 속에서 넘어지지 않기 위해서 갈등하고 그나마 자기 신앙을 위해서 나와서 말씀 듣고 헌신하고 성경 공부하고 진짜 이것도 어렵구나' (MK1, 13-14).

> 사역 가운데서 저는 탈북자들의 상처가 제일 크고, 제일 어렵다고 생각을 했는데, 남한 교회 목회현장에서 경험한 성도들의 삶은 형태만 다를 뿐이지 상상도 하지 못하게 더 비참하고 힘든 상처들을 가지고 있는 거죠 (MH2, 8).

남녘 목회자들이 겪는 개척의 어려움은 북한이탈주민 목회자들보다 오히려 더 심하다는 것을 알게 되었다.

> 그래도 우리는 북한에서 왔기 때문에 한국의 교회가 얼마나 많이 도와주느냐 그리고 울며 돌아다니면서 얼마나 구걸질하고 가지고 오는가에 관심을 가졌죠. 그런데 한국에서 태어난 목회자들은 개척해도 누구도 도와주는 사람이 없어요. 저도 그런 개척교회에서 사역을 해봤기 때문에 알아요. 엄청나게 어렵고 힘들어 해요(FL2, 32).

남녘의 소외계층 사람들을 대상으로 사역을 하는 한 참여자는, 자신이 탈북 과정에서 경험한 버림받은 감정으로 그들의 어려움을 공감하게 되었다.

> 우리가 교도소에 잡혀도 보고, 초조와 긴장감을 모두 경험해 보았기 때문에 전도하는 데는 도움이 되더라고요. 하나님이 이런 것도 쓰시네요. … "나도 이렇게 비참했다. 나도 죄인이었는데 내 인생이 하나님의 스토리 안에 담겨 있었을 때 인생이 바뀐다. 너희들도 바뀔 수가 있다." 그들이 내 말을 듣는 걸 느낍니다. … 버림받은 자의 아픔, 지금 조금 바뀌었다고 하지만, 탈북자들은 '버림받았다'라고 봅니다. 300만 명이 굶어 죽어도 북한 정부가 눈곱만큼도 한 것이 없으니 버림받은 거지요(MK5, 11-12).

2) 북한이탈주민에 대한 공감과 이해

참여자들은 북한이탈주민이 스스로를 당연히 긍휼과 도움을 받을 대상이라고만 보아서는 안 된다고 진술한다.

한국 사람들이 먼저 되었든 나중에 되었든, 하나님은 그와 상관없이 나중 된 자에게 더 큰 그릇을 주시기도 한다는 것을 깨달았습니다.
"그러면 우리는 왜 먼저 손을 내밀지 않는가?
왜 먼저 이해할 수 없을까?
우리는 왜 계속 달라고만 하고,
우리를 계속 이해하여 받쳐 달라고만 하는 걸까!"(FL2, 31-32)
탈북자 중에 어떤 사람들은 이렇게 묻기도 합니다.
"우리가 이렇게 고생하면서 왔는데, 한국 교회는 왜 지원하지 않느냐?
왜 관심을 두지 않느냐?"
이런 사람들이 많아요. 저는 그 사람들에게 다음과 같이 이야기합니다.
"아! 우리도 고칠 게 너무 많구나. 우리가 뭐 그렇게 대단한 사람인가!"
한국 교회가 우리를 무조건 도와주어야 할 것은 없잖아요(MK6, 10).

한 탈북민 교회 담임목사는 교회 이전 문제로 재정이 어려웠지만 북한이탈주민으로 도움만 받는 타성에 젖어 있다고 생각해서 교인들과 어려움을 공유하지 않았다. 그러나 교인들이 스스로 교회를 세우기 위해 노력하는 성숙한 모습을 보게 되었다.

'아, 내가 너무 교만했구나!'
탈북자들은 무조건 안 되는 사람으로 제쳐 놓고, 저 사람들은 무조건 지원 받아야 되는 사람이라고 생각했거든요.
그때 제가 헌금에 관해서 이야기를 하지 않았어요.
왜냐?
헌금 이야기를 하면 그들이 교회에 안 나올까 봐 엄청 조심한 거였어요.
… 그런데 그 날 저녁에 그 설교에 감동을 받은 세 가정이 찾아온 거예요 (MK6, 12-13).

헌신 이후에 북한이탈주민들이 겪는 아픔을 공감하게 된 참여자는, 북녘에 남기고 온 가족이 겪는 어려움이나 남녘에서 북한이탈주민이 겪는 어려움에 관해서 공감하게 되었다.

> 탈북민들이 사역하면서 좋은 거는 '아, 내가 이들의 아픔을 아는구나.' 그러한 공감이지요. … 제가 북한이탈주민으로서 북한이탈주민 사역한다고 하는 것이 감사하죠(MK5, 8).
> 목회자인 나도 이런 환경에 부딪히면 힘든데 … 우리 교회의 한 탈북민이 대기업에 나가서 일했어요. 그런데 이 친구가 연평도 포사격이 났을 때, 직장에 갔더니 직장 상사가 하는 이런 말에 상처받았어요.
> "야, 너희 북한 놈들, 저거 봐!"
> 좋은 직장인데 그 상사와 싸우고 사표 쓰고 나왔어요.
> 그 사람도 대한민국 국민이지 북한 사람인가요?(MK6, 8-9)

한 참여자는 북녘 선교를 감당할 사람은 국적의 문제가 아니라 복음을 전하려는 열정이 있는 사람이라면 누구나 함께 할 수 있다고 공감하게 되었다.

> 북한 선교는 북한 사람이 해야 한다는 거는 반만 맞습니다. 나는 복음이 있는 사람이 북한 선교를 해야 한다고 생각하는 사람이에요. 북한 사람이라도 복음이 없으면 안 되는 거거든요.
> "북한 선교는 누구든지 같이 하는 거다!
> 복음이 있는 사람들이 하나님의 마음을 가지고 가면 그래서 변하는 거다!"
> (ML3, 19-20)

3. 깨달음

참여자들은 헌신 이전에는 느끼지 못했던 훈련의 의미를 깨달았고, 진정으로 필요한 것이 무엇인지 발견하였으며, 자신의 연약함을 인정하고, 말씀의 중요성을 깨닫기도 하였다.

1) 훈련의 의미

하나님이 신학 과정과 목회를 통해서 자신을 훈련하심을 깨닫게 되었다.

> 제가 신학교 가면서 기도했는데, "하나님! 왜 이제야 하나님이 저에게 길을 열어 주시는지 제가 알 것 같습니다." 10년 동안 저를 단련시키고 저의 모난 부분, 악습 그리고 내 성격을 다듬어 놓으신 거예요(FK4, 15).
>
> 목회를 시작한 이후 제 삶에 나타난 영향을 볼 때 저도 목회를 그만둘 수 있는 위기가 있었지요. 때로는 하나님이 나를 버리신 거 같은 고통의 시간도 있었고, 육체적으로 폐결핵 걸린 적도 있었지만, 그러나 그 모든 고난의 과정들을, 광야의 과정들을 통해서 하나님이 저에게 참 은혜를 주셨어요(ML1, 19-21).

한 참여자는 청년들이 교회를 떠나게 되어 어렵게 된 상황을 통해서, 그동안 경제적 손익으로만 계산하려 했던 자신을 돌아보며 하나님이 자신을 성숙시키심을 깨달았다.

> 하나님을 내가 믿지 않는 게 아니라 믿지만 사람한테 더 집중했다는 것이죠. '돈을 벌고 수입이 있는 청년들이 십일조도 내고 하니까 교회가 운영된다'는 이런 착각 속에 내가 살았더라고요. … 이런 과정에 관해 내가 깨달은 것은 하나님이 나를 더 온전하게 세우기 위해서 하신 작업이었더라고요(FL1, 28-29).

또한, 하나님이 남녘 교회를 통해서 북한이탈주민 목회자들을 훈련시키신다고 깨닫게 되므로, 북한이탈주민 헌신자들이 이러한 훈련 과정을 반드시 통과할 것을 권장한다.

탈북자들이 이곳에 와서 그냥 신학을 하고 바로 개척하면 안 됩니다. 저는 최하 5년은 한국 교회 안에서 사역 훈련을 받아야 한다고 봅니다.
우리는 북한에서 신앙생활을 안 했던 사람들이잖아요?
중국에서 잠깐 성경 공부하고 온 사람들이지요. 목회는 신학만 가지고 하는 것은 아니라 행정도 되어야 되지요. 그리고 사람들과 관계도 중요하고요. 신학생이면서 자기가 섬기는 교회 없이 졸업해서 무슨 개척을 한다는 겁니까?(MK6, 21)

2) 필요한 것

헌신하는 과정을 통해서 진정으로 필요한 것은 하나님 말씀이며 그리고 무엇보다 자신의 변화가 가장 필요한 것이라고 깨닫게 되었다.

신학교에서 강의를 듣다가 북한 사람들이 하나님을 알고 싶어 하는 마음이 있다는 것을 깨닫고 울었어요. … '하나님에 대하여 북한 사람들에게 알려 줘야 되는데' 그런 마음이 들었어요. 그러면서 내가 진짜 신학 공부를 온전히 해야 하겠다는 마음이 들었어요(FS2, 29).
목사 안수를 받을 때 나를 사랑하는 목사님이 "목사가 되기 전에 우선 사람이 되어야 한다." 그때는 제가 조금 기분이 나빴어요. 그런데 지금 생각해 보니까 이런 깨달음이 왔어요.
'그 목사님 진짜 유명한 말씀을 나에게 가르쳐 주었구나!'…
우리는 사람이잖아요. 나는 하나님 안에서 완성된 인격체는 없다고 봐요(MK6, 6).

그리고 어느 참여자는 헌신에 있어서 필요한 것이 '은혜'임을 깨닫게 되었다.

'육체적 부분은 하나님이 다듬어 주실 것이다!'

복음을 전하다 보면 이런 확신을 가지고 전하게 되죠. 한 달이건 두 달이건 시간을 정해 놓고 그다음에 내가 정결하게 된다면 투자해 볼 만한 시간인데 죽기 전에는 그건 절대 있을 수 없는 일이니까. … 우리는 주님 오시기까지, 우리가 죽기까지 그런 상황이다. 우리가 변화되는 것은 아니다. 그러니까 주님의 의로 덮이면 그 새까만 부분이 비교적 보이지 않는다. 그렇게 주님의 의를 덧입기 위해서 우리가 늘 자신을 살펴보고 그래야 하는 것이지 우리가 정결하게 되는 것이 절대로 아니라고 생각합니다 (MK4, 8-9).

3) 나의 연약함

한 참여자는 자신은 할 수 없고 하나님만이 하실 수 있음을 인정하게 되었다.

> 처음에 사역하면, 나를 통해서 세상이 변화되는 꿈을 꾸잖아요?
> 지금 2년 차가 되었는데, 이런 첫 번째 고백을 하게 되는 것 같아요.
> '내가 할 수 있는 게 없구나. 하나님이 하셔야 하는구나!'
> 최선을 다하는 것도 중요하지만, 결국에 변화시키는 것은 하나님이 하신다는 경험을 하고 있죠(ML3, 10).

한 참여자는 용서와 포용이 부족한 자신을 변화시키기 위해 다른 탈북민을 사용하셔서 10년 동안 훈련하신 하나님의 뜻을 발견하였다.

> 10년 동안 저의 모난 부분과 악습 등 내 성격을 다 다듬어 놓으신 거예요.
> 나를 힘들게 한 사람을 통해서 하나님이 나의 모습을 보게 하셨어요.
> '그래, 나도 그랬다. 그럴 수 있어.'
> 내가 얼마나 목사님 전도사님을 힘들게 했고 직분자들을 내가 얼마나 힘들게 했을까?
> 이렇게 이해하게 되었죠(FJ1, 15-16).

한 참여자는 탈북 과정 중에 겪은 안 좋은 경험 때문에 북한이탈주민들을 사랑하지 못하다가 자신의 연약함을 깨닫고 회개하게 되었다.

> 교회에 잘 안 오다가 뭘 준다고 그러면 와요. …
> "그렇게 하면 교인이 아니니까 오지 마세요!"
> 그분이 1년 동안 그렇게 행동하기에 교회에서 내보낸 거죠. …
> 하나님 앞에서 내가 사랑하지 못할 때마다 미움이 생기고, 내가 포기하고 싶을 때마다 물었거든요?
> "하나님, 내가 그동안 북한 사역 안 해서 주시는 벌이지요?
> 제가 벌을 달게 받겠습니다. 내가 사랑할 수 있게 도와주세요. 사랑하겠습니다"(FY2, 37).

4) 하나님의 섭리

참여자에게 자신을 향한 하나님 섭리의 가장 확실한 증거는 바로 자신을 구원하신 것이다. 그 체험은 북녘에 가서 복음의 증거가 되는 것이 하나님의 뜻이라는 것을 믿게 되었다.

> 내가 만약 하나님을 못 만났으면 엄청 타락했을 거예요. …
> 다섯 살 때부터 이렇게 외쳤어요.
> "김일성을 위해서 목숨을 바치자!"
> 김일성 역사에 관해서 해설하면서, 우상화하는데 제일 앞장섰던 사람이에요. 그러한 존재인데 하나님이 나를 그렇게 안아 주신 그것만으로도 황송하더라고요(FL1, 29).
> 정말 죄인처럼 살지 않던 분들도 많지 않아요?
> 그 사람들을 택하지 않고 왜 하필 정말 0.01퍼센트의 가능성도 없는 큰 죄인인 나를 하나님이 택해서 사역자, 동역자로 세우셨는가?
> 이는 분명 나를 통해서 저 북한 땅의 내처럼 생활했던 사람들에게 본보기와 깨우침으로 복음을 전하게 하심이죠(MK2, 1-2).

4. 내 자신의 변화

어느 참여자는 헌신 이후에 그동안 자신이 옳다고 하는 것을 내려놓게 되었다.

> 어려움이라는 거는 제 안에 자아가 죽지 않은 것이에요. 굉장히 제 안에 잘남이 많더라고요. 그런데 하나님이 이것을 다 깨시더라고요. 그리고 목회는 진짜 하나님이 다 하시더라고요(FS2, 13).

어떤 참여자들은 하나님을 중심에 두게 되면서 인간을 의지하지 않게 되었다.

> 하나님께 내 삶을 드린 후에는 흔들리지 않았던 거 같아요. 중심이 딱 잡혀 있었다고 해야죠. 하나님이 나를 붙들어 주신다는 것을 믿고 그 하나님의 손을 내가 붙들었던 거 같아요(ML3, 8).
> 내가 한다고 생각하면 다 하나님이 그걸 무너지게 하시더라고요. 그리고 철저히 사람을 의지하지 않게 하시더라고요(FS2, 29-30).

한 참여자는 헌신으로 인하여 이전에 술에 빠졌던 죄의 습관을 끊어 내게 되었다.

> 그 이후부터는 기도하는 것이 별로 어렵지 않았어요. 기도하면 말씀해 주시고, 꿈으로 보여주고, 환상을 보여주셨어요. … "너는 이제부터 술을 한 방울도 네 입에 대지도 말라"고 … 그래서 술을 보는 것도 조심했어요. … 하나님이 제가 죄를 지으면 개인적으로 통제를 해요. 이제는 끊은 거 같아요(MJ3, 3, 8-9).

한 참여자는 남녘에서 느낀 세상에 대한 두려움으로부터 자유롭게 되었다.

이 땅에서 밀려날 것 같은 두려움, 자칫 열심히 살지 못하면 북한에서 같이 가난하게 된다는 두려움이 있으니까 다들 열심히 살고 있어요. 그런데 저희가 예수님 믿고 예수님의 길을 가면서 세상의 여유로움을 포기한 대신에 마음의 여유로움으로 오히려 더 감사하고 기뻐하는 삶을 살 수 있는 거죠(MK1, 17).

헌신 이후의 변화를 요약하자면, 헌신은 하나님을 향한 나의 결단일 뿐 아니라 하나님께 드리는 행동을 포함하는 것으로, 북한이탈주민 목회자 자신에게 많은 변화를 주는 복된 과정이었다. 오랜 세월 굳어져 있던 생각과 편견이 무너지면서 하나님과 사역 그리고 주변 이웃과 세상에 대한 시각이 넓어졌다.

이와 같은 변화는 상대방을 이해하고 공감하게 되었고, 그러한 이해와 공감을 통해 그들과 함께해야 한다고 생각하게 되었다. 결국 '어떠한 일을 하느냐'라고 하는 Doing의 문제보다는 내가 '어떠한 헌신자가 되어야 하느냐'라고 하는 Being의 문제에 더 집중하게 되어 자신을 돌아보고 본질적인 것을 발견하게 된 것이다.

제8장

헌신의 핵심

참여자들에게 다음과 같이 질문했다.

"만약 다른 북한이탈주민이 하나님께 헌신하기 위하여 신학교에 입학하려고 한다면, 헌신에 있어서 가장 중요한 것이 무엇이라고 권면해 주겠습니까?"

이 질문에 대하여 94회 언급한 대답을 18개의 주요 주제로 분류하고, 아래 표 13과 같이 5개의 범주로 나눌 수 있었다.

헌신의 핵심 (27명)	(1) 사역 태도 (17명) 　　준비와 배움 (6명), 충성과 책임 (6명), 성장 (3명), 　　정체성 (2명), 균형감 (2명), 교회론 (2명)
당신은 헌신의 핵심이 무엇이라 생각합니까?	(2) 인성 (14명) 　　섬김 (8명), 나를 죽임 (3명) (3) 하나님 (8명) (4) 초심과 첫사랑 (4명) (5) 말씀 (3명)

표 13. 헌신의 핵심 (응답자)

1. 사역 태도

헌신의 핵심은 '사역 태도'라고 언급한 참여자들은 지속적 배움을 강조하였는데, 이러한 태도가 북녘 선교와 통일을 이끌어 간다고 진술한다.

"세상과 대화할 수 있는 지적인 영역에 뛰어들 마음을 가졌으면 이 공간(신학대학교)에 들어와라!

특별히 하나님의 길을 가고 신학을 하겠다고 마음을 먹었다면, 지적인 활동은 당연한 거다.

이걸 오늘 하지 못하면 안 된다!"

라고 이야기해주고 싶어요(ML2, 19).

"말씀도 그렇고, 지식도 그렇고 끊임없이 탐구하라!" …

무엇(What)도, 방법(How)도 모두 중요하거든요. 그렇기 때문에 이렇게 권면합니다.

"독서를 많이 하라!

목사는 학자를 꿈꿔야 한다!

공부해야 한다. 게을러지면 안 된다"(MK5, 12-13).

신학생 때 자신의 외적인 소명을 점검하는 것이 중요하다고 강조한다.

외적인 부르심에 대한 상당한 왜곡이 있습니다. 목회자의 자질이 준비 안 된 사람들이 있습니다. 왜곡된 목회자의 이미지는 몇 권의 책만 읽어보기만 해도 구분할 수 있을 것입니다(MH2, 13-14).

한 참여자는 지금 나에게 주어진 사명을 충실히 감당하는 책임을 다하지 않으면 헌신의 핵심을 놓친 것이라 할 수 있다고 진술한다.

헌신에 있어서 가장 중요한 거는 제가 지금 맡은 이 사역이잖아요. 이 양 떼들을 어떡하면 한 사람이라도 아름다운 꼴을 먹이고 변화 받게 하는 것이 중요하죠(FJ2, 15).

충성과 책임의 훈련을 위해 개척 전에 반드시 부 교역자 생활을 해 봐야 하는데, 무엇보다 훈련으로 예수님을 본받는 것이 중요하다.

북한이탈주민들은 쉽게 낙망하고, 삶이 무너질 확률이 너무 높아요. 그래서 이런 과정을 안 겪고 바로 개척하면 힘들게 되지요. 그리고 우리가 배우기는 했지만, 더 중요한 것은 그들에게 본이 되는 '작은 예수'가 되어야 합니다 (FS1, 22-23).

헌신에 있어서는 헌신자가 신학 과정은 물론, 그 이후에도 계속 성장하는 태도가 중요하다고 진술한다.

"시간이 약이니까, 목회도 해 보고, 시련도 겪어 보아야 하는데, 북녘에서만 시련이 있는 것이 아니다. 목회하면서 상처도 받아보고, 그러면서 성장하는 거다. 하나님이 만져 주신다."
이렇게 말합니다(MK6, 7).
나는 신학교에 가고 싶다면 가라고 그럽니다. 목회자의 길이 통일의 길과 똑같습니다. 시점으로 바라보는 게 아니고 과정으로 바라보는 것이죠. 만나서 가는 게 아니고 가면서 만나는 거죠(MH1, 30-31).

자신이 사역자 이전에 크리스천인지가 헌신자의 정체성을 점검하는 데에 헌신의 기준이라고 강조한다.

두 가지 질문을 끊임없이 해보라고 하고 싶어요. 첫 번째는 아래 질문에 바로 답할 수 있어야 된다.
'네가 혁명가냐?
아니면 크리스천이냐?' …
헌신에는 두 가지 헌신이죠. 육체적인 우리가 보이는 그런 나라를 위한 헌신. 그건 혁명가잖아요.
두 번째는 이 질문에도 바로 답할 수 있어야 된다.
'하나님 나라를 위한 헌신 그 가운데서 우리는 늘 크리스천이냐?'
그렇게 얘기하고 싶은 거죠(MK1, 16-17).

어떤 참여자들은 헌신자로 헌신한다면 말씀과 기도, 영성과 전문성에 대한 균형이 있어야 한다고 진술한다.

> 말씀을 철저히 준비해야 해요. 그리고 기도해야 하지요. 이렇게 두 바퀴가 함께 굴러가야 하지요. 기도만으로도 안 되고 말씀만으로도 안 되죠. 말씀과 기도로 하나님과 교통하심이 있어야 합니다(FK2, 15).
> 너무 어려운 것은 균형인 것 같아요. 헌신은 단순히 뜨거움만으로 되는 것이 아니고 뜨거움과 믿음이 먼저 바탕이 되고 전문성도 갖추어야 합니다(MJ2, 18-19).

헌신에 있어서 성경적 교회론을 갖는 것이 중요한데, 그 이유는 복음이 전파되는 목적이 북녘에 교회가 세워지는 것이기 때문이다. 그러므로 헌신자들은 성공 주의에서 벗어나야 한다고 진술한다.

> 어떻게 하면 우리가 성도들을 잘 섬길 것이며, 성도들이 그 안에 일원이 되는 것을 잘 정립해 나가도록 하기 위해서, 북한이라고 하는 특수한 상황 속에서 가르칠 것인지에 대한 부분에 힘쓸 겁니다(MK2, 15).
> 누구나 다 대형 교회 목사가 되어서 명예를 얻고 싶어 하고, 부를 얻고 싶어 하죠. 탈북민들이라고 하니까 관심도 가져주고 또 탈북민들에게 신학의 길의 문이 많이 열리게 되어 (헌신의 길로) 들어서는 것도 있는 거 같아요 (MJ1, 21-22).

2. 인성(人性)

헌신의 핵심에 관해서 두 번째로 많은 참여자가 인성을 언급하였는데, 주요한 내용은 섬김과 나를 죽임이다. 한 참여자는 다른 사람과의 구분이 없는 동등한 신분으로 섬기는 것이 중요하다고 진술한다.

섬긴다고 그러면서 리더로서 완장을 차는 순간 주님이 안 보인다고 그럽니다. 그래서 제가 목사라고 타이틀을 달면서 뒤에다 제 떡 그릇도 못 놓게 합니다. 절대로 목사님 용을 별도로 구별하지 못하게 합니다. … 훗날 북한 땅에 갔을 때, 나는 "하나도 구별된 것 없이 평신도로 살았습니다"라고 당당하게 말을 할 겁니다(MH1, 25).
우리 교회는 직분은 있지만 다 형제, 자매라고 불러요. "우리는 다 주님 앞에 똑같은 백성이고 하나님의 자녀이다. 직분을 가질수록 우리는 군림하는 것이 아니라 섬겨야 한다"(ML1, 22).

한 참여자는 헌신이란 타인을 위한 것이라고 정의하였다.

헌신은 나를 위한 것이 아니라 주변의 다른 사람들을 위한 것으로 생각해요(FK4, 16).

헌신은 자기를 내려놓고 하나님께 집중하는 것이며, 십자가를 통해 나를 죽임으로 주님이 주인이심을 회복하는 경건의 삶이라고 정의한다.

"나는 후배들이 신학을 공부한다고 한다면, 자신을 내려놔라!"
이렇게 말할 겁니다. 나를 내려놓아야 하나님이 역사하시죠(MC1, 21).
십자가의 깊이가 다르게 느껴져요. '나는 늘 죽어야 하는 존재'라고 생각해요. 예수 그리스도가 결국 우리가 죽을 때 살리는 그 생각이 드네요(MK3, 25).

목회자로의 헌신에 있어서 인격적 목회를 해야 함이 강조되었다.

제일 중요한 것은 인성(人性)인 것 같아요. 어떻게 보면 목회에서는 전부일 정도로 요즘 인성이 중요하죠(MJ1, 21).
중심이 묻어나오는 그런 행동과 발언들이 진짜 중요하다고 봐요. 왜냐하면, 사람을 변화시킨다면 그런 게 필요하잖아요(FY1, 19-20).

3. 하나님

어떤 참여자들은 헌신에 가장 중요한 핵심은 '하나님'이며, 이는 하나님의 주재권(主宰權)을 인정하고, 하나님께 순종하며, 하나님과의 관계를 중요하게 여기는 것이라고 주장한다. 그중에 하나님의 뜻이 무엇인가를 분명히 분별해야 한다는 내용이 있다.

> 아버지의 뜻이 뭔가를 계속 질문하고 아버지의 마음을 알아가야 하는 목회자가 되기를 원해요. … 목회자로 그리고 헌신자로 헌신이 되었으면 하나님이 기뻐하시는 뜻이 무엇인지, 아버지의 마음이 지금 당장에 어떤 뜻인지를 계속해서 질문해 보아야 합니다(MH1, 31-32).
> 사역적, 사회적 그리고 교회적으로 많은 어려움이 있겠지만 이것을 이겨내는 힘은 진짜 하나님께 집중하고 하나님을 붙드는 것 밖에는 답이 없지요. … 주님의 복음 앞에 들어가고 십자가로 가까이 다가가려고 자기가 은혜 앞에 가다 보면 구체적인 방안을 주님이 알려 주시는 거예요. … 저는 그렇게 얘기해 줄 것 같습니다.
> "하나님께 집중하라!"
> 이것은 제 사역의 모토(motto)입니다(ML3, 21-22).

한 참여자에게 헌신이란 나의 결정이 아니라 하나님이 쓰시는 것이기에 하나님의 뜻을 기다려야 하며 그리고 그분의 이끄심을 따라야 한다고 진술한다.

> 며칠 전에도 신학을 하겠다고 하는 여자 분에게 첫 번째로 물었어요.
> "하나님이 분명히 너에게 사인을 주셨냐?"
> 왜냐하면, 한국 분들은 모르겠는데, 탈북민들은 한국에 와서 신학을 한 분들이 많아요. 그리고 나중에 사역을 안 하시는 분들이 많고, 사역을 하더라도 인간적인 방법으로 사역을 하시는 분들이 많이 보이거든요. 그래서 제가 처음 강조하는 것은 이것입니다.

> "네가 말하지 말고, 주님, 말씀해 주십시오!"
> 1년이든 2년이든 기다려서 진짜 사인을 받고 가라(FL2, 30).
> 헌신은 내가 하는 게 아니에요. 헌신하려고 해도 내가 할 수 없어요. 어떻게 할지를 모른다는 말이에요. 나는 안 하려고 해도 하나님이 하려고 하시면 하나님이 이끄는 데로 가면 되지요(MC1, 17).

또한, 어느 참여자들은 헌신이란 하나님이 우리에게 주신 무한한 사랑에 대한 반응이며, 예수님의 헌신을 발견하여 하나님의 백성들을 섬기는 것으로, 행위보다는 은혜로 구원받은 존재가 더 중요하다고 진술한다.

> 다만 십자가 앞에 나아가 늘 하나님과 대면할 때, 예수님과 같이 살 수 없지만, 주님을 닮아 가려 하고, 주님처럼 살아 보려고 하며 몸부림치는 그러한 과정 중에 저를 통해서 하나님이 사용하시는 것이죠. … 헌신이란 하나님의 사랑을 받은 자로서 하나님 앞에 나아가는 거죠. … 은혜라는 단어가 좀 더 적합한 표현이라 쓰고 싶어요. … 하나님은 늘 Doing이 아니고 Being이 되라고 말씀하시는 것 같고, 그랬을 때 제가 누구든 하나님이 만나게 하시면 만나는 사람을 통해서 하나님을 드러내는 거죠(MK3, 19, 22, 25).
> 하나님과의 관계를 이뤄야 한다. 기도하든 혹은 말씀을 보든 다른 방법을 쓰든 개인적으로 하나님을 만나야 하고, 신학교에 간다면 내 생각을 따라서 하지 말고, 하나님의 응답을 받아야 한다(MJ3, 11).

4. 초심과 첫사랑

하나님과의 첫사랑과 그때 가졌던 신앙의 초심을 지키는 것이 헌신에 있어서 핵심이라고 진술한다.

> 헌신한 목회자들이 순수성을 잃어버리지 않으면 좋겠다(FJ2, 16).

중요한 것은 스스로를 지키는 거라고 생각을 해요. 그 초심을 잊지 않고 살아가는 모습 그것이 중요하죠(MK1, 14).

5. 말씀

헌신의 핵심은 스스로 말씀을 읽고 연구하여 복음을 전할 수 있는 것이다.

어느 정도 성경 지식이 있어도 말씀을 듣지 않고는 복음을 전하는 사람이 되기가 어렵더라고요. 자기가 스스로 말씀을 듣고, 말씀을 찾아내고, 스스로 말씀을 여기다 새기지 않으면 복음을 전하기는 어려운 거죠(MK4, 10).

헌신의 핵심은 말씀이 삶으로 준행되는 것이라고 진술한다.

우리가 말씀을 듣는 것에 만족하자는 건 아니잖아요. 내 삶이 변화되어야 하는 거죠. 배운 걸 얼마나 내 것으로 만들었느냐 하는 것이 기본이잖아요(FY1, 23).

참여자들이 진술한 헌신의 핵심을 요약하자면, 내적인 요인으로 사역태도와 헌신자의 인성을 언급했다. 이는 헌신자의 마음과 자세를 나타내는 중요한 두 요인으로써, 보이는 사역의 열매보다 더 중요한 것이 헌신자의 내적 모습이라고 분석할 수 있다.

그리고 헌신의 핵심으로 강조한 것은 하나님과의 관계로써, 헌신의 중심에 하나님을 두고 나의 위치도 하나님과의 관계 속에 두어야 한다. 그래서 이러한 관계 정립을 기반으로 출발한 헌신의 첫 마음과 첫사랑을 잊지 않고 회복하는 것은 중요한 요인이라 할 수 있다. 그리고 사람과의 관계와 세상과의 섬김과 인격에서 나오는 영향력이 헌신에 있어서 중요함이 드러났다.

제9장

헌신 후 비전

참여자들은 헌신 이후의 변화를 통해 정리된 이후의 비전에 관해서 77회 언급하였는데, 이 비전에 대하여 분석해 보니 34개의 주제로 분류되고, 이 주제들을 다시 아래 표 14와 같이 10개의 주제로 분석하였다.

헌신 이후의 비전 (29명)	(1) 목회 (14명) (2) 북녘 선교 (10명) (3) 다음 세대 준비 (8명)
당신은 헌신 이후에 어떤 비전이 있습니까?	(4) 세계 선교 (4명) (5) 학문과 연구 (4명) (6) 북한이탈주민 부서 (3명) (7) 섬김 (3명) (8) 교회 개척 (3명) (9) 남북의 연합 (2명) (10) 본이 되는 삶 (2명)

표 14. 헌신 이후의 비전 (응답자)

1. 목회

헌신 과정 이후의 비전이 목회라고 답변한 참여자들은 사회에 영향을 주는 목회, 영혼에 집중하는 목회, 일꾼 양성에 집중하는 목회 그리고 말씀(복음)을 중심에 두는 목회 등을 할 것이라고 진술했다.

1) 사회 영향력

참여자들은 앞으로 비전이 사역을 통해서 사회에 영향을 미쳐 본(本)을 보여 복음을 전파하기를 원하였다.

> 교회가 건강하게 잘 세워져서 한국 사회에 좋은 영향을 미치고, 더 이상 특별하지 않은 그런 교회가 되는 것이 가장 아름다운 교회이고 바람직한 교회가 아닐까 그렇게 생각해요. … 진짜 삶으로 살아내는 제자로서 사람들에게 영향을 주고 싶다'(MK1, 18, 21).
> 개인적인 비전은 '존재로 설명이 가능한 사람'이 되는 것으로 생각합니다. 뭔가 내가 말을 하거나 어떤 행동을 취해서 저 사람들이 아는 것 보다는 그냥 존재로 설명이 가능한 사람!
> 이것이 저 안에 있는 비전인 것 같아요(ML3, 18).

다른 사람들을 돌보는 사업을 개발하거나 세상에서 소외되고 사랑받지 못한 자들이 찾아와서 편안하게 예배드리는 교회, 많은 사람이 공유하는 교회를 꿈꾸고 있다.

> 돌보는 사역이 그리스도인에게 주시는 소명이라고 생각한다. 그 소명 의식을 가지고 내가 변호사가 되든지, 의사가 되든지, 교사가 되든지 이 모든 사역들을 해 나가는 데에 중점을 두고 사역을 준비하면서 사역 영역이 좀 확장이 됐어요(MY1, 31).
> 이 땅에서 소외된 사람들이 주님의 사랑을 느낄 수 있는 그런 교회를 꿈꿔 왔거든요. 그냥 북한 사람만 아니라 남한 사람이나 어느 나라 사람이든 이 땅에서 갈 곳 없는 사람들은 다 우리 교회로 와서 주님의 사랑을 느낄 수 있는 게 제가 바라 왔던 거예요(FJ3, 11).

세상이 인정하는 교회와 목회, 돈이 없어도 행복을 누리며 나타내는 것이 비전이라고 진술한다.

지금 현재는 하나님으로부터 인정받아야 하지만, 또 세상 사람들과 교회 성도들 안에서도 인정받는 것이 가장 좋은 모습이 아닐까 생각해요 (FS1, 25).

우리는 끊임없이 아주 겸손함, 평범함 그리고 소박함을 추구해서 '성도들이 와서 이렇게 살면서도 행복하게 살 수 있구나'라는 것을 보여줘야 합니다. 그러나 이러한 것과 '화려하게 예수 믿는 사람들도 잘 살 수 있어 라는 것을 보여 주는 것'과의 사이에서 갈등이 있는 거예요. 그래서 저희는 그 사람들만큼 잘 살고 더 잘 사는 것을 보여 주는 것이 아니라, '그것이 아니지만 진짜 그 소박하게 살지만 행복하게 살고 기쁘게 살 수 있다는 것을 보여 주는 것이 옳다'라는 것을 선택해야 하는 거지요(MK1, 12-13).

2) 영혼에 집중

어떤 참여자는 한 영혼에 집중하며 포기하지 않는 목회를 꿈꾸고 있다.

"북한 선교와 세계 선교의 비전을 품고 교회를 개척했지만, 사역을 목적으로 하는 교회가 아니라 한 영혼, 한 영혼을 하나님의 온전한 예배자로 세우는 것이다." 그게 가장 주된 목적이죠(MY1, 26-27).

예수를 믿는 한 명의 군사를 세우는 게 어찌 보면 교회가 하나님 앞에 예수의 군사로 분명하게 섰을 때 주님 통일을 허락해 주실 줄 믿습니다. … 그러니까, 우리는 이것에 관심을 가지고 내가 예수의 군사로 어느 정도 준비된 상태인지 다시 한 번 체크하고 믿음으로 말씀과 기도로 믿음을 성장해 갈수 있지, 누가 말해서 될 일이 아니거든요(FJ2, 16).

3) 일꾼 양성

어느 참여자들은 북녘의 어려운 아이들을 위해 일꾼을 양성하는 것이 비전이라고 진술한다.

> 지금 북한에 고아가 60만이 있어요. 그리고 학력 미달자들, 97년 고난의 행군 이후로 학교에 가지 못 한 사람들이 400만이 있어요. 북한 사람들이 지금 돈과 마약, 힘의 논리에 빠져서 살고 있어요. 그 사람들을 변화시키는 그걸 해보겠다는 준비된 사람들을 여기에서 키우고 싶어요(FS2, 31).
>
> 제가 원하는 것은 … 예수님을 따라다녔던 제자들이 쓴 그 제자훈련 교재인 성경을 가지고, 그 안에서 걸어 다니신 그 예수님을 가르치는 겁니다. 내 딸이 시간이 지나갈수록 커가는 그 눈높이에 맞춰서 내가 그 언어로 풀어내서 딸에게 같이 그 방향을 나누어 줘서 딸도 그 안에서 예수님을 따라 갈 수 있도록 해주자는 마음이 생겼습니다(MH1, 9).

한 참여자는 함께 제자의 길을 걸어가며 일꾼을 키워 나가는 것이 중요하고, 또 다른 참여자는 평신도 양성에 집중할 것이라고 말한다.

> 예수님의 제자라는 의미는 바로 사부님과 같은 사람이라는 의미지요. 제가 그런 제자가 되어 가고, 그런 사람들을 준비시키다가 같이 제자로 세워져 가는 것이 저의 큰 비전입니다. 바른 리더라고 하는 것은 무리를 온전히 이끌고 가는 것이 아니고, 바른 리더를 만들어 내는 것으로 생각해요(MK4, 15-16).
>
> 어떠한 타이틀을 가진 것보다 평신도로서 복음에 사로잡힌 일꾼들이 세워지는 것이 앞으로 북한의 복음화와 북한 사역을 이루어 가는 데 효과적일 뿐 아니라, 어쩌면 바른 교회를 세워 가는 데 귀한 주춧돌이 되겠다고 생각해요(MY1, 30-31).

4) 말씀 중심

한 참여자는 말씀 중심으로 목회하는 것이 앞으로의 비전이었다.

> 내 비전으로 본다면, 내가 복음주의자가 될지는 모르지만, 나는 말씀을 많이 가르치는 사람이 될 거예요. 그런데 어떤 말씀을 가르쳐주느냐가 중요

한데, 지금 배우는 모든 것을 가르치는 거예요. … 제가 하나님의 사역자로 선다면 제 삶의 최고의 말씀을 그들에게 가르쳐 줄 거예요. 내가 받았던 말씀과 성경 속에 있는 하나님의 마음을 그들에게 주는 비전으로 가고 있어요. 그 대상이 탈북민이든 한국인이든 개의치 않습니다(MB1, 19).

2. 북녘 선교

헌신 이후의 비전이 북녘 선교라고 답한 참여자 중에는 북녘 선교를 위해 전도 방법을 구체적으로 세워나가는 생각을 품고 기도로 준비하고 있었다.

한국 교회에는 복음에 관한 좋은 교재들이 얼마나 많아요. 그것들을 잘 다듬어서 북한에 무작위로 자꾸 뿌리는 거예요. 그래서 저 사람들이 복음을 알면 저 사람들은 스스로 일어나는 거예요(MK5, 26-27).
내가 밥 한 숟가락 때문에 여기까지 왔는데 지금 그들에게 제일 궁핍한 거는 의식주 문제잖아요?
그들에게 필요한 양식을 주면서 영의 양식인 복음을 전하는 거죠. 먹으면서 안 듣는 것 같아도 다 들어요!
그래서 이 프로그램을 준수하여 내 것으로 만들고 싶었고, 언젠가는 열린다고 생각해요. 어디서든지 펼쳐 놓고 주면 돼요(FS1, 25-26).

자신을 사역자로 부르신 것은 하나님이 북녘으로 보내셔서 복음을 전하는 종으로 사용하기 위함이며, 북녘땅에서 순교하는 것이 비전인 참여자도 있다.

비전을 주시는데 '네 고향 땅에 가서 그 사람들(죄인들) 모여 놓고 너 입으로 설교하라.' 그러려고 하나님이 나를 주의 종으로 삼으신 것 같아요 (MK2, 28).
북한이 분명히 하나님의 계획 속에 있는 땅이고, 나를 저 땅에서 인도하신 이유라면 내가 북한 땅에 가서 순교하는 게 맞는다고 생각해요. "저를 나중에 하나님 때 북한으로 보내 주시면, 그곳에 가서 복음 전하고 그 땅에서 순교하겠습니다." 이렇게 기도했어요. 이 땅에서는 연습인 거 같아요 (FY2, 39-40).

교회 개척에 대한 비전을 품은 참여자 중에는 북녘에 교회를 재건하는 것이 자신의 마지막 비전이라고 진술한다.

하나님이 허락해 주신다면 북한에 100개 교회 설립 비전이 있어요. …
북한 땅에 하나님 나라를 세워 내는 것!
교회를 회복시키고 하나님의 나라를 회복시키는 거겠죠?
그게 저에게는 최종적인 비전이죠(ML3, 18).
북한이탈주민들이 헌신을 배우고 자기 비하를 다 배우고 그래서 진짜 주님 앞에 섰을 때 바울처럼 이렇게 말하는 사람들로 키우는 사역을 우리 교회에서 하고 싶어요.
"달려갈 길을 마치고 왔습니다!"
북한에 가서 정말 내 모든 것을 바쳐서 북한의 교회를 재건하는 게 제 헌신의 마무리지요(FS2, 32).

북녘 선교는 북한이탈주민이 주역이 되어야 한다고 말하는 참여자와 그를 위해 용사와 같은 사역자를 훈련해야 한다는 참여자가 있다.

우리는 훈련이 덜 된 상태에서 현장에 뛰어 들어가는 부분이 많다고 보니까, 사실은 그렇게 보일 수밖에 없는 거죠. 그런데도 북녘 선교는 북녘 사람들이 해야 한다고 봅니다(MK4, 13).
한국 교회에서는 탈북하여 나오는 탈북자들을 300명의 기드온 용사처럼 키움과 동시에 북한에 있는 지하교인들을 하나님의 일꾼으로 키워서 점조직으로 일하게 해야 합니다(MC1, 24).

3. 다음 세대 준비

청년 사역에 대한 비전을 가진 한 참여자는 청년 사역을 "못자리 선교"라고 표현하며 북한이탈주민과 남녘 청년들에게 복음을 전하고 있다.

> 하나님이 저에게 다음 세대에 대한 비전을 주시면서, 우리 교회가 "못자리 교회"라고 말씀하셨어요. 그래서 저는 깨달았습니다.
> '통일 한국의 주역으로 복음 통일을 위해서 이미 이들을 여기에서 하나님의 사람으로 만들어 준비하길 원하는구나!'(FL1, 32-33)

북녘 내지에 학교를 못 다니는 아이들에게 교육을 제공하거나 북녘 고아들을 돕고 싶다고 진술한다.

> 기도하고 있어요. 북한 고아들을 진심으로 돌봐 줄 사람을 만나게 해 주셔서 그 고아들을 좀 굶지 않게 돌보고 싶은 그런 마음이 있어요. 일단은 영적인 말씀은 못 들어 봐도 육체적인 거라도 먼저 먹여야 한다는 마음을 받았어요.(FK1, 14).

직접 만든 성경 공부 교재로 북한이탈주민 대안학교에서 가르치는 등 다음 세대를 위해서 사역하는 것이 헌신자들의 비전이었다.

> 하나님이 그 마음을 주셔서 기도하는 과정에 지금은 한 달 전에 북한이탈주민 2세 대안학교에서, 지금까지 준비했던 그 강의안으로 성경 공부도 하고, 아이들과 뛰어놀고, 복음을 전하는 일을 하는 거죠(MJ1, 16).
> 다음 세대가 너무 중요한데 지금 방치되어 있잖아요. 제가 지금 사회복지 공부를 하고 있거든요. 하나님이 길을 어떻게 열어 주실지 모르겠지만, 열리면 다음 세대를 케어하고 싶어요(FK3, 18).

4. 세계 선교

세계 선교의 비전을 가지고 '선교하는 탈북민 교회', '선교하는 탈북민'의 비전을 구체적으로 진행하고 있었다.

> 개척하면서도 탈북민 교회로서 누구의 도움을 구하는 것이 아니라, 전도하고 선교하는 교회가 되려고 해요. 북한이탈주민 교회로서 북한이탈주민 사역에 국한되지 않고 모든 사람을 그리스도 안에서 하나로 만드시기를 원하시는 하나님의 비전이, 미약하지만 우리 교회를 통해서도 한 걸음 나가야 한다는 생각이 있었던 거죠(MY1, 24-25).

5. 학문과 연구

앞으로 목회자로서 공부와 연구를 하는 것이 중요하다고 응답한 참여자는 시대의 변화에 맞추어 계속 연구해야 할 필요성을 인식하고 있었다.

> 앞으로 한국이 경제적으로도 발전을 계속해 갈 겁니다. 이미 의식주 문제는 해결된 세상이라고 하잖아요. 이제는 목회자들이 공부하지 않고 연구하지 않으면, 교회가 앞으로 구심점을 잃지 않고 가기가 쉽지 않다고 봅니다(MK6, 20).
> 좀 더 지적인 토양을 가지는 차원을 넘어서 이제는 변증까지 가능한 기독교 교육이 필요하다는 생각합니다. 그리고 북한이 열리면 그곳에 잠재한 하나의 이데올로기를 박차고, 사상을 넘어갈 수 있는 것까지 고민해 보다 보니까 좀 더 종교학과 철학적인 부분을 많이 생각하고 있거든요(ML2, 15).

6. 북한이탈주민 부서

북한이탈주민 부서 발전이 앞으로의 사역 비전으로, 북한이탈주민 교인이 훈련되고 성장되어 교회의 일군이 되기를 기대하고 있다.

> 이제는 6명 집사님들이 세워졌기 때문에 내후년에는 권사님들로 출마할 수도 있고, 거기에서 이제 헌신하시는 분들도 나올 거예요. 2명이 찬양대에 소속되어서 찬양하고 있고, 한 엄마는 장애인 부서를 맡아서 율동도 가르치며 헌신하시는 분도 있어서 감사하죠(FS1, 24).
> 현재 남한에 예술단은 한 30개 즈음 되는데, 그런데 북한이탈주민들이 하나님께 드리는 합창단은 없잖아요. 북한이탈주민들을 위주로 해서, 한 50명에서 100명의 성가대를 만들 생각이거든요. 앞으로 통일을 대비해야 합니다. 북한에서도 사상 선전의 도구로 음악을 사용하는 것과 같거든요 (MH3, 14-16).

7. 섬김

앞으로 북녘에서 해야 할 목회의 중심은 섬김이기 때문에, 남녘 교인들과 함께 기도하며 사회복지사로 봉사하거나, 북한이탈주민 정착을 위한 비전이 있었다.

> 저는 예수님의 섬김으로 이런 복지시설이나 요양원을 하는 교회를 꿈꿔요. … 북한이탈주민 사역은 함께 준비해서 그리스도의 군사가 되어야지, 문이 열렸을 때 그들에게 영향력을 끼칠 수 있다고 생각해요(FK2, 12-13).
> 이곳에 세운 펜션은 저희가 헌신의 목적으로 시작한 거예요. … '목회자들과 북한이탈주민 목회자들도 쉴 공간이 많이 없다. 잠깐 들어와서 마음 놓고 쉬고 갈 수 있는 공간이 필요하다.' … 이거는 정말 기도로 채워진 것으로, 저의 마지막 사역인 거예요(FL2, 25-27).

8. 교회 개척 (남녘)

어떤 참여자는 남녘에 교회를 개척하고자 하는데, 이를 위해 하나님의 음성에 민감히 따르며, 상황에 맞는 교회를 개척하되 교회론 교육을 중요하게 여기고 있다.

> 교회 개척을 하려고 기도하고 준비하고 있어요. 어떤 전도 대상자를 확정하고 개척하는 것이 아니고, 하나님이 원하시는 곳에 가서 교회를 시작하는데 그 지역 상황에 맞춰서 그곳이 중국인이 있다면 그렇게 하는 거고요 (MJ3, 11).
> 신학대학교 2학년 때 성령 집회 가운데, 강사의 입술을 통해서 계속해서, "너는 개척이다"라는 마음을 주는 거예요.
> 3일째 되는 날, 내가 막 울면서 이렇게 고백했어요.
> "하나님, 하나님이 정 그러시다면 하겠습니다"(FL1, 24).
> 저는 교회 개척에 관해서는 처음에 부르심을 받을 때부터 제 마음속에 계속 박혀 있습니다. 하나님이 나중에 문을 열어 주신다면 저는 좀 더 공부하고 준비하여 가르치는 사역에 쓰임 받기를 원해요(MH2, 15).

9. 남북의 연합

북녘에 교회를 세우기 위해서 남과 북의 목회자들이 함께 준비하고 그 과정을 만들어 나가야 하기에 남녘 교회 목회자들의 능동적 협력을 촉구한다.

> "북한 선교를 누구와 해야 하나?"
> 혼자 할 수는 없잖아요. 결국은 한국 교회와 청년들과 같이 해야 합니다. 이 친구들에게 어떻게 북한에 관해서 알려주고, 북한 선교의 필요성을 함께 나누고, 함께 공유해서 같이 갈 것인가를 고민했어요(ML3, 20-21).
> 그 차이를 설명하고 한다면, 성격이 완전히 다른 형제. 그러니까 다른 외

국이나 밖에 나가서는 진짜 형제예요. 그런데 진짜 만나서 뭔가 하려면 안 됩니다. 타민족이라고 하기에는 너무 가깝고, 동족이라고 해서 가까이 가 보면 다른 게 또 많은 거 같아요. 그러니까 그 중간지점에서 선교 정책을 세우는 연구가 필요하지 않을까 생각해요(MK1, 19).

10. 본이 되는 삶

앞으로는 북한이탈주민 목회자들이 남녘 교회에 영향을 끼쳐야 한다고 진술한다.

남한에서 남한 사람보다 조금 가난하게 살면 어때요?
행복하게 살면 되지. 그것이 오히려 남한 사람들에게 '야 저 사람들은 가난해도 행복하게 사네.' 오히려 좋은 이미지를 줄 수 있어요. 그것이 우리가 해야 할 일이라고 생각해요(MK1, 21-22).

제10장

주요 범주들의 비교 분석

연구자는 개방 코딩과 초점 코딩을 통해서 범주 개발을 끝내고, 각 범주 사이의 유사한 부분과 서로 다른 부분을 확인함으로써 면담 자료를 더욱 심층적으로 분석할 수 있었다. 범주들은 집의 기둥과 같이 이론을 세우고 지지하는 역할을 하기에 범주 간의 관계를 살펴보고 분석하는 것이 이론적 통합을 위한 핵심 범주를 이해하게 한다.[1]

이에 연구자는 두 개의 주제를 한 쌍으로 6쌍의 비교를, 세 개의 주제를 한 쌍으로 2쌍을 비교하는 등 총 8개 주제를 서로 비교하였는데 아래와 같다.

첫째, 회심의 요인과 회심 이후의 삶 비교
둘째, 회심의 요인과 헌신 결심의 요인 비교
셋째, 헌신 이전의 삶과 헌신 결심의 요인 비교
넷째, 회심, 회심 이후, 헌신 결심의 요인 비교
다섯째, 헌신 과정의 어려움과 극복 요인 비교
여섯째, 헌신 과정의 어려움 극복과 헌신 이후 변화 비교
일곱째, 헌신의 어려움, 어려움 극복, 헌신 후 변화 과정
여덟째, 헌신 이후 변화와 헌신의 핵심 비교
아홉째, 헌신의 핵심과 헌신 이후 비전 비교

1　강창섭, 『선교학 연구 방법론: 근거 이론 활용』, 156.

1. 회심의 요인과 회심 이후의 삶 비교

　회심과 회심 이후의 삶은 헌신의 결단에 영향을 주었는데, 예배와 말씀, 영적 체험과 기도의 응답 그리고 어려움 속에서 회심을 경험하게 되었다. 이러한 요인들은 회심 이후의 삶에도 참여자들에게 지속적으로 영향을 주어서 새로운 마음의 변화들도 있었는데, 하나님 중심으로 기쁨과 평안을 누리고 겸손한 자세로 바뀌었으며, 복음을 전하려는 열정이 생겨났다.
　아래 그림 11은 회심에 영향을 준 주요 요인들과 회심 이후의 삶을 비교한 내용이다.

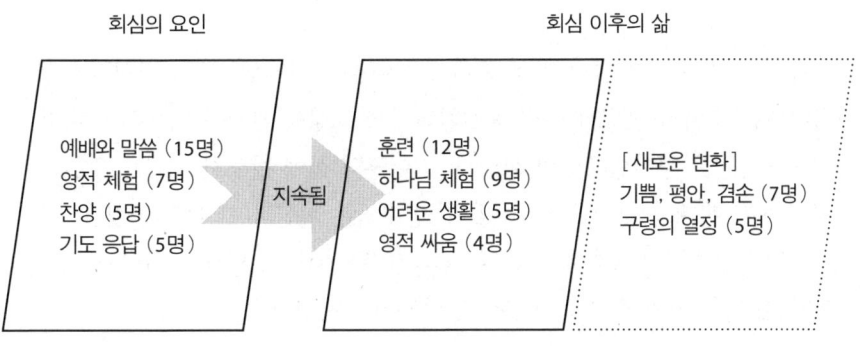

그림 11. 회심의 요인과 회심 이후의 삶 비교

2. 회심의 요인과 헌신 결심의 요인 비교

　회심과 헌신의 결심에 공통으로 영향을 준 요인은 4개의 범주로 분류되었는데, 하나님의 말씀, 예배와 모임, 다양한 영적 체험 그리고 사람의 영향 등이었다. 그리고 헌신의 결심에만 영향을 준 요인은 기도 응답을 바라며 드린 서원 기도와 사람들 앞에 서서 한 헌신의 다짐, 북녘땅의 어두움을 보고 생긴 구령의 열정 그리고 하나님을 더 알기 위함 등이었다. 아래 그림 12는 회심의 요인과 헌신 결심의 요인을 비교한 내용이다.

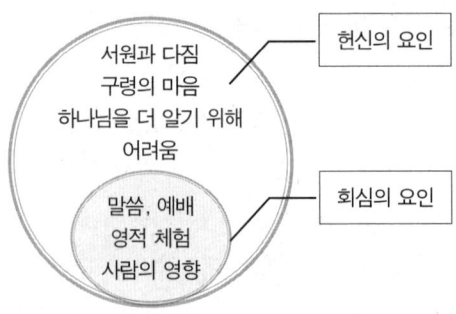

그림 12. 회심 요인과 헌신 결심의 요인 비교

3. 헌신 이전의 삶과 헌신의 결심 비교

루이스 람보는 회심의 과정 중에 헌신이 나타나지만, 이는 직선적으로 나타나는 순차적 단계가 아니라 호환적인 상호성을 가지는 계통적 단계라고 하였다.[2] 북한이탈주민의 회심과 그 이후의 삶에 발생한 요인들도 헌신의 결심과 관계가 있다고 볼 수 있다. 연구자는 회심과 그 이후의 삶을 '헌신 이전'이라 부르기로 했는데, 헌신의 결단은 회심과 함께 일어나기도 하였고, 또는 회심 이후의 과정 중에 결단하기도 하였다.

두 범주에 대한 비교를 8개의 주제로 분류하였는데, 그중 여섯 가지 주제는 두 범주 모두에서 언급된 것으로 나타났으며, '내적 변화'는 헌신 이전의 삶에서만, '감정적 공감'은 헌신 결심의 요인에서만 언급되었다. 이상의 분석으로 나타난 두 범주 모두에 공통된 주제는 아래와 같다.

첫째, 참여자들은 헌신 이전에 죄의 문제, 인격적 문제, 가족 문제 그리고 내적 불안 등의 **어려움**을 겪었지만, 기도와 응답을 통한 하나님의 도우심으로 이겨냈다.[3] 그리고 어려움은 헌신을 결심할 때도 가장 많은 영향을

---

2 Lewis R. Rambo, *Understanding Religious Conversion*, 16-18.
3 헌신 이전의 삶에 기도는 위태로운 상황과 관련성이 있기에, 어려움의 요인으로 구분했다.

주었는데, 참여자들은 건강과 사업 실패 등의 어려움 가운데 헌신을 다짐하거나 서원하였다.

둘째, 헌신 이전의 삶 중에 **말씀**으로 믿음이 생기고 죄를 회개하는 경험을 하였다. 헌신을 결심할 때도 말씀은 헌신자로의 소명(Calling), 사명 그리고 자신의 정체성을 깨닫는데 영향을 주었다.

셋째, **영적 체험**은 헌신 이전의 삶과 헌신 결심에 모두 영향을 주었고, 주로 꿈과 환상 그리고 음성으로 체험하였다.

넷째, 회심과 그 이후의 과정에서 **사람의 도움**을 받았고, 다른 사람의 사랑과 믿음의 모범을 보면서 헌신자의 상(像; Model)을 그리게 되었다. 또한 다른 사람으로부터 헌신의 권면을 받을 때 헌신의 소명을 확인하기도 하였다.

다섯째, 헌신 이전의 삶 가운데 **하나님을 향한 지적 열망**으로 성경과 신학 훈련이 이어졌으며, 하나님을 더 알기 위한 갈망이 헌신의 결심에 영향을 주었다.

여섯째, 회심 이후에 **구령의 열정**으로 복음을 전하였고, 북한에 복음을 전해야 한다는 영적 각성과 영혼에 대한 사랑이 원인이 되어 헌신을 결심하였다.

이와 같은 결과로 볼 때, 회심 이후부터 헌신 결심까지 '어려움'이라는 공통된 환경이 두드러졌으며, 그 어려움 속에서 하나님이 주시는 말씀, 긴급한 어려움 중의 영적 체험과 사람을 통한 도우심으로 회심과 헌신을 결단하게 되었음을 알 수 있었다.

4. 회심, 회심 이후, 헌신 결심의 요인 비교

회심의 요인, 회심 이후의 삶 그리고 헌신 결심에 이르는 과정에 영향을 준 공통 요인은 두 가지로, 어려운 환경(65퍼센트)과 영적 요인(35퍼센트)이다. 참여자 23명이 어려움 중에 회심을 경험하였고, 20명이 회심 이후에도 어려운 환경 가운데 있었으며, 22명에게는 어려움이 헌신을 결심하는 데 영향을 주었다. 그리고 회심에 영향을 준 영적인 요인에 관해서 9명이 답하였고, 회심 이후 영적인 삶을 살았다는 참여자는 10명, 헌신에 대한 영적인 요인에 관해서는 22명이 답하였다. 회심 1.5세대 2명도 헌신 이전의 삶에 어려움의 영향을 받았고(MJ2, ML3), 2명은 어려움이 헌신 결심과 관련이 있다고 진술하였다(FL1, FY1). 이처럼 회심으로부터 헌신의 결심까지 3단계에 가장 많은 영향을 준 요소는 '어려움'이었다.

영적인 요인이라는 대답은 대부분 남녘에서 경험한 것으로, 주로 새로운 환경에서 겪는 어려움 중에 발생했다.[4] 영적 요인에 관해서는 11명이 언급하였는데, 한 참여자는 북녘에서 엘리트였으나 남녘에 와서는 환경미화원으로 일하고 있는데, 힘든 육체노동과 자존심 문제로 그만두고 싶었으나, 오히려 이러한 과정을 통해서 하나님이 독생자 예수를 보내신 의미를 깨닫게 되었다.

> 남녘에 와서 환경미화 일을 하였는데, 처음에는 이 일을 하면서 얼마나 울었는지 모릅니다.
> 처음에는 하나님을 원망한 거예요.
> '아니 내가 이런 일이나 하려고 진짜 목숨 걸고 사선을 넘어서 이렇게 왔나?'
> 근데 내가 계속 그 기도를 하니까 하나님이 이렇게 말씀하셨어요.
> "야, 내가 내 아들을 너희와 같은 모습으로 세상에 보냈다. 너도 내가 만든 사람 중의 한 사람이야. 그리고 이 땅에 왔으면 먼저 섬기는 것부터 배워라. 그래서 내가 이 일을 너에게 시켰다!"(MH3, 4-5).

한 전도사는 교통사고를 당해 병원에서 검사 받으면서 하나님에게서 회개와 헌신의 음성을 듣게 되었다.

4 　영적 요인을 지역별로 분석할 때 남한에서 91퍼센트 발생하는 것으로 나타났으며, 남한에서의 영적 요인을 과정별로 분석해 보니 64퍼센트가 헌신의 결심에 영향을 주었다.

교회에 가는데 사고가 나서 새로 산 차 앞쪽이 납작코가 되었어요. 병원 가서 검사하는 중에 기도하는데, 하나님이 이런 말씀을 하시는 거죠.
"신학하라!
신학하라!"
"주여, 이 말씀이 나와 무슨 상관이 있어요?
이 나이에 무슨 신학입니까?"
이렇게 기도하는데, 내 몸에서 '음란 정욕'이라는 글자와 '돈'이라는 글자가 쑥 빠져나가는 게 보이는 거예요. … 그래서 신학교에서 원서를 받아서 넣었어요. 합격하면 신학하라는 줄 알고 순종한다고, 그런데 합격 통보가 왔어요.(FJ2, 9-10).

그리고 6명의 참여자는 북녘땅의 영적 어두움, 또는 타 민족의 어려움을 보며 복음으로 인한 회복을 꿈꾸며 헌신을 다짐했다.

순간적인 동요가 일어난 것은 북한에 대한 실태를 눈으로 다시 보게 될 때였습니다. 제 마음에 저 북한 땅이 복음이 아니면 회복될 수 있는 가능성이 없다는 생각이 들었어요(MJ2, 8).
단기 선교로 북한 국경에 갔을 때, 북한 사람들이 왔다 갔다 하는 모습과 산이 벌거벗은 것이 보였어요.
'이거 심하다!
10년이면 강산도 변하는데, 북한은 왜 아직도 저 꼴인가!'
그때 음성이 들려왔어요.
"나는 어땠는지 아냐?
나는 이때까지 울고 있다!
넌 뭐 했느냐?"(MK5, 5)
국정원에 도착했는데, 식당에 탈북민들이 아이들 포함 300명쯤 있더라고요. 그때 당시 저는 복음에 젖어 있어서 주님이 너무 좋았기 때문에 눈물이 나더라고요. '하나님의 뜻이 있어서 나를 여기로 보내셨구나.'(FJ3, 3)

5. 헌신 과정의 어려움과 극복 요인 비교

헌신 과정에 영향을 준 어려움과 극복의 요인을 비교한 내용을 아래 표 15에 나타냈다. 그 어려움을 분석해보니 주로 관계의 어려움, 자기 문제로 인한 어려움, 환경과 사역의 어려움 그리고 신앙적 어려움 등이었다. 이러한 어려움들을 극복하는 방법을 분석해 보니, 자신을 돌아보고 자신을 죽이는 내적 요인으로 극복하고, 하나님의 은혜와 자신의 소명 등 신앙의 본질적 요인을 통해 회복하였다. 그리고 하나님의 도우심과 사람으로부터 받는 영향 등을 통해 어려움을 극복하게 되었음을 발견할 수 있다.

헌신과정의 어려움	어려움 극복 요인
우월(권위) 의식 (20명) 인격적 결함 (17명) 신앙의 약함 (15명) 정체성 혼란 (12명) 죄 유혹 (11명) 사역관 (10명) 가족의 고통 (10명) 사역 환경 (10명) 서로 다름 (9명) 생활 환경 (8명) 경제적 문제 (8명) 자존감 결여 (8명)	내적 요인 (17명) 나를 죽임, 나를 돌아봄 신앙의 본질적 요인 (13명) 은혜 회상, 하나님 중심의 믿음, 소명 회복 환경적 요인 (9명) 환경이 열림, 환경이 막힘 기도 (8명) 말씀 (5명)
인격적 어려움 관계의 문제 환경적 문제 정체성과 자존감 신앙의 문제 → 극복 요인 →	나를 죽임(돌아봄) 환경 열림과 막힘 사람의 도움 하나님 중심, 기도 소명 회복

표 15. 헌신 과정의 어려움과 극복 요인 비교

6. 헌신의 어려움 극복과 헌신 이후 변화 비교

참여자들은 헌신 과정의 여러 어려움을 극복하면서 헌신 이전과 비교해 많은 변화를 경험하게 되었다. 헌신 과정에 겪는 어려움이 내적인 영역과 신앙의 본질적 문제에 있음을 깨달아 극복하므로 자신을 돌아보는 변화가 있었음을 주목할 수 있다.

그 내용을 분석해 보면, 삶과 사역에 대한 관점(觀點)이 정립되었고, 상대방에 대한 이해의 변화가 있었으며, 하나님과 자기에 대해 깨닫게 되었고, 자기를 내려놓음으로 하나님 중심으로 변화되었다. 아래 표 16은 헌신 과정의 어려움 극복과 헌신 이후의 변화를 비교한 내용이다.

헌신과정의 어려움 극복	헌신 이후의 변화
내적 요인 (17명) 나를 죽임, 나를 돌아봄	관점의 변화 (16명) 목회관, 북녘 선교관, 고난의 의미
신앙의 본질적 요인 (13명) 은혜 회상, 하나님 중심 믿음, 소명 회복	이해의 변화 (15명) 남녘 교회에 대한, 탈북민에 대한
환경적 요인 (9명) 환경이 열림, 환경이 막힘	깨달음 (11명) 훈련의 의미, 필요한 것, 나의 연약함
기도 (8명)	내 자신의 변화 (7명) 내려놓음, 하나님 중심
말씀 (5명)	

표 16. 헌신 과정의 어려움 극복과 헌신 이후의 변화 비교

7. 헌신의 어려움, 어려움 극복, 헌신 후 변화 과정

본 연구를 통해 참여자들이 헌신의 결심 이후에 겪는 어려움을 극복함으로써 문제(problem)와 해결(solving)의 관계 속에서 더욱 발전하게 되는 것을 볼 수 있었다. 이러한 '어려움-극복-변화'라는 3단계의 관계는 '헌신 과정의 기본 틀'(A Basic Scheme of Commitment Progress)로 그 내용을 아래 그림 13에 나타냈다.

[헌신 과정의 어려움]	[어려움 극복]	[헌신 이후 변화]
- 인격적 어려움 - 관계의 문제, 환경적 문제 - 정체성과 자존감 - 신앙의 문제	- 나를 죽임(돌아봄) - 환경 열림과 막힘 - 사람의 도움, 소명 회복 - 하나님 중심, 기도	- 관점의 정립 - 이해의 변화 - 깨달음 - 내 자신의 변화

그림 13. 헌신의 과정의 기본 틀(A Basic Scheme of Commitment Progress)

8. 헌신 이후 변화와 헌신의 핵심 비교

참여자들은 헌신의 과정을 통해서 많은 변화를 경험하게 되었을 뿐만 아니라, 헌신에 있어서 핵심(核心)이 무엇인지를 정립하게 되었는데, 그 주요 내용은 다음과 같다.

첫째, 관계의 어려움을 겪고 난 후에 상대방을 이해하게 되면서, 헌신의 핵심이 '**인성**'이라는 것을 깨닫게 되었다.
둘째, 사역과 훈련 그리고 고난에 대한 관점이 정립되므로, 헌신에 있어서 헌신자의 '**태도**'가 중요함을 깨닫게 되었다.
셋째, 하나님의 섭리와 자기 모습을 깨달은 변화로 말미암아, '**하나님과의 관계**'가 헌신에 중요한 요소임을 발견하였다.
넷째, 하나님을 우선에 두고 자신을 내려놓게 된 변화는, 헌신의 핵심이 신앙의 초심과 하나님과의 첫사랑을 잃지 않고 '**말씀으로 중심 잡기**'라는 것을 확인했다.

9. 헌신의 핵심과 헌신 이후 비전 비교

참여자들이 발견한 헌신의 핵심과 헌신 이후의 비전을 비교 분석할 때 다음과 같은 연관성을 발견할 수 있었다. 헌신의 핵심에 나타난 것과 같이 헌신 과정 이후에 세워진 비전도 사역의 행위 보다는 헌신의 정체성에 따르는 내용이 더 많이 나타났다. 아래 표 17은 헌신의 핵심과 헌신 이후 비전의 관계를 나타냈다.

헌신의 핵심		헌신 이후의 비전
인성	섬김, 십자가에 나를 죽임	빛과 소금 사회의 본이 됨, 섬김
사역 태도	준비와 배움, 충성과 책임, 균형감	목회(선교) 북녘 선교, 탈북민 부서, 세계 선교, 교회 개척
하나님과의 관계	하나님의 주재권, 하나님 사랑에 반응, 정체성	시대 사명 다음 세대 훈련, 남북의 연합, 학문과 연구
중심 잡기	초심과 첫사랑, 말씀 연구와 준행	선택과 집중 한 영혼 집중, 일꾼 양성, 말씀 우선

표 17. 헌신의 핵심과 헌신 이후의 비전 비교

이상과 같은 주요 범주들의 비교를 요약해 보면, 본 연구의 현장은 헌신 이전의 삶, 헌신의 과정 그리고 헌신 이후의 영향으로 나누어진다. 연구자가 주요 범주 8개를 상호 비교하여 분석한 결과는 아래와 같다.

첫째, 헌신을 결심하게 되는 요인과 헌신 이전의 삶의 내용에는 주요 공통점이 있었는데 그것은 '어려운 환경'이었다. 참여자들은 헌신의 결단 이전에 북녘, 중국, 제3국 그리고 남녘이라는 다양한 지역에서 여러 가지 어려움을 겪었다. 그리고 그러한 어려움이 헌신의 결단에 가장 많은 영향을 주었음을 발견하게 되었다.

둘째, 연구 참여자들은 헌신 결단 이후에도 또 다른 어려움을 직면하고 극복하므로 변화와 성숙을 경험했고, 헌신의 핵심을 발견하게 되어 더 성숙한 헌신자로서 사역의 비전이 세워지는 것을 볼 수 있었다.

이에 연구자는 북한이탈주민의 기독교 회심과 기독교 목회자로의 헌신 전 과정에서, '어려움'이라는 요인은 계속하여 영향을 미치고 있음을 발견하였다. 이에 어려움이라는 요인과 관련하여 다른 범주들과 보다 더 구체적으로 비교 분석할 필요성이 있었다.

제11장

어려움을 중심으로 하는 분석

연구자는 주요 범주의 비교 분석을 통해서 **어려움**이라는 핵심 범주(Core Category)를 발견하고, '어려움'을 중심으로 주요 범주들과 다시 비교하여 보았다.

1. 헌신 결단까지의 어려움

참여자들 대부분은 탈북 과정 중에 긴장과 두려움, 미래의 불확실성이라는 어려움 속에서 회심했는데 가장 많은 19명이 중국에서 피신하는 어려움속에서 회심을 경험하였다. 또한, 헌신의 결단에 이르기까지 어려움을 겪은장소로는 중국과 제3국 순이었으며, 남녘에 온 후에도 12명의 참여자는 어려움 중에 헌신을 결단하였다. 아래 그림 14는 참여자들이 헌신 결단까지 겪은 어려움에 관해서 지역별로 분석한 내용이다.

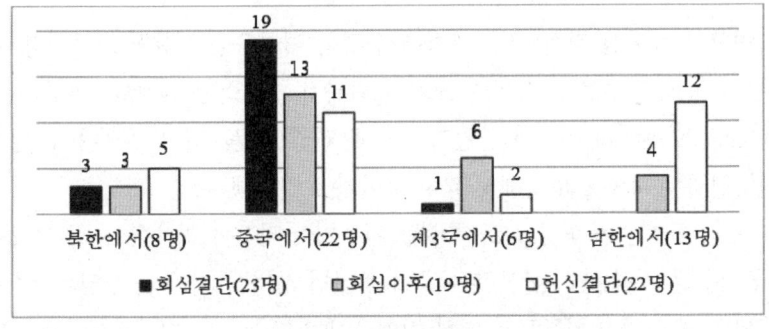

그림 14. 헌신 결단까지의 어려움 분석 (지역별)[1]

---

[1] 참여자들이 여러 지역에서 어려움을 겪었다고 진술하였다. 전체 응답자 수는 31명이다.

그리고 헌신의 결단까지 영향을 준 주요한 어려움을 살펴보면, 경제적 어려움과 가족 문제로 인한 어려움이 가장 많았다. 경제적 어려움은 탈북 과정 중에 경제적 부족으로 인하여 많이 겪었지만, 남녘에 온 이후에도 자본주의라는 새로운 사회 적응과 사역 환경 속에서 동일하게 경험하였다. 가족의 문제는 주로 북녘과 중국에 두고 온 가족들에 대한 어려움이었다. 탈북 과정 중에 겪은 피신 생활과 투옥은 가장 큰 위기였다고 볼 수 있다. 아래 그림 15는 헌신 결단까지의 어려움의 내용이다.

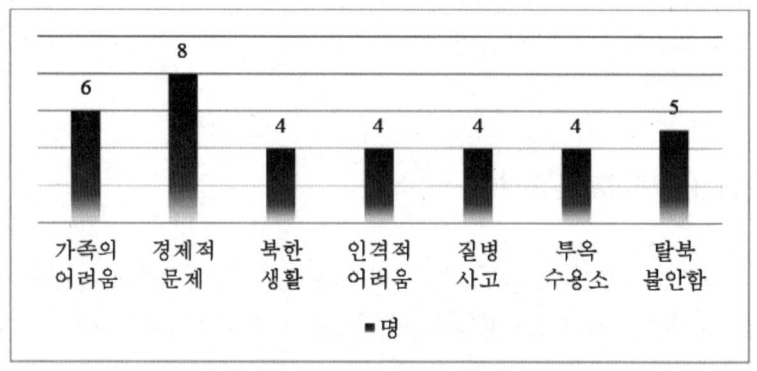

그림 15. 헌신 결단까지의 주요 어려움 (종류별)

2. 헌신 결심 이후 과정의 어려움 (종류별, 상황별)

연구자는 헌신 결심 이후 과정에서 겪는 어려움을 종류별로 분류해 보았다. 가장 많은 20명이 남녘 교회의 권위적 태도라고 답했고, 17명은 남북 교회 모두에게 나타나는 인격 결함과 신앙의 문제라고 했으며, 10명은 신앙인과 목회자로의 정체성 결여 등이라고 진술했다.

또한, 어려움을 상황별로 정리해 보니 가장 많은 어려움은 25명이 답한 '자신의 문제'였는데, 헌신한 이후에 자신의 성격이나 인성, 신앙과 죄 유혹의 문제 그리고 가족들로 인한 어려움이 많았다. 그리고 24명이 답한 남

이후 자료도 동일한 방법으로 분석한 내용이다.

녘 교회와 관계의 어려움으로 남녘 교회의 북한이탈주민을 대하는 태도의 문제, 서로 다름의 문제 그리고 서로의 관계 설정으로 인한 불편함 등이 었다. 이어서 북한이탈주민 사역자로의 어려움에 관해서 22명이, 북한이탈주민으로 인한 어려움을 19명이 진술하였다. 아래 그림 16과 그림 17은 헌신 결단 이후의 어려움을 종류별, 상황별로 분석한 내용이다.

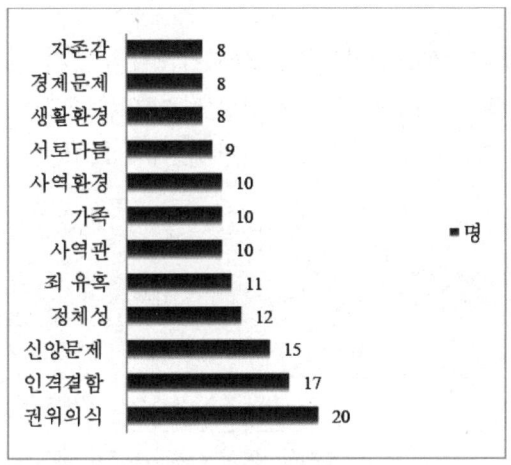

그림 16. 헌신 결심 이후 과정의 어려움 (종류별)

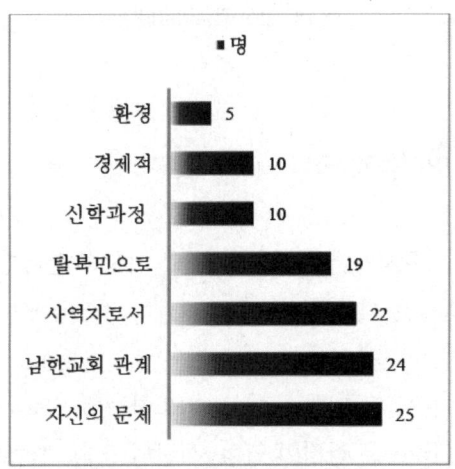

그림 17. 헌신 결심 이후 과정의 어려움 (상황별)

헌신의 결심 전후에 겪은 어려움을 비교해 본다면, 헌신 이전에는 외부에서 오는 어려움이 많았고, 헌신을 결심한 후에는 자기의 문제와 관계의 문제로 인한 어려움이 많았다.

3. 헌신 과정의 어려움 (네 가지 분류)

연구자는 위와 같이 참여자들이 목회자로의 헌신의 결심과 결심 이후 과정 중에 발생한 어려움을 범주별로 정리하였다. 그 범주는 관계, 환경, 내적 요소 그리고 신앙 등 네 가지인데, 아래 표 18에 그 내용을 정리하였다.

분류	내용
관계 (28명)	우월(권위)의식, 인격 결함, 가족의 고통, 서로 다름
환경 (21명)	사역 환경, 생활 환경, 경제 환경
내적 (20명)	목회자 정체성, 사역관, 자존감 결여(열등감)
신앙 (21명)	신앙의 나태함, 죄 유혹(경건치 못함)

표 18. 헌신 과정의 어려움

4. 헌신 과정의 어려움과 극복 (네 가지 분류)

연구자는 헌신 과정의 어려움과 같은 네 가지의 분류에 따라 어려움을 극복하게 된 요인을 분석하였다.

첫째, 관계의 어려움은 나를 죽이고, 기도하는 것으로 극복하였다.
둘째, 환경의 어려움은 환경이 열림, 사람의 도움 그리고 기도와 응답을 통해 극복하였다.

셋째, 내적인 어려움은 하나님의 은혜와 자신을 돌아봄으로, 기도함으로 그리고 때로는 하나님이 환경을 막으심으로 극복하게 되었다.

넷째, 신앙의 어려움은 말씀과 하나님 중심의 믿음과 소명이 회복되면서 극복하게 되었다. 그리고 어려움은 지금도 헌신의 과정 중에 반복하여 일어나는 문제이기에, 북한이탈주민 헌신자들은 계속해서 어려움을 극복하기 위한 노력을 하고 있었다.

5. 헌신 과정의 어려움 극복과 헌신 이후의 변화 (네 가지 분류)

참여자들은 헌신 과정의 어려움을 극복하므로 헌신자로서 변화와 성장을 경험하게 되었다.

첫째, 관계로 인한 어려움을 극복한 이후에 상대방을 이해하는 변화가 일어났는데, 남녘 교회와 북한이탈주민들에 대하여 보다 더 이해하게 되면서 관계가 개선되었다.

둘째, 환경의 어려움을 극복하면서 훈련의 필요성을 깨닫고, 목회관과 사역관을 정립하게 되었다.

셋째, 내적인 어려움을 극복함으로써 자신의 연약함과 하나님의 섭리를 돌아보고 정체성과 사역자의 태도가 확립되었다.

넷째, 신앙적 어려움의 극복은 하나님 중심의 삶과 자신을 내려놓는 우선순위를 따르게 되었다. 참여자들에게 있어서 어려움은 헌신의 과정 중에는 이해되지 않으나, 그 과정을 극복한 후에 어려움으로 인한 자신의 변화를 깨닫게 되었다고 한다.

6. 헌신의 어려움, 극복, 변화 과정과 헌신의 핵심

참여자들은 헌신 과정의 어려움을 극복하면서 삶과 신앙이 변화되었고, 이러한 3단계의 과정 중에 사역자로의 헌신에 있어서 핵심이 무엇인지를 확인하게 되었다.

첫째, 관계의 문제를 극복하여 상대방을 이해하게 되면서 헌신에 있어서 중요한 것은 '인성'임을 알 수 있었다.
둘째, 사역과 생활의 환경적인 문제를 극복하여 목회관과 사역관이 정립됨으로써 헌신에 있어 사역자의 '태도'가 중요함을 알게 되었다.
셋째, 내적인 어려움을 극복하여 자신과 하나님을 돌아보게 되면서 '하나님과의 관계'가 헌신의 핵심임을 발견하였다.
넷째, 신앙의 문제로 겪는 어려움을 극복함으로 자신이 변화되어 우선순위의 삶을 살게 된 경험은 헌신의 핵심이 '중심 잡기'에 있음을 깨닫게 하였다. 아래 그림 18은 위의 3단계의 연결을 나타낸 내용이다.

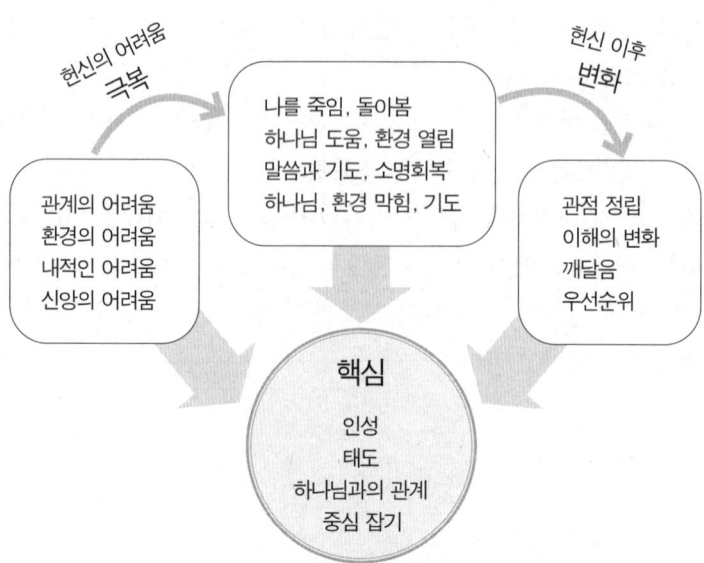

그림 18. 헌신의 어려움, 극복, 변화 과정과 헌신의 핵심

7. 헌신 이후 변화, 헌신의 핵심, 헌신 이후 비전

연구에 참여한 북한이탈주민 목회자들은 헌신 이후의 변화를 통해서 정립된 헌신의 핵심을 중심으로 앞으로의 비전을 세우고 있음을 볼 수 있었는데, 아래 표 19에 그 내용을 정리하였다.

분류	구분	헌신 이후 변화	헌신의 핵심	헌신 이후의 비전
외부	관계	이해의 변화 남녘 교회를, 가족을, 탈북민 교인을 이해	인성 섬김, 십자가, 나를 죽임, 목회자 인격	빛과 소금 사회에 영향력, 본이 됨, 섬김 목회와 선교 북녘 선교, 세계 선교, 학문과 연구, 남북 연합
	환경	관점의 변화 목회관, 북녘 선교관, 훈련과 고난의 의미	사역 태도 준비와 배움, 충성과 책임, 성장	
내부	내적	깨달음 태도, 정체성, 연약함, 섭리, 헌신 이해	하나님과의 관계 하나님의 주재권, 정체성, 성경적 교회론	시대 사명 다음 세대 준비, 교회 개척, 탈북민 부서 선택과 집중 일꾼 양성, 영혼에 집중, 말씀(복음) 중심
	신앙	우선순위 하나님 중심, 내려놓음	중심 잡기 초심과 첫사랑, 말씀 중심, 균형감	

표 19. 헌신 이후 변화, 헌신의 핵심, 헌신 이후 비전

목회자로 헌신한 참여자들은 헌신 과정의 어려움을 극복하면서 더욱 강화된 헌신을 체험하는 변화 속에 헌신의 핵심을 정립하게 되었다. 그리고 정립된 헌신의 핵심 안에 앞으로 하나님이 주신 감당할 사역의 비전을 세워나가게 된다. 그런데 주목할 것은 사역의 방향이 가시적이고 물량적인 것 보다는 근본적이고 본질적인 부분에 대한 비전으로 나타났다.

제12장

이론적 코딩

이론적 코딩은 초점 코딩을 통해 선택한 코드를 따라가는 정교한 수준의 코딩으로, 이론으로 통합하기 위해 가설로서 실체적 코드가 어떻게 상호 연결되는지 개념화하는 것이다. 즉, 초점 코딩을 통해 개발한 범주가 맺어질 수 있는 가능한 관계를 식별하는 것이다.[1] 이론적 코딩은 통합적이어서 큰 그림 전체를 간명하게 보여 주는데, 매우 포괄적이며 이론적 전개를 물 흐르듯 자연스럽게 보여 준다. 또한 구축한 이론의 당위성에 설득력을 제공한다.

연구자는 핵심 범주를 중심으로 다른 범주들과의 관계를 표(Diagram), 패러다임(Paradigm), 도식(Schema), 그림(Figure) 등으로 나타내며 이론화를 추구할 수 있었다. 이론적 통합(Theoretical Integration)이란 분석의 상위 단계에서 핵심 범주와 주변 범주를 이론적으로 연결하고 관계를 규정하여 정련화(Refinement)하며 이론화하는 과정이다.[2]

본 연구는 헌신이론을 생성하기 위해서 헌신 과정에 나타난 요인들을 분석, 비교하여 서로의 관계를 알아보려 하였다. 그래서 헌신을 중심으로 발견한 요인들을 범주별로 재배치하였다.

1. 목회자로의 헌신에 대한 분석의 이론적 통합

연구자는 헌신하는 데 영향을 준 회심의 요인, 회심 이후의 삶, 헌신 결심의 요인, 헌신의 어려움과 극복, 헌신 이후의 변화와 이 과정을 통해 발

1　Charmaz, 『근거 이론의 구성』, 137-38.
2　Juliet Corbin, Anselm Straus, 『근거 이론』, 김미영 역 (서울: 현문사, 2019), 305.

견된 헌신의 핵심과 비전 등 헌신 전 과정을 패러다임 모델로 만들었다. 연구자가 만든 패러다임은 '삼각형 사다리형'의 형태로 그릴 수 있었는데, 아래로부터 위로 시간순으로 작성되었고, 패러다임 안에 표시된 화살표 (➡)는 단계와 단계가 서로 연관성 또는 연속성이 있음을 의미한다. 아래 그림 19는 자료에 근거한 헌신의 요인과 과정의 패러다임 모델이다.

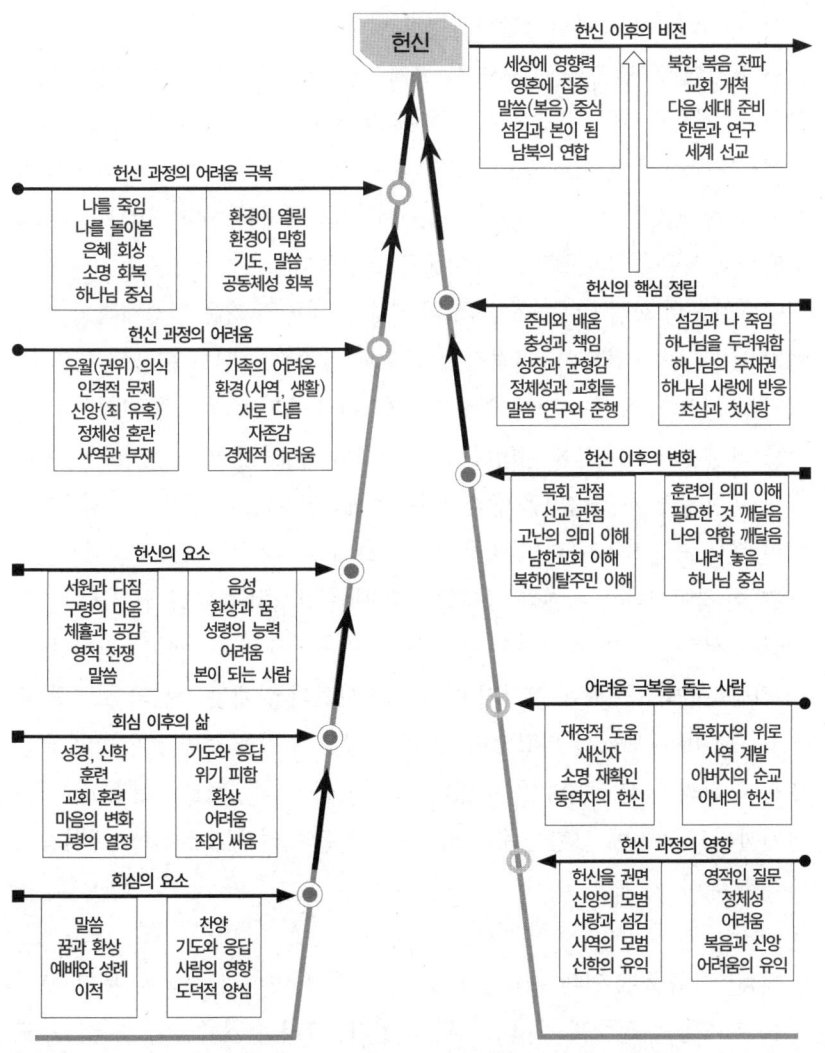

그림 19. 자료에 근거한 헌신의 요인과 과정의 패러다임 모델

2. 북한이탈주민의 목회자로의 헌신 스토리라인(Storyline)

연구자는 연구 참여자 31명을 대상으로 실시한 심층 인터뷰 내용을 모두 전사하였고, 그 자료로 시행한 개방 코딩으로 개념을 발견하였으며, 초점 코딩을 통해 생성된 범주들을 기반으로 북한이탈주민의 기독교 목회자로의 헌신에 대한 스토리라인을 작성하였다.

참여자들은 모두 북한이탈주민들로 탈북하는 과정 중에 많은 어려움을 겪는다. 그들은 단속을 피해 여러 곳에 숨어 지내야 했고, 인신매매를 당하거나, 체포되거나, 북송되어 감옥에 갇히기도 했으며, 제3국으로 가는 중에서도 목숨을 걸어야 했다. 그러나 이러한 어려움 중에도 영적 체험을 통해서 예수님을 만나고, 두려움 속에서 드린 예배와 찬양 그리고 기도와 응답으로 복음을 받아들임으로 회심을 경험한다.

참여자들은 회심 이후에도 체포와 북송에 대한 두려움과 경제적 곤란의 어려움이 지속되었으며, 인격적 어려움과 가족으로 인한 아픔도 겪었고, 끊임 없는 죄의 유혹을 당해야 했다. 그러나 계속되는 이러한 어려움 속에서도 하나님의 도우심을 경험하였고, 교회와 선교사들의 도움으로 말씀과 신학 훈련을 받아 하나님을 중심에 두는 내적인 기쁨과 평안을 누릴 뿐 아니라 복음을 전하는 구령의 열정이 일어났다.

그 후 참여자들은 위기를 극복하기 위해서 간절히 하나님께 기도하면서 헌신을 서원하였고, 하나님의 음성을 듣거나 성령의 도우심을 받아 헌신을 결심하였다. 그 밖에 건강의 어려움과 사업의 실패는 자신의 소명을 깨닫고 확인하는 계기가 되었으며, 삶과 신앙의 모범을 보인 사람들의 모습 또한 헌신의 결심에 영향을 주었다. 참여자들의 회심으로부터 헌신에 이르기까지의 과정에 영향을 준 가장 큰 요인은 '**어려움**'으로 주요 어려움은 아래와 같다.

첫째, 가족들로 인한 어려움으로, 가족을 북녘이나 중국에 두고 오거나 가족들의 질병과 죽음을 경험하였다. 그리고 가족들이 북송되기도 하였다.

둘째, 북녘과 중국 그리고 제3국을 거쳐 남녘으로 오는 과정 중에 체포될 위험이 있었으며, 북송되어 북녘 감옥에 들어간 경우도 있었다.
셋째, 가족의 괴롭힘, 탈북자로서 받는 오해와 인격적 무시를 당하였으며, 경제적 어려움으로 인하여 생존의 위협을 느끼기도 하였다.
넷째, 술, 향락, 사기 등 죄의 유혹에 빠져서 방황했고 외로움과 불안에 시달리기도 하였다.

이러한 어려움은 관계, 환경, 내적, 신앙의 문제였는데, 관계의 문제는 지난날 어려움을 이겨 내었던 일과 그동안 받아온 하나님의 은혜를 돌아보고, 십자가 앞에 자신을 죽임으로 극복하였다. 환경의 문제는 환경을 열고 닫으시는 하나님의 도움과 주변에서 도와주는 사람들을 통해 극복할 수 있었다. 정체성과 소명의 내적인 문제는 말씀과 기도 그리고 하나님의 소명이 회복됨으로 해결되었다. 신앙의 변질과 죄 유혹의 문제는 하나님 중심으로 말씀과 기도에 집중하여 극복하게 되었다.
　참여자들은 헌신 과정의 어려움을 극복하면서 인격적, 영적으로 성장하고 변화하여 남녘 교회와 북한이탈주민들의 어려움을 공감하게 되었다. 환경을 탓하는 것이 아니라 그 속에서 자신이 무엇을 해야 하는지를 깨닫는 변화와 목회와 선교에 대한 관점이 정립되었고, 그동안 겪어온 고난의 이유와 그 의미를 알게 되었다. 하나님과 자신을 돌아봄으로써 사역자의 정체성이 세워지고, 자신을 내려놓고 하나님 중심으로 영적 우선순위에 가치를 두고 노력하게 되었다.
　헌신이후에, 헌신은 어떠한 일을 많이 하는 것보다 헌신의 본질을 바로 알고 회복해야 하는 것임을 깨달았다. 자신이 누구이며, 사역이 무엇이며, 환경과 문화가 어떠하며, 직면할 어려움이 무엇인지를 알게 되면서, 그 속에서 헌신의 핵심을 정립하게 되었다. 그리고 헌신의 핵심을 기준으로 비전이 세워졌다.
　올바른 인성을 가진 목회자가 되어 이웃에게 영향력을 미치는 헌신을 꿈꾸며, 진정한 복음 전파는 예수님처럼 본을 보임으로 세상을 섬기는 것이었다. 환경을 극복하는 삶의 태도로 사역의 환경을 만들어 나가고, 교회를 개척하고, 북한이탈주민 부서를 섬기며, 북녘 선교를 넘어 세계 선교를 희망하게 되었다. 또한, 시대 소명에 따라 사역을 준비하는 비전을 세워, 다음 세대, 남북의 연합 그리고 학문적인 정립에 힘쓰고 있다. 무엇보다 한 영혼을 하나님 나라의 일꾼으로 세워가기를 꿈꾸고 있다.

북한이탈주민 중 복음주의 기독교 목회자로 헌신한 참여자들은 지금도 헌신의 과정에 있으며, 그 과정 중에 계속되는 어려움을 직면해 극복하면서 하나님을 향한 헌신이 강화되고 있다.

3. 어려움을 중심으로 분석

본 연구의 질문은 헌신을 결심하기까지, 헌신의 과정 그리고 헌신 이후의 영향 등 세 부분으로 구분할 수 있다.

첫째, 회심의 요인과 회심 이후의 삶이 헌신의 결심과 어떠한 관계가 있는지를 확인하려고 하였다.

연구자는 연구를 시작하기 전에는 어려움이란 누구나 경험하는 것이라 생각했으나, 연구 과정을 통해서 헌신 과정에서의 어려움은 특별한 의미가 있음을 발견했다. 대부분의 참여자들은 북녘이나 중국, 또는 제3국에서 그리고 남녘에서 헌신을 결단할 때도 여러 가지 어려움의 영향을 받았다.

둘째, 헌신 결단 이후의 어려움을 구체적으로 구분해 보았더니, 외부적 요인인 관계와 환경 문제, 내부적 요인인 내적 문제와 신앙 문제로 분류되었고, 이러한 어려움의 분류를 기준으로 극복의 요인을 정리할 수 있었다.

셋째, 참여자들이 헌신 과정의 어려움을 극복하게 되면서 일어난 변화를 발견하였고 그러한 변화로 헌신의 핵심을 정립하였으며, 정립된 핵심을 중심으로 세운 앞으로의 사역 비전에 관해서도 분석할 수 있었다.

아래 그림 20은 헌신 과정의 요인과 영향에 대하여 네 가지의 관점으로 분석한 패러다임 모델이다.

[헌신 결심까지]

분류		회심의 요인	회심 이후 삶	헌신의 요인
어려운 환경		꿈과 환상, 예배(성례), 찬양 중에, 기도 중에, 사람의 도움, 이적	인격, 가족, 죄, 북송 위기, 말씀 훈련, 환상, 내적 불안, 기도 응답	서원, 꿈/환상, 음성, 구령의 열정, 건강, 사업 실패, 소명 확인
영적 요인		말씀, 기도 응답, 환상, 본이 되는 사람	신앙 훈련, 하나님 중심, 기쁨과 평안함, 겸손함, 구령의 열정	말씀, 구령의 마음, 영적 체험, 믿음의 본, 하나님 알기 위해

[헌신 결심까지]

분류		헌신 과정의 어려움	어려움 극복요인	헌신 과정 영향
외부적	관계	남녘 교회, 탈북민 교인, 탈북민 목회자, 가족	나를 죽임, 나를 돌아봄, 은혜 회상	신학의 유익, 영적인 질문 (정체성, 어려움, 복음), 어려움의 유익
	환경	사역 환경, 생활 환경, 경제 환경	하나님의 도우심, 새신자, 동역자, 신학	
내부적	내적	정체성 혼란, 인격 문제, 자존감, 열등감	말씀과 기도, 소명 회복, 사람의 도움	사람의 도움 신앙의 모범, 사랑과 섬김, 복음으로 권면, 고난과 순교
	신앙	죄 유혹, 믿음의 변질, 신앙의 나태함	하나님 중심, 말씀, 기도, 죄 끊음, 하나님이 막음	

[헌신 결심까지]

분류		헌신 후 변화	헌신의 핵심	헌신 후 비전
외부적	관계	이해함 남녘, 북녘, 가족	인성 섬김, 십자가, 나 죽임, 목회자 인격	빛과 소금 사회에 영향력, 본이 됨, 섬김
	환경	정립 사역관, 훈련과 고난	태도 준비와 배움, 충성과 책임, 성장	목회와 선교 북녘 선교, 세계 선교, 학문과 연구, 남북 연합
내부적	내적	깨달음 하나님, 자신, 사역 태도	하나님과의 관계 하나님의 주재권, 정체성, 성경적 교회론	시대 사명 다음 세대 준비, 교회 개척, 탈북민 부서
	신앙	우선순위 하나님 중심, 내려놓음	중심 잡기 초심과 첫사랑, 말씀 중심, 균형감	선택과 집중 일꾼 양성, 영혼에 집중, 말씀(복음) 중심

그림 20. 헌신의 요인, 과정, 영향의 패러다임 모델

4. 이론적 코딩 요약

연구자는 우선 참여자들의 회심의 요인, 회심 이후의 삶 그리고 헌신 결단의 요인을 비교 분석하였다. 참가자들이 진술한 전체 203개 중에 64.5 퍼센트인 131개의 언급이 어려움과 관련되므로 어려움이 핵심 주제임을 발견하였고, 핵심 주제를 중심으로 주요 범주들과 계속 비교하였다. 이론적 코딩을 요약하면 아래와 같다.

첫째, 북한이탈주민은 1990년대 북녘에 닥친 고난의 행군 기간과 탈북 과정, 남녘에 오기까지의 많은 어려움 중에 회심과 회심 이후를 경험하였다.
둘째, 헌신의 결단 과정에서도 참여자들은 중국이나 제3국에서의 어려움이 영향을 주었고, 남녘으로 온 이후에도 새로운 문화적, 심리적 어려움을 겪게 되었다.
셋째, 참여자들은 헌신의 결단 이후 과정 중에 겪은 어려움을 극복하게 되면서 변화와 성숙을 경험하였다.
넷째, 변화와 성숙은 참여자들에게 헌신의 핵심이 무엇인지를 발견하게 하였으며, 이에 따른 비전을 세우고 헌신을 강화하게 되었다.

연구 참여자들에게 어려움은 하나님을 만나 회심하게 되는 통로였고, 헌신의 결단에 직간접적인 많은 영향을 주었고, 어려움을 극복하면서 변화되어 헌신의 깊이를 깨달아 앞으로의 비전을 설정하게 되었다. 아래 그림 21은 이론적 코딩을 통해 발견된 북한이탈주민의 목회자로의 헌신을 어려움을 중심으로 정리한 것이다.

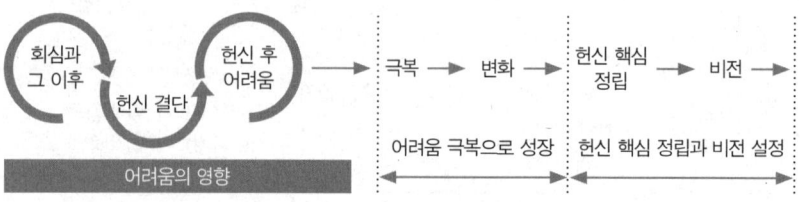

그림 21. 헌신 현상의 기본 틀 패러다임

제5부

결론

제1장 연구의 과정 요약
제2장 본 연구를 통해 생성된 헌신 이론
제3장 논의
제4장 연구의 적용
제5장 연구의 제언

제1장

연구의 과정 요약

첫째, 북녘 선교는 고난의 행군 이전의 사역과 고난의 행군 시기의 사역 그리고 고난의 행군 이후의 사역으로 구분할 수 있다. 그동안 북녘 선교를 위해 다양한 분야마다 고유한 목적을 이루려고 했으나, 이제는 북녘 선교뿐 아니라 개방 이후와 한반도 통일 과정의 사역도 준비해야 하는 시기이다. 그러므로 함께 사역하는 북한이탈주민 목회자에 대한 연구는 북녘 선교를 위해 필수적이라고 할 수 있다.

둘째, 연구자는 북한이탈주민 목회자 및 신학생 31명을 대상으로 심층면접을 진행하였다. 연구 참여자들은 지역별로는 서울, 경인, 경상, 충청이며, 연령대는 20대부터 60대까지이고, 직분별로는 목사, 전도사, 신학생이다. 사역별 유형은 탈북민 교회 담임과 협력 사역자, 남녘 교회 내 탈북민 부서 사역자와 협력 사역자 그리고 선교사 등이다. 이렇듯 다양한 지역, 연령대, 사역 유형에 속한 참여자들을 대상으로 연구가 진행되었다.

셋째, 면담한 내용을 녹음한 후에, MS-Word 프로그램을 사용하여 A4 용지에 줄 간격 2.0을 규격으로 하여 전체 912쪽 분량을 전사하였다.

넷째, 질적 연구를 위한 소프트웨어인 NVivo 12를 활용하여 개방 코딩, 초점 코딩 그리고 축 코딩을 실행하였고, 이어서 이론을 생성하기 위해 지속적으로 범주 간의 비교 분석을 실행하였다.

다섯째, 초점 코딩의 분석 내용을 표로 만들었으며, 그 과정을 간단한 그림으로 정리하였고, 주요 범주들 간의 비교 분석도 표와 그림으로 정리하였다.

여섯째, 헌신의 과정과 주요 흐름을 패러다임 모델로 나타내 보았고, 다양한 그림들로 이론화 과정을 설명하였다.

일곱째, 통합된 이론화 과정을 통해 발생된 헌신 이론을 바탕으로 헌신의 모델을 제시하였다.

제2장

본 연구를 통해 생성된 헌신 이론

북한이탈주민의 목회자로의 헌신에 대한 본 연구에서 발견된 핵심 범주는 '어려움'으로, 참여자들의 답변을 분석해 보니, 회심의 단계에서 31명 모두가 어려움의 영향을 받았으며, 그중 15명이 어려움의 직접적인 영향으로 헌신을 결단하였다. 아래 그림 22는 헌신의 결단까지 어려움이 준 영향에 대한 내용이다.

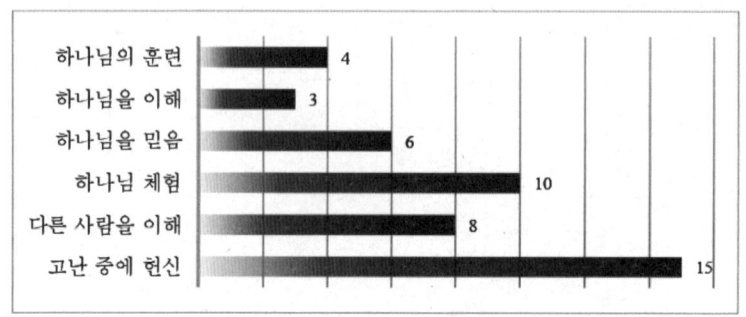

그림 22. 헌신의 결단까지의 어려움의 영향

회심을 경험한 자들은 계속 이어지는 어려움으로 하나님을 더 깊이 만나는 계기가 되었고, 그 후 하나님이 원하시는 소명과 사명에 반응하여 헌신을 결단하게 되었다. 헌신의 과정에서도 겪는 어려움을 극복하게 되면서 성숙한 변화를 경험하고 헌신이 강화되었다. 헌신의 깊은 핵심을 이해하게 되었고 사역의 비전을 세울 수 있게 되었다. 이상을 통합하여 연구자는 헌신에 대한 이론을 아래와 같이 제시한다.

> 북한이탈주민이 헌신을 결단하기까지의 과정에 영향을 미친 주 요인은 어려움이었고, 헌신 이후 과정 중에 겪는 위기를 극복하면서 진정한 헌신의 의미를 발견하여 헌신이 강화됨으로 헌신의 비전을 재정립하여 헌신이 지속되고 있는 중이다.

연구자는 본 연구를 통해 생성된 헌신 이론에 근거하여 '어려움'이라는 핵심 주제가 헌신의 전 과정을 둘러싸고 있음을 발견할 수 있었다. 아래 그림 23은 연구를 통해 발견된 헌신 모델(A Commitment Model of North Korean Defectors to Ministry)을 나타낸다.

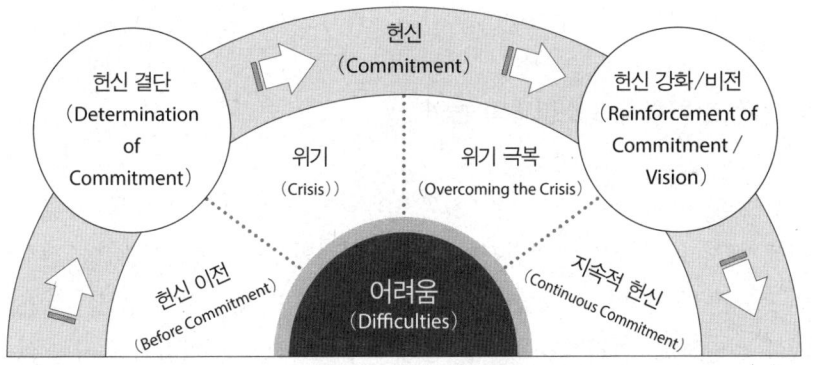

그림 23. 북한이탈주민의 목회자로의 헌신 모델
(A Commitment Model of North Korean Defectors to Ministry)

제3장

논의

연구자는 헌신이론을 생성한 후에 본 연구와 관련된 주제를 세 가지 문헌 연구와 비교했는데, 기독교 목회자의 소명과의 논의, 북한이탈주민 목회자에 대한 연구와의 논의, 기독교의 고난에 대한 연구와의 논의이다.

1. 기독교 목회자의 소명과의 논의

류호영(2016년)은 그의 논문 "목회자의 소명/사명에 대한 성경-신학적 이해"에서 목회 소명을 인간적인 소명과 신적인 소명으로 구분했다. 신적인 소명은 개인적인 차원에서 내적 확신이나 의지 혹은 자기 헌신과 같은 것에 해당하고, 인간적인 소명은 공동체적 차원으로 사역자의 은사나 삶의 정황 그리고 교회 목회자 청빙(請聘) 등을 말한다(류호영, 2016, 190).

본 연구에 참여한 북한이탈주민 헌신자들의 헌신 결심의 요인을 목회 소명 분류에 따라 분석해 보니, 신적 소명에 관해서는 19명이 언급했고, 인간적인 소명에 관해서는 28명(67퍼센트)이 언급한 것으로 나타났다.

구약의 선지자들을 부르신 하나님의 방법이 다양하여 어떤 일관된 패턴을 따르지 않고 있는데(류호영, 2016, 193, 195), 북한이탈주민 목회자들도 헌신 결심의 동기가 여러 형태였다. 아래 그림 24는 목회자의 소명 분류에 따른 헌신 요인에 대한 내용이다.

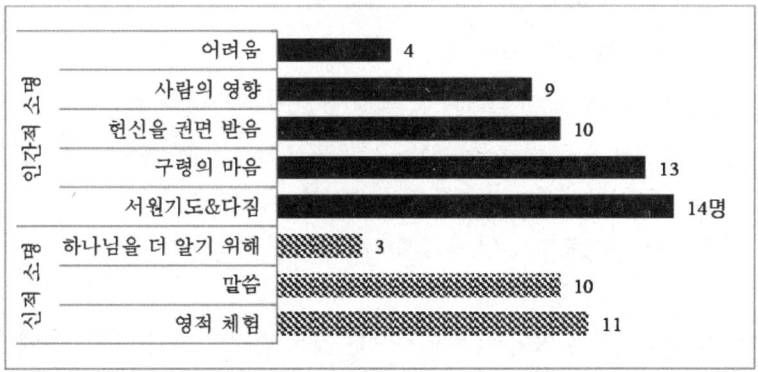

그림 24. 목회 소명 분류에 따른 헌신 결심 요인

때로는 목회자의 정체성에 대하여 구약의 선지자들이나 신약의 사도들의 신분과 동일하게 생각하기도 한다. 이는 목회자가 다른 소명보다 더 특별하다는 인식 때문으로, 그러한 견해는 성경적으로 옳다고 볼 수 없다.

이는 목회자라는 직분은 하나님으로부터 받는 유일한 부르심이 아니라 다양한 부르심 중에 하나라는 성경적 소명을 이해하지 못하고 있기 때문이다(류호영, 2016, 186).

연구 참여자 중에 5명은 하나님의 음성을 듣고, 4명은 환상과 꿈을 통해서 하나님으로부터 부르심을 받았다고 진술하였는데, 이는 탈북 과정의 어려운 환경 속에서 많은 영적 체험이 일어났기 때문으로, 이러한 부르심을 '초월적 부르심'(Transcendent Summons)이라고 부른다(류호영, 2016, 186-87).

그러나 연구에 참여한 북한이탈주민 목회자들은 자신이 생각하는 목회자는 특별한 상위 계급이나 섬김을 받는 자들이 아니라 다른 사람을 섬기는 자라고 진술하였다.

저는 한 번도 목회자로 폼 잡고 그런 적도 없고 그렇게 하고 싶지도 않아요. "여러분이나 나나 똑같은 하나님의 자녀다. 여러분과 나는 종이 장 한 장 차이다. 하나님이 나를 강대상에 세우시고 말씀을 전하도록 하게 하시니 말씀을 전하는 것이다. 그러나 주님이 보시기에는 다 동등한 하나님의 자녀이고, 종이 한 장 차이니까, 서로서로 사랑하면서 이 사명을 감당해나 가자." 이런 거 있잖아요.(FJ2, 15).

섬긴다고 그러면서 리더로 설 때, 완장을 차는 순간 주님이 안 보인다고 그럽니다. … 그 땅에 갔을 때도 "당신이 그 땅에서 목사로 받은 그 구별된 것들은 어쩔 것이냐"라고 물었을 때, 저는 당당하게 이렇게 말할 겁니다. "하나도 구별된 것 없이 평신도로 살았습니다"(MH1, 25).

이 밖에도 헌신에 있어서 가장 중요한 것은 섬김의 자세와 십자가에 자신을 죽이는 것이라고 진술하였는데, 이는 예수님이 복음을 선포하실 뿐 아니라 제자들을 세우셔서 예수님을 따라 섬김의 십자가를 지고 살도록 하였기 때문이다(류호영, 2016, 199). 요한복음 21장 15절부터 17절에 나타난 목회자로의 헌신은 예수님에 대한 사랑으로 표현할 수 있다.[1]

'목회자의 소명은 목회자가 예수를 사랑하는가?'

다시 말해, '세상을 사랑하지 않는가?'

이런 관점에서 이해하는 것이 바람직하다(류호영, 2016, 186). 참여자들이 헌신 과정 중에서 겪은 어려움 중에는 헌신자와 성도 모두가 믿음이 변하는 신앙의 어려움이다. 어려움의 내용은 기복적인 신앙, 돈벌이를 위해 신앙을 이용함, 또는 일용할 양식이 아닌 풍요로움을 구하는 등이다.

이와 같은 문헌 연구와의 비교 분석의 결과로, 류호영의 주장과 같이 북한이탈주민이 기독교 목회자로 부름을 받는 요인은 다양한 부르심 중의 하나이며, 특별하거나 신비로운 부르심의 체험이 아님을 발견할 수 있었다.

---

[1] "예수께서 시몬 베드로에게 이르시되 요한의 아들 시몬아 네가 이 사람들보다 나를 더 사랑하느냐 하시니 이르되 주님 그러하나이다. 내가 주님을 사랑하는 줄 주님께서 아시나이다 이르시되 내 어린 양을 먹이라 하시고"(요 21:15).

2. 북한이탈주민 목회자 연구와의 논의

연구자는 안란희(2014년)의 연구 "북한이탈주민들의 기독교 신앙과 목회사역에 관한 연구; 1992-2014년을 중심으로"에서 탈북민 목회자에 대한 연구 내용과 본 연구의 헌신이론을 비교 분석했다.

안란희는 탈북민 목회자에 대하여 연구하였는데, 탈북민 목회자들의 신앙관,[2] 탈북 공동체와 목회 사역, 남녘 교회와의 관계 그리고 통일 시대를 위한 교회의 미래 비전 등 네 가지였다.

그의 연구에 따르면, "탈북민 목회자들에게 필요한 자세가 무엇인가"라는 질문에 대한 주요한 대답이 소명 의식과 섬김의 자세였다. 즉, 소명 의식이 있는 목회자는 삶으로 예수님을 따르는 사람이며, 탈북민 목회자의 소명은 예수님의 길, 십자가의 길을 걷는 것이었다.[3]

안란희의 연구에 나타나는 소명 의식은 본 연구에서 발견된 '정체성'과 같은 내용으로 볼 수 있다. 연구 참여자들은 헌신을 결심한 이후에 겪은 내적인 문제 중에 가장 많은 어려움이 정체성 혼란이었다. 참여자들은 경제적 문제로 인해 정체성의 혼란을 경험하였고, 서로 충돌하는 두 가지의 가치관 사이에서의 갈등을 겪기도 하였다.

그리고 헌신의 핵심으로 언급한 헌신자의 태도는 항상 준비하고 배우는 자세, 작은 일에도 충성하고 책임을 다하는 태도, 정체성을 잊지 않는 것 그리고 믿음과 실력의 균형을 지키는 것 등이다. 또한 예수님의 모습을 따르는 것이 헌신의 핵심이므로 헌신자의 인성이 중요하다고 진술하였는데, 섬김의 자세와 자신의 십자가를 지고 따르는 삶과 나를 죽이는 인성의 중요함을 강조하였다.

관계에 있어서 남녘 교인과 북한 이탈 주민들 사이의 관계의 간격이 좁혀져야 할 필요가 있는데, 남녘 교회의 무관심과 편협한 현실이 탈북민 목회자

---

2 안란희는 "탈북 목회자"라고 표현하였는데, 이 표현은 목회자인데 탈북했다는 오해의 소지가 있어 연구자의 판단으로 '탈북민 목회자'라고 수정하였다.
3 안란희, "북한이탈주민들의 기독교신앙과 목회사역에 관한 연구", 40-42.

들의 사역 기회를 주지 않는 현실로 드러나고 있다(안란희, 2014, 47). 그리고 탈북민 목회자인 K 목사는 인터뷰를 통해 탈북민 목회자들이 탈북민들에게 복음을 전할 중재자 역할을 할 수 있기 때문에 중요하므로, 북녘에서 온 사람들을 믿음과 말씀으로 잘 세우는 것은 북녘을 변화시키는 길이라 생각하였다(안란희, 2014, 47-48).

본 연구에서도 헌신 과정에서 남녘 교회의 우월의식이 가장 어려움을 준다고 20명이 답하였다. 그리고 남녘 교회의 북녘 사람들에 대한 이해와 관심 부족에 관해서도 11명이 답하였는데, 이러한 남녘 교회로부터 받는 어려움은 전체 어려움의 22퍼센트를 차지한 것으로 나타났다.

그러나 본 연구에 나타난 차이점은 탈북민 목회자들이 이러한 어려움에 관해서 18명이 자신을 돌아보고, 자신을 낮추어 죽임으로 어려움을 극복하려고 했으며, 이러한 어려움을 극복하면서 남녘 교회가 겪고 있는 어려움도 발견하게 되었다는 점이다.

그리고 남녘 교회에 관해서도 긍정적인 면을 인정하게 되는 변화가 있었다고 12명이 답하였다. 특별히 탈북민 목회자들은 인간관계로 인한 어려움을 겪는데, 그 원인을 남녘 교회만의 문제만으로 생각하지 않고 자신의 문제점을 돌아보고 관계를 극복하려는 성숙한 모습이 나타났다.

그리고 통일시대에 탈북민 목회자들은 통일 이후 북녘 복음화를 위해서 남녘 교회에서 훈련받아야 하는데(안란희, 2014, 52), 이와 유사하게 본 연구에서 탈북민 교회를 개척한 한 참여자는 남녘 교회 안에서의 훈련이 중요하다고 진술하였다.

> 탈북자들이 이곳에 와서 그냥 신학을 하고 개척하면 안 됩니다.
> 저는 최하 5년은 남녘 교회 안에서 사역 훈련을 받아야 한다고 봅니다.
> 우리는 북한에서 신앙생활을 안 했던 사람들이잖아요?
> 중국에서 잠깐 성경 공부하고 온 사람들인데 목회는 신학만 가지고 하는 것은 아니잖아요. 목회는 행정도 되어야 하고 사람들과의 관계도 중요하고요.
> 신학생이면서 자기가 섬기는 교회 없이 졸업해서 무슨 개척을 한다는 겁니까?(MK6, 21)

또 한 참여자는 남녘 목회자인 담임목사가 남녘 교인들의 교구 사역을 맡기시는 사역 철학을 공감하고 북녘 선교를 위한 많은 것을 배우고 있었다.

> 담임목사님이 이렇게 말씀하셨죠.
> "왜 탈북 목사는 탈북민 목회만 해야 한다는 틀에 갇혀 있어야 되는가? 그거는 통일이 아니다. 우리가 그걸 바꿔야 된다."
> 그래서 2년 동안 저희에게 제일 큰 교구를 맡겨 주셨어요. 2년에 한 번씩 체인지 되는데 … 중간에 위기들도 있었죠. 탈북민들이 잘 안 나오게 되었는데 (내가 하다가 안 하니까) 다시 사역 재조정을 하면서 이런 건의들이 있었어요.
> "탈북자 목회는 역시 탈북민이 해야 한다."
> 그러나 담임목사님이 일언지하에 거절하시며 말씀을 하셨어요.
> "어떻게 해서 그만두게 한 건데, 이제 와서 다시 그렇게 하는 것은 바람직한 일이 아니다."
> 저희 교회는 교구하고 개발원이 따로 있습니다. 저는 경조 개발원을 맡고 있다가 지금은 전도대를 맡고 있습니다(MH2, 7).

그리고 안란희는 북한이탈주민을 위한 목회에 힘써야 할 이유에 관해, 북한이탈주민은 남과 북의 중재자가 될 뿐 아니라 미래의 통일 시대에 핵심적인 역할을 감당할 것이기 때문이라고 하였다. 탈북민 교회를 개척한 탈북민 C 목사는 이렇게 진술하였다.

> 중요한 것은 교회를 통해 성공한 사람들의 모습을 많이 보여 주는 동시에 신학 공부를 하는 탈북민 신학생과 목회자들을 하나의 본으로 세워 자각과 자부심을 가지도록 해야 합니다. 많은 탈북민이 주변에서 신학 공부하거나 목회하는 동기생들을 보면서 많은 도전을 받고 있다는 사실이 통일 일꾼양성에 희망적인 거죠(안란희, 2014, 54).

본 연구를 통해 북한이탈주민 목회자 9명은 앞으로 북녘에 가서 주도적으로 전도를 하여 교회를 개척하겠다고 진술하지만, 북한이탈주민 목회자들이 북녘 선교에만 제한되어 있어서는 안 된다는 주장도 있었다. 그 이유는 하나님이 북녘땅의 복음화는 하나님의 마음을 품은 사람이라면 누구라도 맡기실 것이라는 확신 때문이었다(MH2, 17). 그중에 북녘 선교는 남녘과 북녘이 함께 이루어 나가야 한다고 주장하는 한 참여자의 진술이다.

> 한국 교회는 선교사님들이 와서 복음을 전해 주었는데도 문화의 차이를 엄청 많이 뛰어넘었는데, 우리는 기껏해야 60년 차이일 뿐이고, 통로도 많이 있는데, 왜 이분법적으로 생각을 하는지 잘 모르겠어요.
> "북한 선교는 같이하는 거다. 복음이 있는 사람들이 하나님의 마음을 가지고 가면, 그래서 변하는 거다!" …
> 내가 8년 전에 왔지만, 지금까지 북한이 너무 많이 변하고 있는 거예요. 시대는 계속 변하고, 너무 빨리 달라지는데, 그때 경험 가지고 북한 사람들을 이해하기가 어렵죠. … 그 차이를 뛰어넘을 힘이 복음(십자가)에 있다고 강하게 믿어요. … 하나님이 누구를 통해서든지 그 땅의 교회를 회복시키실 것이라는, 그런 믿음이 있습니다(ML3, 19-20).

이러한 북한이탈주민 목회자 연구와의 논의를 통해 발견한 북한이탈주민 목회자들이 건강하게 세워져야 하는 이유는, 그들이 다른 북한이탈주민들에게 영적인 본이 되기 때문이다. 또한, 북한이탈주민들이 복음을 듣고 신앙인으로 건강하게 세워지는 것이 앞으로 북녘에 있는 동포에게 본이 될 것이다.

3. 기독교의 고난에 대한 연구와의 논의

'기독교의 고난'에 대한 연구는 선행 연구에서는 다루지 않았으나, 본 연구를 통해 발견된 핵심 주제가 '어려움'이어서 기존 기독교의 고난에 대한 연구와 본 연구에 나타난 어려움의 주제를 비교해 보았다.

어려움은 모든 인간에게 찾아오기에 누구나 어려움을 피하기 원한다고 이해하며, 모든 종교와 철학이 고난을 대하는 태도에 다양한 모습을 보여 왔지만, 기독교만이 고난을 하나님과의 이해 관계로 다루려고 한다.[4]

마틴 루터는 하나님이 역사하시는 방법은 정상적인 일(Opus Proprium)과 비정상적인 일(Opus Alienum)인데, 전자를 통해 하나님은 그리스도 안에서 구원 역사를 이루시고 , 후자를 통해 인간이 잘 이해하지 못하고 깨닫지 못하는 방향으로 역사한다고 하였다. 악의 존재도 하나님의 비정상적인 일에 속하며, 하나님은 악을 통해서도 선을 이루게 하신다.[5]

1) 신정론(神正論; Theodicy)

수백 년 동안 많은 신학자는 하나님과 무고한 고통의 발생에 대하여 학문적 씨름을 해왔는데, 이를 '신정론'이라 부른다.

최홍석(2016년)은 다음과 같이 질문했다.
"선하고 의로운 신이 만든 이 세계에 악이 존재하는 이유가 무엇일까?"
이 질문에 대한 답은 이렇다.[6]
"세상의 악에 대해 인간이 해결할 수 없는 것은 우리가 악과 고통을 다 설명할 수 없으며, 하나님의 방식이 정당하다는 것을 증명할 수 없기 때문이다."[7]

우리는 북녘의 동포가 겪어오고 있는 고난을 어떻게 이해해야 할까?
하나님은 왜 북녘의 고난을 외면하시고 이 고난이 끝나도록 간절하게 드리는 기도에 응답하지 않고 계신 것일까?
그리고 북한이탈주민 기독교인들은 이 문제에 관해서 신앙적으로 어떻게 생각하고 있을까?

---

4 김나함, "고난 이해에 대한 역사적인 고찰", 「신학사상」 132 (2006년): 110.
5 최홍석, 『인간론』, (서울: 개혁주의신행협회, 2016), 353.
6 앞의 책, 352.
7 토마스 G. 롱, 『고통과 씨름하다: 악, 고난, 신앙의 위기에 대한 기독교적 성찰』, 정혜영 역 (서울: 새물결플러스, 2014), 63.

본 연구에 참여한 31명의 북한 이탈은 1980년대부터 2010년대까지 이루어졌는데, 이 기간은 북녘의 식량난과 자연재해 그리고 고난의 행군으로 인한 많은 인명 피해가 일어난 시기이다. 참여자들은 경제적 어려움을 느꼈으며(8명), 가족들로 인한 고통을 경험하였고(6명), 피신 생활로 인한 불안감(5명) 그리고 투옥과 질병이나 사고와 인격적 어려움과 북한 내지에서의 어려움(4명)을 겪었다. 고난의 행군을 전후로 하여 지금까지 북녘이 겪고 있는 어려움에 관해서 참여자들 자신도 그 이유를 다 알 수는 없으나, 그들은 하나님의 섭리가 있음을 고백한다.

2) 칼빈의 고난에 대한 이해

칼빈은 그의 저서 『기독교 강요』에서 성경 말씀 "그리스도의 남은 고난을 그의 몸된 교회를 위하여 내 육체에 채우노라"(골 1:24)를 주해(註解)하면서, '채우는 것'을 그리스도의 지체들이 육체 안에서 사는 동안 힘써 견뎌야 할 고난을 의미한다고 해석했다. 곧, 그리스도의 고난 일부가 아직 남아 있다는 뜻으로 그리스도께서 단 한 번 당하신 바로 그 고난을 그리스도를 믿고 따르는 지체들 속에서 날마다 당하고 계신다는 의미다.

그리고 그리스도께서 우리의 고난을 자기 자신의 것으로 간주하시는 영광으로 우리를 구별하시는 것이다.[8] 그러므로 그리스도인들에게 고난이란 그들의 정체성을 확인해 주는 표지와 같다고 할 수 있다.

일반적으로 북한이탈주민들이 겪는 고난을 그리스도의 남은 고난에 참예함으로 보기에는 어렵지만, 북한이탈주민의 기독교 목회자로의 헌신은 하나님의 섭리로 되는 것이기에, 헌신 전 과정에 흐르는 어려움은 그리스도의 고난에 동참하는 것으로 이해할 수 있다.[9]

---

8 존 칼빈, 『기독교 강요 (중)』 (고양: 크리스챤다이제스트, 2003), 182.
9 안인섭, "성도의 고난에 대한 칼빈의 신학적 이해: 베드로전서 4장 12-19절 해석을 중심으로", 「신학지남」 8, no. 1 (2016): 156.

연구 참여자들은 고난당함을 통해서 하나님의 강력한 영적 이끌림을 받았다. 연구 참여자들은 회심한 이후에 계속되는 고난을 통해서 하나님의 은혜와 살아 계심을 체험하므로, 하나님만을 의지하게 되었으며, 하나님의 뜻을 알게 되었다고 진술한다.

칼빈은 베드로전서 4장 12절과 13절을 해석하면서, "그리스도인들에게 고난이 주는 유익은 우리의 믿음을 시험하기 위한 것이며, 우리를 그리스도의 고난에 참여하는 자가 되게 하려는 것이다"라고 하였다.[10]

연구 참여자 15명이 고난을 통해서 하나님께 헌신하게 되었는데, 가족의 고난을 통해서, 감옥과 수용소 안에서의 어려움, 피신 생활의 불안함과 질병 등의 어려움이 하나님께 헌신하는 데 깊은 영향을 주었다고 진술하였다. 고난이 없이도 하나님께 헌신할 수 있지만, 참여자들이 겪은 고난은 헌신하게 하는 이유일 뿐 아니라, 믿음이 흔들릴 때 과거를 회상하면서 헌신 과정의 어려움을 이겨내게 하였다는 면에서 더 의미가 있다고 할 수 있다.

"하나님이 선택한 백성들에게 이러한 고난이 왜 있는가?
고난 가운데 하나님은 어디에 계셨는가?"

인간은 피조물이라는 자신의 한계 때문에 스스로 고난 가운에 일하시는 하나님을 인식하기가 어려우므로 이러한 질문을 하게 되고, 숨어 계시는 하나님(Hiddenness of God)에 대하여 생각하게 된다. 그렇지만 하나님은 고난을 통해서 자신의 백성을 훈련하시며, 성도의 고난 가운데도 하나님은 결코 그들을 떠나지 않으시며 여전히 숨어 계시면서 그들과 함께하신다.[11]

연구 참여자들도 고난 가운데 하나님을 향해 영적인 질문을 하였다.

"하나님은 북녘에 고난의 행군으로 수많은 사람이 죽을 때 어디에 계셨나요?"(MK3),

10　존 칼빈, 『新約聖經註釋』, Vol. 10. 성서주석출판위원회 역 (서울: 성서교재간행사, 1980), 449-50.
11　안인섭, "성도의 고난에 대한 칼빈의 신학적 이해", 175.

"하나님, 북한에는 이렇게 자유롭게 예배할 교회가 왜 없습니까?"(ML1), "나는 보내주셨는데, 왜 우리 자녀들은 보내주시지 않습니까?"(MH3), "왜 하나님은 그 청년을 순교의 제물로 받으셨습니까?"(FS2)

칼빈은 비록 그리스도인들이 명확하게 알 수는 없음에도 불구하고 그 상황들 가운데서 하나님이 일하고 계신다는 것을 인식해야 한다고 하였다.[12] 하나님이 적극적으로 숨어 계시는 것이 아니라, 인간이 그 하나님을 잘 인식할 수 없다는 것으로, 이를 "소극적 은폐성"이라고 지칭한다.[13]

연구 참여자들도 헌신의 과정 중에 겪는 어려움 가운데 침묵하신 하나님에 관해서 다 이해할 수는 없지만, 어려움을 극복해 가면서 하나님이 주시는 어려움의 의미를 깨달아 가고 있다.

요약하자면, 기독교 목회자로 헌신하게 된 연구 참여자들이 겪어 온 어려움은 헌신의 과정 중인 지금도 끝나지 않고 계속되고 있으며, 연구에 나타난 대로 그들의 어려움은 성경에 기록된 고난의 의미에 적용하여 해석할 수 있다.

그러므로 참여자들이 겪어온 어려움을 해결하고, 제거하는 것이 하나님이 함께 하시는 증거라고 생각하는 지금의 번영 신학의 영향으로 하나님이 허락하시는 귀중한 고난의 의미가 훼손되지 않아야 할 것이다.

12　존 칼빈, 『新約聖經註釋』, Vol. 7. 성서주석출판위원회 역 (서울: 성서교재간행사, 1980), 296.
13　헤르만 셀더르하우스, 『중심에 계신 하나님: 칼빈의 시편 신학』, 장호광 역 (서울: 대한기독교서회, 2009), 252-56.

제4장

연구의 적용

연구자는 본 연구를 통해 북녘 선교와 통일 과정 선교에 기대하는 점은 북한이탈주민 헌신자와, 남녘 교회를 향해 그리고 북녘 선교 관련 사역자들에게 적용하여 각자의 신앙과 사역에 유익을 주는 것이다. 따라서 다음과 같은 연구의 적용을, 특별히 오대원(David E. Ross)의 책 『두려움의 집에서 사랑의 집으로』(Out of the House Fear into the House of Love)의 내용을 인용하여 제시하려 한다.

오대원은 남녘에 선교사로 온 미국인 목사로, 특별히 남과 북의 화해와 성경적 통일 운동에 헌신하였다. 그는 통일의 용어를 사용하기를 권하는데 이렇게 말한다.

> 나는 남과 북이라는 용어를 더 좋아한다. 한반도를 둘로 나누는 정치적 경계선이 제거된 용어이기 때문이다. 한반도의 비극은 그 땅이 남과 북으로 임의로 분열되었다는 것이다.[1]

연구자는 남녘과 북녘, 북녘과 남녘 모두를 향하신 하나님의 뜻을 구하며 다음과 같이 적용할 것을 제시한다.

---

1 오대원, 『두려움의 집에서 사랑의 집으로』, 양혜정 역 (서울: 예수전도단, 2002), 34-35.

1. 북한이탈주민 헌신자

　연구자는 본 연구를 통해 현재의 북한이탈주민 헌신자들에게 아래와 같은 적용을 제안한다.

　첫째, 북한이탈주민이 겪어 왔고 지금도 겪고 있는 어려움 안에 값진 하나님의 섭리가 있음을 발견한다. 참여자들은 이러한 어려움이 극복해야 할 대상이면서도 하나님이 주시는 은혜의 도구임을 공통적으로 고백하였다. 오대원은, "고통을 겪지 않은 자들은 용서를 선포할 수는 있어도 용서가 마음속 깊이에서 우러나오지는 못한다"고 하였다(오대원, 2002, 32-33).
　북한이탈주민 헌신자로 겪는 고난이 비록 아픔의 흔적이지만, 하나님의 섭리 안에서 성경적인 시각으로 그 의미를 해석해야 함을 잊지 말아야 하겠다.
　둘째, 헌신 과정의 어려움에 관해서 26명이 내적 요인을 언급하였고, 30명이 외부적 요인에 관해서 진술하였다. 그런데 자기 내면의 문제를 해결함으로써 어려움을 극복한다고 25명이 언급하였다.
　어려움의 주요 원인이 외부와 환경으로부터 왔다고 불평하는 것이 아니라, 자신을 돌아보는 기회로 삼아 어려움을 극복하므로 신앙적 성숙을 이루어 왔다. 앞으로도 겪는 어려움도 이와 같은 성숙함으로 이겨내어서 북녘 동포는 물론 남녘 교회에 선한 영향을 미칠 것이라고 기대한다.
　셋째, 헌신의 핵심에 대한 답변으로 가장 많은 17명의 참여자가 사역의 태도에 관해서 언급하였다. 주요한 내용은 주어진 사역에 충성과 책임을 다하며, 앞으로의 비전을 위해서 준비와 배움에 성실히 임하고, 사람이 아닌 하나님 중심의 사역 태도에 강조점을 두었다.

　북한이탈주민은 이제 통일의 마중물의 역할을 넘어서 한반도의 복음 통일과 세계 선교 속에 한반도의 역할을 남녘 교회와 함께 이루어 가야 할 동반자임을 잊지 말아야 한다. 이에 피동적 자세가 아닌 능동적 자세로, 경험에 치우치지 않는 이론과 실력을 갖추어야 할 것이다. 그리고 이끌려 가는 자들이 아닌 함께 이끌어 가는 지도자로서 준비해 나가야 할 것이다.

2. 남녘 교회

　남녘 교회는 분단 이후 계속해서 북녘의 복음화를 위해 간절한 기도와 헌신적 희생으로 섬겨 왔다. 이념적 대립의 시대에는 영적 전쟁의 일환으로 북녘을 위해 온 교회가 기도했으며, 탈냉전과 고난의 행군으로 인해 무수한 탈북이 일어났을 때, 성도들의 귀한 헌금이 북녘의 동포들에 전달되었고, 선교사들을 통해 직접적으로 복음을 전하였다.
　그리고 북녘 내지에서도 다양한 형태의 선교가 진행되었다. 이제는 하나님의 섭리 안에서 3만여 명이 넘는 북한이탈주민들이 남녘에 정착하였고, 그들 중에는 복음주의 목회자로 헌신한 자들도 있는데, 그들이 개척한 교회가 2015년 현재 30개가 넘는다. 그리고 200명이 넘는 탈북민 신학생과 목회자가 신학을 공부하거나 여러 자리에서 사역하고 있다.[2]
　이러한 변화 속에 진행된 본 연구를 통해서 남녘 교회에 아래와 같은 적용을 제안한다.

　첫째, 한국 기독교 역사 초기에 선교사를 통해 한반도에 복음이 들어올 때, 많은 희생의 대가를 치르며 복음의 열매가 맺히고 교회가 세워졌다. 일제 강점기 동안은 믿음을 지키고 교회를 보호하기 위해서 수 많은 기독교인들이 순교의 피를 흘렸으며, 한국전쟁 전후로는 공산주의의 기독교 박해를 기도와 믿음으로 이겨내 왔다.
　그리고 하나님의 도우심으로 정치와 경제가 안정되고 교육과 문화의 발전으로 세계 경제협력개발기구(OECD) 국가가 되며 그 위상이 점점 높아지고 있다. 그러나 남녘 교회는 신학의 변질, 신앙의 나태함, 교회의 대형화 지향 그리고 목회자들의 도덕적 타락으로 인해 위기를 맞이하고 있다.
　연구자는 본 연구를 통해 어려움(Difficulties)은 북한이탈주민 헌신자들에게 하나님을 깊이 만나고, 헌신을 결심하며, 헌신 과정을 통해 성숙한 변화를 불러일으키는 핵심 주제(Core Theme)임을 발견하였다.

2　하광민, "북한이탈주민을 매개로 하는 북한 선교 구도의 변화," 366-67.

오대원은, "하나님이 온 세상을 사랑하신다. 남녘도 북녘만큼 사랑하시며, 북녘도 남녘만큼 사랑하신다. 하나님은 우리 모두를 똑같이 사랑하신다"라고 진술하였다(오대원, 2002, 16-19). 이와 같이 하나님이 북한이탈주민 헌신자들에게 허락하시는 고난은 그 극복 과정을 통해서 주시는 북녘을 향하신 하나님의 사랑이라고 해석할 수 있다.

이러한 관점의 변화는 배기찬(2005년)이 언급한 '코페르니쿠스적 발상 전환'과도 같은 것으로, 하나님의 역사와 사랑의 중심을 자기 자신에게만 두지 말아야 한다는 관점의 변화를 의미한다. 하나님의 사랑을 남녘과 남녘 교회만을 중심으로 보아서는 안 되며, 북녘을 중심으로도 일하시는 하나님이심을 잊지 말아야 한다.[3]

이에 이념적 감정과 우리 중심적 태도를 내려놓아야 하나님의 한반도를 향한 사랑을 발견할 수 있을 것이다. 남녘 교회는 북한이탈주민 헌신자들을 통해 남녘 교회에 주시는 하나님의 메시지를 놓치지 말고, 고난 중에 주시는 하나님의 은혜의 가치를 존중하며 신앙과 교회의 회복이 일어나기를 힘써야 할 것이다.

둘째, 참여자 23명이 북한이탈주민 헌신자들이 헌신의 과정 중에 겪는 어려움은 남녘 교회가 주는 어려움이라고 진술하였다. 그중에 가장 많은 20명이 남녘 교회의 우월(권위) 의식으로 인한 어려움을 진술하였다. 관계의 어려움은 상대적이라 할 수 있으나, 한 참여자의 고백처럼 5천만 명의 남녘 사람들이 3만여 명의 북한이탈주민을 먼저 이해하는 것이 당연하다는 고백에 귀를 기울여야 할 것이다(MB1).

남녘 교회의 우월적인 자세는 경제적, 정치적, 이념적 요인에 영향을 받고 있기에, 남녘 교회는 신앙적, 성경적, 교회론적 시각으로 북한이탈주민 목회자들을 바라보는 노력과 변화가 필요하다. 그 이유는 크리스천들은 세상의 인종, 정치, 권력, 부(富) 등 인간이 만들어 놓은 경계들을 초월하여 하나님의 눈으로 보려고 노력하는 자들이기 때문이다(오대원, 2002, 8-9).

---

3   배기찬, 『코리아 다시 생존의 기로에 서다』(서울: 위즈덤 하우스, 2005), 30.

아울러 남녘 교회는 북녘에 대한 거부감이나 두려움을 내려놓고 사랑하기 위해서 더 이해하며, 이해하기 위해서 더 알아가는 노력이 더 필요할 것이다.

셋째, 남녘 교회가 북한이탈주민들을 북녘 선교의 대상자로만 보고 그들의 필요를 채우는 일과 교회 부서 중 하나의 사역으로 여겨왔다면, 이제는 목회적 관점으로 보아 이들과 함께 공동체를 이루어 나아가야 할 것이다.[4] 본 연구에 참여한 북한이탈주민 헌신자 중 12명이 헌신 과정 이후의 변화의 내용대로 남녘 교회가 겪는 어려움을 이해하게 되었고, 남녘 교회가 주는 어려움보다는 유익한 점에 관해서 긍정적으로 생각하게 되었다.

그래서 헌신 후의 사역의 방향을 남녘 사회에서 좋은 영향력을 끼치는 목회와 목회자가 되는 것이며, 섬김의 사역을 강조하였고, 남녘 교회와 연합하는 것도 제시하였다. 북한이탈주민 목회자들은 이제 도움의 대상에 머물지 않고 남녘 교회와 연합하여 남녘사회에 긍정적 영향을 끼치기를 원하고 있다.

남녘 교회는 북한이탈주민 헌신자에게 중요한 훈련장이기에, 남녘 교회는 북한이탈주민 헌신자들의 목양과 사역 훈련의 기회와 사역 공간을 더 많이 만들어 주어야 한다. 그리고 종속의 관계가 아닌 연합의 관계로 좋은 모델을 더 많이 만들어 나가야 할 것이다.

3. 북녘 선교 관련 사역자

북녘 선교는 오랜 시간 다양한 방법으로 발전해 왔는데, 북녘으로 들어갈 수 없을 때는 기도와 방송 선교가 주된 사역이었으나, 중국이 개방되면서 북녘에 근접한 사역에 집중되었다. 그리고 1990년대 말에 일어난 비극적인 고난으로 수많은 북녘 동포의 탈북이 시작되면서, 북녘 선교는 북중 국경 일대와 중국 전역을 통해 이루어지게 되었다.

---

4   하광민, "북한이탈주민을 매개로 하는 북한 선교 구도의 변화", 366.

때로는 남북 관계의 개선(改善)과 교류 증대, 부분적인 개방 등을 통해서 북녘 안에서의 기독교 활동이 가능하기도 하였다. 무엇보다 남녘으로 보내신 3만 명이 넘는 북한이탈주민들이 정착하고 있고, 그들 중 목회자 헌신자들이 하나님이 부여하신 사역을 하는 중이다. 연구자는 북녘 선교 관련 사역자들에게 아래와 같이 제안한다.

남녘의 북녘 선교 사역자들은 자신이 북녘 선교의 전문가라는 의식을 내려놓아야 하는데, 이는 북녘 선교의 다양한 방법의 개발과 사역 현장에 대한 서로의 한계가 있기 때문이다. 남녘 교회가 가지고 있는 북녘 선교 사역의 장점이 있지만, 북한이탈주민 사역자들에게도 있는 장점과 그들이 감당하기에 더 유리한 사역 현장이 있다. 북한이탈주민 헌신자들은 남녘 교회와 사역자들이 북한이탈주민 헌신자들을 도외시하고, '북녘 선교 전문가'라는 용어를 사용하며 북녘 선교를 주도하려는 태도에 힘들어 한다.

오대원의 글을 인용하면, "지난 40년 이상을 크리스천 사역에 몸담아 온 자로서, 내가 가장 내려놓기 어려운 것은 내 자신의 개인적인 야망이라는 것을 발견했다. 계속적으로 나는 나의 어떤 좋은 생각이 분명히 하나님의 뜻, 또는 하나님의 계획임을 틀림없다고 생각하는 실수를 범한다. 종의 정신에는 자기 자신의 개인적인 성공을 찾는다는 것은 있을 수도 없다. 중요한 것은 하나님의 뜻이 행해지고 그의 이름이 영광을 받는 것이다(오대원, 2002, 75)"라고 했다.

이에 북녘 선교에 연관된 남녘사역자들은 동료 사역자들의 사역을 존중하며 연합을 위해 자신의 것을 내려놓고 상대방의 것을 경청하고 인정하는 훈련과 노력이 필요할 것이다. 이러한 남녘 사역자들의 사역 태도는 북한이탈주민 헌신자들에게 아름다운 영향을 줄 수 있을 것이다.

4. 북한이탈주민 목회자 교육 프로그램으로서 어려움이라는 주제

본 연구를 통해 북한이탈주민들이 목회자로 헌신하는 전 과정의 핵심은 어려움이었고, 이 어려움을 극복하게 되면서 변화와 성숙이 있음을 발견할 수 있었다. 어려움을 분석해 보니 인간관계의 어려움이 가장 많았고, 환경의 어려움과 자신의 내적 문제 그리고 신앙의 어려움 순으로 나타났다. 우선 이러한 연구 결과를 통해 북한이탈주민 목회자들의 어려움을 극복하도록 돕는 교육과 연관된 부분을 적용해 보겠다.

첫째, 외부적인 문제라고 할 수 있는 관계적 어려움과 환경적 어려움이다. 북한이탈주민 목회자 헌신자들과 남녘 교회가 서로를 알아가는 교육 프로그램이 필요하다. 남과 북의 기독교 역사와 신앙적 특징 그리고 교회에 대한 인식과 이해가 필요하다. 남과 북은 이념적 대립으로 인하여 자신의 우월성으로 서로에 대한 무관심 내지는 왜곡된 정보를 취득하여 관계의 어려움을 주어 왔다.

상대방을 흡수할 대상만으로 보는 것이 아니라, 함께 살아갈 가족과 이웃의 시각으로 바라보는 훈련이 필요하다. 이에 남녘 교회는 남과 북의 장단점을 객관적으로 설명하여 이해할 수 있는 교육 프로그램을 개발하여야 할 것이다.

그리고 환경의 어려움 중에 사역 환경의 어려움은 남녘 교회와 기독교 기관에서 북한이탈주민 목회자 헌신자들에게 다양한 사역 경험의 장을 제공해야 한다. 남녘의 헌신자들은 일반적으로 신학 과정 중에 교회학교 사역을 경험하고 목사는 교구 사역을 경험하면서 자신의 사역 방향을 결정하는 편이다.

또는 기독교 기관에 근무하면서 특수 사역에 대한 비전을 갖기도 한다. 이와 마찬가지로 북녘 출신의 헌신자들도 다양한 사역 경험 속에서 사역 비전을 형성해 나아가야 한다. 앞으로 북녘 선교와 통일의 과정은 모든 영역에서 북한이탈주민 헌신자의 역할이 필요하기 때문이다.

둘째, 내적인 어려움과 신앙의 어려움을 극복하기 위한 과정이 필요하다. 북한이탈주민 헌신자들이 겪는 대부분의 내면적인 혼란 중 주요한 영향은 북녘이나 중국 그리고 제3국에서의 환경과 남녘의 환경이 차이가 나기 때문이다. 사회적 지위, 경제적 차이로 인한 자존감의 훼손과 열등감 등이 큰 어려움으로 작동하고 있다.

그리고 어려운 과정에서 자유와 풍요로운 삶으로의 급격한 변화로 인해 죄에 대한 유혹과 믿음의 변질 등 신앙의 어려움이 나타나고 있다. 이러한 환경적 차이와 내적 어려움은 단시간에 해결될 문제가 아니기에, 목회자로의 헌신 과정과 목회 사역 중에도 계속 점검되어야 한다.

이에 탈북민 헌신자들의 훈련 과정에 지나치고 일방적인 지원보다는 스스로 극복할 힘을 키울 수 있는 환경이 필요하다. 남녘 교회도 탈북민 정착과 헌신자의 신학 과정과 목회 지원에 경쟁적인 지원을 삼가야 할 것이다.

다음으로는 헌신 과정의 어려움을 극복하는 요인을 통해서 본 교육 프로그램 개발을 생각해 보아야 한다. 탈북민 헌신자들은 자신이 겪는 외부적인 어려움을 극복하기 위해 자신의 부족함을 깨닫고, 하나님의 은혜를 돌아보며 해결하였다. 또한 말씀과 기도, 첫 소명을 회복하면서 내적인 어려움을 극복하였다. 이에 북한이탈주민 목회자들의 영성과 신앙 훈련이 계속되어야 할 것이다. 특별히 성경적 고난의 신학을 정립해 나아감으로 남녘에서의 안주와 번영신학에 빠져들지 않도록 도와야 한다.

제5장

연구의 제언

본 연구는 질적 연구방법 중 근거 이론으로 진행되었기에 일반화시키는 이론을 생성하는 데에는 한계점이 있다고 본다. 그런데도 현재 북한이탈주민 중 기독교 목회자로의 헌신자 약 200여 명 중에 31명을 대상으로 진행된 연구에는 의미가 있다고 본다.

앞으로 더 많은 북한이탈주민 헌신자들이 나올 것으로 기대한다. 회심 1세대와 1.5세대가 아닌 회심 2세대 중에도 헌신자가 나올 것이기 때문에,[1] 앞으로 북한이탈주민 헌신자에 대한 다양한 주제의 연구가 필요하리라 예상된다.

아울러 남녘뿐 아니라 세계 여러 나라에 흩어져 있는 북한이탈주민 사역자에 대한 연구도 병행되어야 할 것이다. 처해 있는 환경과 흩어지게 된 경위가 다양하기에 그러한 다양성 속에 하나님이 주신 의미를 발견하는 연구는 유익하리라 본다.

연구 과정에서 핵심 주제가 발견되고 자료를 분석한 이후에 참여자들에게 헌신에서 어려움의 의미가 무엇인지를 다시 물었는데, 한 참여자가 이렇게 대답했다.

> 저 말고 주변에 더 많은 사역과 경험을 가지고 있고 지금도 귀하게 사역하고 계신 분들이 많은 것으로 알고 있고 이미 선교사님이 그분들과 연락을 하고 계신 것으로 알고 있습니다. 개척하여 2년도 안 되었는데 벌써 고난

---

1 회심 2세대란 남한에서 태어난 북한이탈주민으로 헌신하여 신학 과정이나 목회자가 된 자를 의미한다. 이 또한 본 연구자가 편의상 명명한 것이다.

에 대한 다양한 각도의 해석이 되기에는 이르다고 생각합니다.[2]

어려움에 대한 의미와 해석은 시대와 경험의 정도에 따라 분명히 다를 것이다. 그러한 한계 가운데 31명의 연구 참여자들의 답변으로 연구 결과가 나온 것이기에, 앞으로 어려움에 대한 연구는 계속되어야 할 것이다.

무엇보다 "고난의 신학"에 대한 연구는 통일 과정을 지나고 있는 교회와 북한이탈주민 헌신자들에게는 중요한 주제일 것이라 본다. 번영의 시대에 고난의 신학을 연구하는 것은 매력이 없어 보일 수 있다.

그러나 성경에서 말하는 예수 그리스도의 고난의 십자가 신학과 예수를 따르는 제자도, 십자가의 정신으로 땅끝까지 복음을 전해야 하는 지상명령 완수와 관련하여 북한이탈주민과 헌신자들을 통해 주시는 고난의 의미를 연구해야 할 것이다. 그리고 본 연구의 참여자 중에 10명이 20-30대 헌신자인데, 그들 스스로 북녘 선교와 헌신의 의미를 연구하고 정립하려고 노력하고 있었다.

끝으로, 본 연구 과정과 이론을 통해 앞으로 북한이탈주민 사역자들 가운데 학문적 연구가 활발하게 이루어질 것을 기대한다.

---

2 MY1의 2020년 5월 12일 SNS 내용을 정리한 것임.

참고 문헌

1. 단행본 (한국어)

강디모데. 『연어의 꿈』 서울: 예영 B&P, 2017.
강창섭. 『선교학 연구 방법론: 근거 이론 활용 지침』 서울: CLC, 2018.
그로셀, 크레이그. 『목사로 산다는 것. 윤종석 번역』 서울: 두란노, 2008.
김기홍. 『논문 작성 이렇게 하라』 서울: 시대의창, 2016.
김병로. 『북한사회의 종교성, 주체사상과 기독교의 종교양식 비교.』 서울: 통일연구원 연구총서, 2000.
김상수. 『한반도 통일과 평화정착을 위한 성서적 교회론에 관한 연구』 서울: 나눔사, 2019.
김진봉, 권일두, 대럴 잭슨, 도로티아 나지, 드와이트 P. 베이커, 루스 파질라 데보르스트, 마리 미카엘, 박기호, 벤 토레이, 사디리 조이 티라, 사무엘 리, 사무엘 K. 라오, 샘 조지, 세스 케이퍼 데일, 안성호, 앤드류 F. 월스, 에이코 타카미자와, 오영섭, 위삼 P. 카무, 이대영, 이대훔, 이재훈, 이준성, 전철한, 정마태, 정형남, 제시 N. K. 무감비, J. 넬슨 제닝스, 조나단 J. 봉크, 조수아 아슬란백, 조은아, 최우성, 최인호, 크레이그 놀, 크리스토퍼 J. H. 라이트, 피터 M. 센세닉, 홍귀표, & 화종부. 『난민, 이주민, 탈북민에 대한 선교 책무』 서울: 두란노, 2018.
롱, 토마스 G. 『고통과 씨름하다. 악, 고난, 신앙의 위기에 대한 기독교적 성찰』 정혜영 번역. 서울: 새물결플러스, 2014.
배기찬. 『코리아 다시 생존의 기로에 서다』 서울: 위즈덤하우스, 2006.
블렌플렉, 케빈, 케이 마리 블렌플렉. 『부르심에 합당한 삶을 위한 소명 찾기』 강선규 번역. 서울: IVP, 2006.
사이어, 제임스. 『기독교 세계관과 현대사상』 김헌수 번역. 서울: IVP, 2007.

쉘더르하우스, 헤르만. 『중심에 계신 하나님: 칼빈의 시편 신학』 장호광 번역. 서울: 대한기독교서회, 2009.
스토트, 존. 『하나님의 새로운 사회 (에베소서 강해)』 박상훈 번역. 서울: 아가페, 1994.
안현민, 윤여상, & 정재호. 『2017 북한 종교자유 백서』 서울: 북한인권정보센터, 2017.
안점식. 『세계관을 분별하라』 서울: 죠이선교회, 2016.
엄기영. 『내가 선 곳, 거룩한 땅』 서울: 생명의말씀사, 2018.
옥한흠. 『고통을 다루시는 하나님의 손길』 서울: 국제제자훈련원, 2004.
월터스, 알버트. 『창조, 타락, 구속』 양성만 번역. 서울: IVP, 1992.
윈터, 랄프, 김동화, 변창욱, 스트븐 호돈. 『퍼스펙티브스』 이현모, 정옥배, & 한철호 번역. 서울: 예수전도단, 2010.
이덕주. 『기독교 사회주의 산책』 서울: 홍성사, 2011.
이반석. 『타문화권적 선교로 진행되어야 할 북한 선교』 서울: 모퉁이돌 선교연구원, 2004.
이순실, 최연실, & 진미정. 『북한이탈주민의 종교경험』 서울: 서울대학교 출판문화원, 2015.
이종우. 『선교·문화 커뮤니케이션』 서울: CLC, 2011.
임헌만. 『마음 치유를 통한 북한 선교』 고양: 두날개, 2012.
전병길. 『통일 시대를 살다』 서울: 포앤북스, 2012.
전우택. 『통일에 대한 기독교적 성찰』 서울: 새물결플러스, 2014.
주도홍. 『통일로 향하는 교회의 길』 서울: CLC, 2015.
쥬빌리 설교집 발간위원회. 『통일을 설교하라』 서울: 포앤북스, 2013.
최윤식. 『한국 교회 미래지도』. 서울: 생명의 말씀사, 2015.
최홍석. 『인간론』 서울: 개혁주의신행협회, 2016.
칼빈, 존. 『기독교강요 (중)』 원광현 번역. 고양: 크리스찬다이제스트, 2003.
_____. 『新約聖經註釋』 Vol. 7. 성서주석출판위원회 번역. 서울: 성서교재간행사, 1982.
_____. 『新約聖經註釋』 Vol. 10. 성서주석출판위원회 번역. 서울: 성서교재간행사, 1980.
_____. 『영한 기독교강요』 제 4권. 편집부 번역. 서울: 기독교성문출판사, 1996.
켈러, 팀. 『고통에 답하다』 최종훈 번역. 서울: 두란노, 2018.
한완상. 『한반도는 아프다』 서울: 한울, 2013.
히버트, 폴. 『선교와 문화인류학』 김도화, 이종도, 이현모, & 장홍호 번역. 서울: 죠이선교회출판부, 2010.
_____. 『인류학적 접근을 통한 선교현장의 문화이해』 김영동, 안영권 번역. 서울: 죠이선교회출판부, 2015.
_____. 『21세기 선교와 세계관의 변화』 임종원 번역. 서울: 복 있는 사람, 2014.

ACTS 선교대학원 북한연구원. 『북한의 종교: 조기연의 북한종교의 핵심 '김일성 (수령) 교.』 서울: 청미디어, 2016.
Anderson, James N. 『나도 모르는 나의 세계관』 김광남 번역. 고양: 이례서원, 2016.
Charmaz, Kathy. 『근거 이론의 구성』 박현선, 이상균, & 이채원 번역. 서울: 학지사, 2013.
Corbin, Juliet, Anselm Straus. 『근거 이론』 김미영 번역. 서울: 현문사, 2019.
Creswell, John W. 『연구방법 질적, 양적 및 혼합적 연구의 설계』 김영숙, 류성림, 박판우, 성용구, 성장환, 유승희, 임남숙, 임청환, 정종진, & 허재복 번역. 서울: 시그마프레스, 2017.
_____. 『질적 연구 방법론: 다섯 가지 접근』 권지성, 김진숙, 정선옥, & 조흥식 번역. 서울: 학지사, 2013.
Glaser, Barney G., and Anselm L. Strauss. 『근거 이론의 발견 질적 연구 전략』 김사훈, 박상욱, & 이병식 번역. 서울: 학지사, 2017.
Guinness, Os. 『소명』 홍병룡 번역. 서울: IVP, 2000.
Kraft, Charles H. 『기독교 문화인류학』 안영권, 이대현 번역. 서울: CLC, 2010.
Myers, Bryant L. 『세계선교의 상황과 도전』 한철호 번역. 서울: 선교한국, 2008.
Samovar, Larry A., Richard E. Poster, Edwin R. McDaniel, & Carolyn S. Roy. 『문화 간 커뮤니케이션』 김현숙, 박기순, 이두원, 이영옥, & 최윤희 번역. 서울: 커뮤니케이션북스, 2015.
Seidman, Irving. 『질적 연구 방법으로서의 면담』 박혜준, 이승연 번역. 서울: 학지사, 2016.
Stevens, Paul R. 『21세기를 위한 평신도 신학』 홍병룡 번역. 서울: IVP, 2011.

2. 단행본 (영어)

Brewer, Ernest W., & Nancy Headlee. *Research Design*, in *Encyclopedia of Research Design*, edited by Neil J. Salkind. Thousand Oaks. CA: SAGE Publication, 2010.
Grasser, Arthur F., & Donald A. McGavran. *Contemporary Theologies of Mission*. Grand Rapids Baker Book House, 1983.
Hall, Stuart. *From Routes to Roots*. In *A Place in the World*, edited. Doreen Massey & Pat Jess. New York: Oxford University Press, 1995.
Jennings Jr., T. W. *Transforming Atonement a Political Theology of the Cross*. Minneapolis: Fortress Press, 2009.

Kumar, Ranjit. *Research Methodology: A Step by Step Guide for Beginners*. Thousand Oaks. CA: SAGE Publication, 2005.
Rambo, Lewis R. *Understanding Religious Conversion*. New Haven: Yale University Press, 1993.

3. 학술지

강진웅. "북한연구와 질적 방법론의 활용". 「아세아연구」 58, no. 1 (2015년 3월): 66-97.
권수영. "목회상담자를 위한 회심 이해 변화를 위한 목회 신학". 「목회와 상담」 6권 (2005년 3월): 163-191.
김경숙, 김재환, 송경, 전명희, & 정숙희. "탈북 기독교인들의 신앙 여정에 관한 연구: 근거 이론 접근방법을 중심으로". 「한국기독교상담학회지」 30, no. 4 (2019년 11월): 173-207.
김나함. "고난 이해에 대한 역사적인 고찰". 「신학사상」 132 (2006년): 109-30.
김동영. "종교적 회심을 통전적으로 이해하기: 성 어거스틴을 중심으로". 「목회와 상담」 18 (2012년 4월): 37-83.
김병욱, 김영희. "북한사회의 '수령교'와 타종교권 선교에 따른 북한 선교". 「사회과학연구」 18, no. 2 (2010년 7월): 90-125.
김성욱. "선교신학적 관점에서 본 회심과 변혁". 「선교와 신학」, no. 40 (2016년 10월): 79-106.
김승호. "목회자 이중직에 대한 신학적 고찰". 「신학과 실천」 47 (2015년 11월): 571-94.
김영호. "타문화권 선교로 접근해야 할 북한 선교". 「선교신학」 38 (2015년 1월): 75-112.
김의환. "목회자의 소명의식". 「신학지남」 62, no. 2 (1995년 6월): 5-8.
김재녀, 이형하. "북한이탈주민의 지역사회 적응과정과 유형에 관한 질적 연구". 「한국지역사회복지학회 학술대회」 (2013년 5월): 101-104.
김홍수. "주체사상 사회에서의 북한기독교의 미래에 관하여". 「피어선 신학논단」 2, no.1 (2013년 2월): 5-24.
류성민. "주체사상과 종교". 「종교연구」 32 (2003년 9월): 27-54.
류호영. "목회자의 소명/사명에 대한 성경-신학적 이해". 「신학과 실천」 49 (2016년 5월): 185-217.
박영범. "신정론과 하나님의 고난: 신정론 문제의 응답으로써 하나님 고난이 주는 의미". 「한국조직신학논총」 33 (2012년 9월): 239-279.

반신환. "루이스 람보(Lewis R. Rambo)의 회심 이해". 「종교연구」 30 (2003년 3월): 1-19.
배충현. "회심과 변혁: 기존 연구들의 분석 및 통전적 연구의 제안". 「선교와 신학」 no. 40 (2016년 10월): 49-78.
송영섭. "디아스포라(Diaspora) 관점에서 본 탈북민 이해와 선교의 의미". 「개혁논총」 37 (2016년 3월): 131-158.
안인섭. "성도의 고난에 대한 칼빈의 신학적 이해: 베드로전서 4장 12-19절 해석을 중심으로". 「신학지남」 8, no. 1 (2015년): 153-184.
안지언, 김석호. "북한이탈 청소년의 북한에서의 문화교육 경험과 한국 내 사회문화적 적응 간 관계에 대한 근거 이론 연구". 「국정관리연구」 10, no. 2 (2015년 8월): 217-240.
유혜란. "탈북민을 통하여 본 '북한체제트라우마'(NKST) 불안연구". 「한국기독교상담학회지」 25, no. 1 (2014년 3월): 117-155.
이만식. "북한 선교의 새로운 전략 방안: 탈북자들의 교회에 대한 태도를 바탕으로". 「신학논단」 41 (2005년 9월): 175-226.
임창호. "한국 교회 북한 선교의 현황과 한계 그리고 기독교교육적 접근의 새로운 모색". 「기독교교육논총」 33 (2013년 3월): 267-297.
정원범. "탈북자 이해와 한국 교회 탈북자선교의 과제". 「선교와 신학」 38 (2016년 2월): 231-265.
정은미. "북한연구방법으로서의 탈북자 조사의 활용과 연구 동향". 「현대북한연구」 8, no. 3 (2005년 12월): 139-176.
최귀순. "Strauss와 Glaser의 근거 이론 방법론 비교". 「정신간호학회지」 14, no. 1 (2005년 3월): 82-90.
최민수. "하나님의 이중적 이미지: 무력한 하나님, 힘 있는 하나님". 「한국기독교상담학회지」 19 (2010년 4월): 305-328.
최원진. "통일 한국을 향한 한국 교회의 선교적 사명". 「복음과 선교」 26, no. 2 (2014년 5월): 149-183.
하광민. "북한이탈주민을 매개로 하는 북한 선교 구도의 변화". 「복음과 선교」, no. 48, (2019년 11월): 359-389.
한정우. "북한이탈주민의 기독교와의 만남에 대한 질적 연구". 「다문화와 평화」 10, no. 2 (2016년 10월): 134-154.
허철민. "고난당하는 자들에 대한 목회 지도". 「국제신학」 6 (2004년): 195-227.
현유광. "소명과 역할을 중심으로 본 목사직에 관한 연구". 「복음과 실천신학」 28 (2013년): 35-64.
홍용희. "참여관찰과 심층면담: 연구자와 연구대상자의 관계". 「교육과학연구」 28 (1998년 12월): 113-129.

4. 논문

박순영. "국내 북한이탈주민 선교와 그들을 통한 북한 선교전략 연구". 석사 논문, 아세아연합신학대학교 대학원, 2012.

신선민. "타문화 관점으로 접근하는 북한 선교". 석사 논문, 총신대학교 선교대학원, 2011.

안란희. "북한이탈주민들의 기독교신앙과 목회사역에 관한 연구. 1992-2014년을 중심으로 Christian Life and Ministry of North Korean Refugee, 1992-2014". 석사 논문, 감리교신학대학교 신학대학원, 2014.

Chang Seop Kang. "CONVERSION OFCHINESE STUDENT IN KOREA TO EVAGELICAL CHRISTIANITY: FACTORS, PROCESS, AND TYPES". 박사 논문, Torch Trinity Graduate University, 2016.

Se Hyuk An. "A GROUNDED THEORY OF THE OVERCOMING OBSTACLES IN SPORTS MINISTRY OF KOREAN SPORTS MISSIONARIES: FACTORS AND PROCESS". 박사 논문, Faith International University and Faith Seminary, 2019.

Young Sub Song. "SOCIO-CULYURAL FACTORS INFLUENCING THE CONVERSION TO CHRITIANITY AMONG NORTH KOREAN REFUGEES IN SOUTH KOREA". 박사 논문, 트리니티복음주의신학교 (Trinity Evangelical Divinity School), 2011.

5. 미간행 문서

김명남. 2018. 한국 교회 내 탈북민목회자의 역할: 탈북민목회자포럼, 서울, 6월 18일.

하광민. 2016. 통일을 준비하는 교회와 목회: 제3회 목회자통일준비포럼, 부산, 5월 9, 10일.

하충엽. 2016. 통일선교의 한국 교회 연합방안 연구: 제3회 목회자 준비포럼, 서울, 5월.

허은성. 2019. 인터프리터로서의 탈북민 목회자: 제2회 탈북민목회자포럼, 서울, 10월.